L'ÉDUCATION SORT
DE LA BOUCHE
DES ENFANTS

JANINE HOHL
FRANÇOISE MARTON MARCEAU

L'ÉDUCATION SORT DE LA BOUCHE DES ENFANTS

SUIVI D'UNE
PETITE ENCYCLOPÉDIE D'ÉDUCATION ALTERNATIVE

ÉDITIONS
SAINT-MARTIN

Données de catalogage avant publication (Canada)

Hohl, Janine, 1942-

L'éducation sort de la bouche des enfants, suivi de Petite encyclopédie de l'école alternative

(Collection L'Éducation en mutation).

ISBN 2-89035-099-1

1. Écoles parallèles – Québec (Province). 2. Enseignement – Québec (Province) – Méthodes expérimentales. I. Marton-Marceau, Françoise. II. Titre. III. Titre: Petite encyclopédie de l'école alternative. IV. Collection,.

LB1027.3.H64   1988   371'.04   C88-096554-1

Maquette de la couverture: Stéphane Olivier

Typographie et mise en pages sur ordinateur: MacGRAPH, Montréal.

Dépôt légal: Bibliothèque nationale du Québec, 4e trimestre 1988.

Imprimé au Canada.

Notre catalogue vous sera expédié sur demande:
Les Éditions Saint-Martin
4316, boul. Saint-Laurent, bureau 300
Montréal (Québec)   H2W 1Z3
(514) 845-1695

À nos mères,
Qui nous ont appris
À aller à l'essentiel et
À croire à l'impossible

PRÉAMBULE
La naissance d'un projet

Nous nous connaissions depuis plusieurs années. Françoise était éducatrice à l'école Nouvelle Querbes depuis 17 ans. Je fréquentais cette école comme parent depuis dix ans.

Nous nous sommes découvert des affinités, des croyances communes, des émerveillements semblables devant la vitalité et l'intelligence des enfants.

Nous nous sommes demandé à plusieurs reprises au cours des dernières années comment rendre palpable ce que les enfants vivent à l'école alternative, ce qu'ils apprennent et comment ils apprennent, et, à travers cette démarche, comment ils découvrent qui ils sont.

Dans le «bruit et la fureur» des débats actuels sur l'«excellence» en éducation, nous estimions avoir une expérience à relater, des mots à dire, une parole d'enfants à transmettre.

À la fin de l'été 1987, j'ai proposé à Françoise le contrat verbal suivant: «Nous écrirons un livre ensemble sur ta classe. Tu gardes la responsabilité et le contrôle de l'expérience. Je garde la responsabilité et le contrôle de l'écriture».

L'accord s'est fait en quelques secondes et ne s'est jamais démenti par la suite, preuve probablement qu'il reposait sur une entente plus profonde que ce que nous n'en savions nous-mêmes au départ.

Je suis donc entrée en relation et en observation avec une classe multi-âge de 25 enfants de 8 à 11 ans (de 3e à 6e année, pour parler administrativement).

De septembre 1987 à avril 1988, j'ai passé une journée par semaine dans la classe, suivie de trois heures d'échanges avec Françoise. Dès le début d'avril, ma présence s'est intensifiée à quatre, voire cinq jours par semaine.

Ma participation s'est développée selon des modalités qui étaient fonction des activités en cause: dans les «rassemblements» qui, on le verra, tissent la trame de ce livre, je suis restée scrupuleusement silencieuse, à l'exception des situations, rares, où j'ai présenté aux enfants notre projet d'écriture ou leur ai emprunté des cahiers pour compléter nos informations. J'ai écouté et pris des notes en abondance[1].

Dans les périodes de travail, j'ai agi comme tout adulte visitant une école alternative, en répondant aux sollicitations des enfants. J'ai ainsi lu, commenté et corrigé des textes, décortiqué des énoncés de problèmes mathématiques ou contré des attitudes de défaite devant ces mêmes énoncés, facilité ou retardé des prises de décisions, aidé à retrouver des objets ou des inspirations perdus. Je suis quelquefois intervenue comme témoin actif dans un conflit entre enfants. Enfin, j'ai parlé avec eux chaque fois que l'un d'eux ou qu'un groupe a amorcé une conversation.

Certains enfants se sont servi de ma présence beaucoup plus que d'autres, comme cela se passe dans tout groupe naturel. Je n'ai pas provoqué les contacts.

Pendant la semaine de camping que la classe a organisée en juin, j'ai travaillé sur les lieux à l'achèvement du projet d'écriture. Je logeais dans une grange à quelques minutes du campement. Je

---

1. Je n'ai jamais utilisé d'enregistreuse. Mes notes s'empilaient sur une table ou une autre, au gré de mes déplacements dans la classe. Les enfants y jetaient un oeil à l'occasion, pour commenter ensuite ironiquement ma calligraphie illisible. Les paroles dites en rassemblement ont été retranscrites textuellement ; elles n'ont pas été modifiées, à l'exception de quelques structures de phrases boiteuses qui auraient été incompréhensibles hors contexte. Par contre, j'ai supprimé les répétitions nombreuses, les bafouillages, les hésitations propres au langage oral mais fastidieuses à la lecture. J'ai également sélectionné à l'intérieur du matériel recueilli. Le livre est à cet égard un montage. Nous avons cependant veillé à ne pas privilégier des parties de rassemblement consacrées à des discussions de fond au détriment de celles dévolues à l'organisation du travail ou de la classe, tout aussi importantes. Pour respecter la confidentialité des propos des enfants, nous avons demandé à chacun de se choisir un pseudonyme.

n'étais présente qu'aux rassemblements et, le soir après le coucher, j'échangeais avec les éducateurs et avec les quelques enfants qui n'arrivaient pas à s'endormir ou qui se réveillaient la nuit.

Ils sont venus me voir écrire à maintes reprises, à leur gré, à leur rythme: une relation s'était établie au fil des mois. Si plusieurs avaient été fascinés par l'accumulation des pages de notes dans mon classeur, si certains s'étaient même inquiétés que je ne songe pas à recopier mes notes au propre au fur et à mesure, ils avaient surtout de la difficulté à croire que je puisse faire ce travail sans y être obligée. Écrire reste pour eux quelque chose d'ardu. À plus forte raison écrire dans un lieu où on peut courir après des monarques, attraper des rainettes et observer des hirondelles des granges.

J'ai craint que Françoise ne s'impatiente d'avoir à travailler si souvent en présence d'un autre adulte. Cela ne s'est pas produit. Notre collaboration est de ce type d'expériences qui transforment. Une amitié en est née.

Dans ce livre, nous avons donné beaucoup de place aux situations de groupe. C'est à la fois un parti pris et une contrainte: nous voulions faire entendre la parole des enfants. Cependant, il y aurait eu autant de moments où deux enfants, ou encore Françoise et un enfant, se parlent en tête à tête (ou coeur à coeur). Ces échanges construisent la dynamique éducative tout autant que les rencontres collectives. Mais par nature, ils n'autorisent pas la présence d'une tierce personne. De même, les enfants ont leurs face à face avec eux-mêmes. Si la solitude et le monologue intérieur nourrissent la création et la communication, ils échappent par contre à la description.

Aux lecteurs le travail de recomposer la totalité.

* * *

En première partie, on suit le groupe dans sa vie quotidienne et ses échanges, principalement à travers les rassemblements, ces rencontres collectives qui ouvrent chaque journée et la placent sous le signe de la communication, mais aussi à travers les échanges informels, les activités de la récréation ou de la classe verte.

Ces prises de vues — ou de son —, ces instantanés sont un choix. Ils privilégient le foisonnement de la vie, l'entrecroisement des paroles là où l'on aurait pu, plus statiquement, décrire une méthodologie.

La parole des enfants et le travail de l'éducatrice sont mis en évidence, illustrant ce que Gilles Vigneault a si poétiquement exprimé: «C'est en remontant la rivière qu'on apprend le sens de l'eau».

Dans la Petite encyclopédie d'éducation alternative qui constitue la deuxième partie, des thèmes définissent les balises d'une éducation alternative centrée sur les enfants et leurs projets. On peut s'y laisser renvoyer en cours de lecture de la première partie ou la lire en entier, comme un texte suivi.

À la première partie, la légèreté et la profondeur de l'«esprit», à la Petite encyclopédie, les pleins et les déliés de la «lettre» qui permettront de mettre quelques points sur les «i».

La première lectrice et commentatrice du manuscrit a été Pauline Paré. C'est dire qu'elle en a assumé beaucoup plus que la dactylographie et le montage technique. Ses avis éclairés sur le contenu, ses enthousiasmes et son intérêt pour la dynamique de la classe qu'elle voyait évoluer sur son écran cathodique en ont fait une collaboratrice privilégiée jusqu'à la fin.

Mais y a-t-il une fin?

Comme Françoise le dira à Annie, «quand tu commences un projet, est-ce que tu sais comment il finira? Il n'est peut-être même pas fini».

J.H.
Août 1988

«C'est en remontant
la rivière qu'on apprend
le sens de l'eau»

Gilles Vigneault, *La Découverte*

Une salle de classe dans un édifice ancien et majestueux. Le plafond est très haut. Les armoires aux boiseries sombres s'encastrent dans les murs. Plusieurs sont vitrées. À d'autres on a enlevé les portes, ce qui crée des sortes d'alcôves profondes. Dans les trois premières se trouvent la papeterie, les fichiers de français et de mathématiques, le coin de sciences: mappemonde, carte du ciel, collections de pierres, manuels d'expériences scientifiques avec, au centre, un grand aquarium et des poissons. La quatrième alcôve a été entièrement aménagée en volière. Une dizaine de serins, de tisserins, ainsi qu'un rossignol japonais évoluent autour de l'arbre effeuillé qui leur sert de perchoir.

Les pupitres des enfants sont regroupés par 2, 3 ou 4. Chaque îlot de pupitres est agrémenté de plantes vertes. Certains enfants les ont disposées de manière à s'isoler partiellement des groupes voisins; d'autres ont emprisonné une plante immense au centre de leur groupe et sont ainsi installés à l'ombre de leur «palmier».

D'innombrables étagères servent à délimiter des espaces en même temps qu'elles contiennent des dictionnaires variés pour l'une, des livres sur les oiseaux, les animaux, les insectes, le corps humain, les pays pour les autres. Elles supportent aussi des cactus, des aloès, des hibiscus ou encore des géraniums.

Sous une fenêtre, une longue table recouverte d'une nappe

rouge. Autour de la table, un banc, quelques tabourets et une chaise à accoudoirs sur laquelle un châle noir reste en permanence. Une paire de lunettes de lecture, une plume à réservoir, une dizaine de clés fixées à un porte-clé représentant un motif oriental, une tasse à café. Une pile de papiers tient en équilibre au bout de la table grâce au mur.

Un vaste espace, délimité par un épais tapis rectangulaire est visiblement consacré aux palabres. Deux longs bancs bordent le tapis en équerre. Une bibliothèque et une étagère contribuent à fermer partiellement ce lieu qui invite à l'intimité et à la conversation.

Cette salle a ses humeurs. Selon les moments, on se croirait dans une serre de jardin botanique lorsque les plantes venant d'être arrosées ou vaporisées dégagent l'odeur de l'humus, ou même en pleine nature quand tout à coup les oiseaux s'avisent d'un instant de silence pour chanter. À d'autres, c'est l'image de la fourmilière qui s'impose lorsque des enfants sont attelés à leurs tâches respectives, se déplacent pour prendre du matériel, vont discuter avec un ami, se rassemblent autour de la table rouge.

Les enfants arrivent peu à peu. Ils se joignent à ceux qui sont déjà assis sur le tapis. Une rangée d'enfants s'assied par terre, entre les jambes de ceux qui occupent les places sur les bancs. L'échange, d'abord à bâtons rompus, se construit progressivement. À un moment où chacun semble avoir trouvé sa place, Françoise, l'éducatrice, elle même assise sur le sol, lance une première intervention qui oriente la discussion du groupe.

Françoise: Vous parlez de la difficulté à s'endormir le soir... Qui l'a cette difficulté?

Presque toutes les mains se lèvent.

Patrick: Moi, j'ai un truc. Si je traîne, que je me brosse pas les dents puis que je me couche à 10 heures, je m'endors pas. Mais si je me couche à 9 heures, je m'endors.

Maxime: Moi, quand je me couche tôt, je pense beaucoup, puis ça me réveille.

Françoise: Tu es stimulé.

Dominique: Hier, je me suis couchée à 9 heures et demie. J'arrivais pas à m'endormir. Je suis descendue et j'ai dit que j'avais faim pour me trouver une raison.

Françoise: Est-ce que tu donnes à ton corps la possibilité de comprendre que tu vas t'endormir?

Steve: Moi, c'est parce que l'heure a changé que j'arrive pas à m'endormir.

Gabrièle: À ma campagne, je m'endors facilement parce qu'il fait froid. En ville, il fait trop chaud.

Julie: Mon père m'a donné plein de trucs. Il faut jamais que tu dises que tu arriveras pas à t'endormir. Je fais du yoga, aussi.

Françoise: Peux-tu expliquer ce que c'est?

Julie: Tu respires fort (elle veut dire «profondément», ce qu'elle démontre en gonflant son ventre).

Violaine: Je me réveille au milieu de la nuit puis j'arrive plus à m'endormir après.

Christine: Je suis sur une ruelle. Il y a toujours du bruit. Et aussi, quand j'ai regardé la télé avant, je pense à l'émission et je suis tout énervée.

Isabelle: Moi, je lis, puis à un moment, je suis tellement fatiguée que je m'endors.

Françoise: Qui dort avec la lumière allumée?

Quatre ou cinq mains se lèvent. Quelques-uns nuancent:

— Dans le corridor.

Françoise, en riant: Qui dort avec la porte de la garde-robe fermée?

Rires. Plusieurs se reconnaissent. Une voix:

— Dans le noir, les vêtements, on dirait des monstres.

Patrick: C'est tellement silencieux. Le silence fait un bruit super fort. J'ai l'impression que mes mains sont super grosses. La porte grossit...

Marie-Chantal: La porte de l'armoire grince. J'ai peur.

Patrick: J'entends toujours le bruit du silence. J'imagine des formes.

Olivier: Je dors d'abord sur un côté. Puis je me tourne de bord, mais j'ai peur que quelqu'un entre et me lance un couteau dans le dos.

Benoît glisse à sa voisine, soulagé: C'est pareil pour moi.

Kim: Quand je dors, je pense toujours que quelqu'un me donne une piqûre et que je me réveille pas.

Françoise: C'est que tu as été à l'hôpital. Tu as vécu des choses difficiles. Notre corps enregistre tout ça, même si on ne s'en rend pas compte. Comment te réveilles-tu? As-tu le coeur qui bat?

— Oui...

Françoise: Ce serait intéressant de voir comment prendre les moyens pour se sortir des événements malheureux. Frédéric Back, qui a reçu hier soir un Oscar pour son court métrage *L'homme qui plantait des arbres*, disait justement à la radio ce matin: «On se souvient mieux des jours d'amour que des soirs de détresse». C'est toi qui peux, un peu, décider si tu te souviendras plus des souvenirs heureux ou des souvenirs malheureux.

Charlotte: Je veux pas m'endormir parce que je fais toujours des cauchemars. Je rêve qu'il y a un grand mur blanc et que je me fais frapper par une moto.

Françoise: Ton accident...

Marie-Claude: J'ai de la misère à m'endormir. Je me tourne comme Olivier. J'ai peur que quelqu'un vienne de derrière, alors je dors sur le dos, mais je dors bien mal.

— C'est comme moi!

Thierry: Je pense toujours à un accident quand j'étais dans une voiture. La nuit, je me réveille, puis je vais dans le lit de mon père.

Françoise: Tu le réveilles?

— Non, j'aime mieux quand il dort.

Françoise: Parce que s'il se réveille, il te raccompagne dans ta chambre...

— Non, parce que je me rendors mieux s'il est endormi.

Françoise: Rappelez-vous cette autre discussion où plusieurs d'entre vous disiez que vous aviez besoin de prendre congé de vos parents. C'est important qu'on prenne aussi conscience qu'on a besoin des parents. Ils nous parlent, ils nous consolent. Il faut le reconnaître.

Gabrièle: Mais on a besoin de grandir, aussi.

> *C'est presque une conclusion. Il y a une pause. Mais tout à coup, d'autres mains se lèvent.*

Anick: Je trouve que ma mère, elle me couche trop tôt.

Françoise: À quelle heure te couches-tu?

— À 7 heures et demie je me couche, et à huit heures je dois éteindre.

— Lui en as-tu parlé?

— Oui, je lui en ai parlé. Là, je me couche à 8 heures. Mais c'est encore trop tôt.

Christine: Des fois, je vais me coucher dans le lit de mes parents quand ils sont pas là.

Françoise: Ça, c'est un beau sentiment! On se sent protégé!

Jérôme, presque gêné: Moi, j'ai aucun problème pour m'endormir.

> *Françoise rit avec lui. Mais le sujet ne peut pas encore être abandonné.*

Violaine: Moi, quand ma mère rentre tard, elle vient me voir. J'aime ça, mais ça me réveille. Après, j'ai de la misère à me rendormir.

Olivier: Des fois, je rêve. Dans mon rêve, le plafond se rapproche. Je me réveille puis je raconte des choses bizarres. Mes parents se mettent à rire! Moi, je suis frustré parce que je suis sûr que ça a du bon sens. Le lendemain, ils me racontent...

Dominique: Moi, je rêve pas de monstres, mais je pense trop. La veille de mes échéances, je pense à Françoise...

Françoise: J'habite vos rêves!

Charlotte:Tu habites nos cauchemars!

Benoît: Quand je suis allé me faire opérer, après, ils m'ont mis dans une salle. Il y avait une dame qui me gardait. Je voyais tout embrouillé, puis elle avait l'air... méchante comme une sorcière. Après, j'avais des cauchemars.

Françoise: Puis maintenant?

— J'ai réussi à arrêter d'y penser.

Steve: Quand je fais de la fièvre, il y a deux choses qui se frottent ensemble, une pas dure et une dure... (Il reste perdu dans cette image difficile à communiquer, mais très précise pour lui). Quand je rêve, c'est toujours à des loups qui me mangent. Mais une fois, je l'ai mordu!

Françoise: Ça, c'est bon! Puis?

— Il est plus revenu!

Françoise: Vos rêves, vous pourriez les écrire! Hector, le grand qui est revenu l'autre jour (un ancien, maintenant au secondaire), faisait beaucoup de rêves et il les écrivait.

Cette discussion a eu lieu le 12 avril. Elle est l'aboutissement de plusieurs mois d'échanges entre les enfants et Françoise, échanges qui ont construit la confiance qui permet ce niveau de communication.

Dans cette classe, les journées commencent toujours par un rassemblement *[1]: tout le monde s'assied autour du tapis. On parle d'abord à bâtons rompus puis, quand tous sont installés,

---

1. Tous les mots signalés par une étoile correspondent à une entrée dans la Petite encyclopédie d'éducation alternative. Le signe ne figure qu'à la première apparition du mot.

on aborde les «points» que les enfants ont mis à l'ordre du jour en inscrivant leurs initiales sur une partie du tableau noir prévue à cet effet[1].

Le rassemblement dure entre une demi-heure et quarante-cinq minutes. Les jours où des enfants présentent un projet qu'ils ont réalisé, ou lorsqu'un sujet suscite beaucoup d'intérêt, le temps de rassemblement s'allonge un peu.

Vers 9h15, les enfants vont à leur place et établissent leur horaire de la journée à partir de leur échéancier de projets. Ils le font signer par Françoise et se mettent immédiatement à l'oeuvre. Chaque jour, un groupe, lui aussi multi-âge, de six à sept enfants a rendez-vous autour de la table rouge avec Françoise; toute la classe travaille à ses projets, mais ce groupe, différent chaque jour, reçoit une attention spéciale: c'est le temps du bilan de la semaine écoulée, de l'évaluation, des prises de conscience sur les difficultés rencontrées, de la planification de la semaine à venir.

À 10h30, pendant la période «calme», le travail continue en silence. les projets à deux, les jeux d'équipes, le travail dans l'atelier de travaux manuels sont exclus.

De 11h00 à 11h30 a lieu la récréation, très importante dans la vie de la classe.

L'après-midi est généralement consacré à la poursuite des projets personnels ou de petits groupes. Cependant, il arrive que l'on commence par un rassemblement si une urgence l'impose ou si le nombre des présentations en attente excède le temps disponible le matin.

À 14h45, c'est le branle-bas des «tâches»: quinze minutes de rangement et de nettoyage dans la classe et l'atelier, avant de se retrouver sur le tapis pour quelques minutes, histoire de se dire au revoir, de se rappeler les choses importantes pour le lendemain, de distribuer les lettres ou les circulaires destinées aux parents.

---

1. Ils constitueront dans cet ouvrage les titres des différentes étapes du Rassemblement.

I. Construire des connivences

7 octobre

RASSEMBLEMENT*

> *Françoise finit d'organiser un atelier d'anglais avec une mère. Huit enfants se sont inscrits. Anick, une nouvelle dans la classe, demande ensuite si elle peut amener son lézard à l'école*.*

Olivier, un vieux routier de la classe: Il est de quelle race?

Anick: ?

Françoise: Olivier, précise ta question.

Olivier: C'est quelle sorte de lézard?

Anick: ?

Anick apportera son lézard. À Olivier de l'étiqueter.

LA VIE D'EDISON

> *Olivier lit le texte du projet* qu'il a fait sur la vie d'Edison. Il s'agit d'un texte très élaboré. À la fin de sa présentation, il pose des questions pour vérifier la réception du message. Christine peut répondre à presque toutes les questions. Sa voisine le lui mentionne en soulignant qu'elle «parle beaucoup».*

Christine, défensive: Je parle beaucoup, mais j'écoute, aussi.

Olivier: Stéphane, à quel âge est mort Edison?

Stéphane: À 82 ans.

Tout le monde applaudit.

Quelqu'un: Tu l'as eu!

Maxime: ... comme s'il l'avait jamais!

HISTOIRES*

Annie lit le texte qu'elle écrit avec Dominique. C'est le deuxième épisode d'une histoire à suivre.

Stéphanie, après lecture*: C'est pas assez long...

Olivier: Vous faites toujours du suspense...

Benoît: J'aime, parce qu'il y a toujours des ouille et des aille...

Françoise, en riant: Les filles, écrivez! Vous êtes prises avec un contrat, comme ceux qui écrivent des téléromans! Charlotte aussi en a des bonnes. Elle va peut-être se décider à les lire, un jour. Elle est un peu timide sur ce sujet.

> *Christine explique que Olivier et elle ont inventé des personnages, puis un scénario. Ensuite ils ont décidé chacun de leur côté d'écrire une histoire sur la base de ce scénario. Olivier lit son texte, une histoire policière. Ensuite Christine fait lecture du sien. L'écoute est grande. Les plus jeunes surtout sont émerveillés. Olivier et Christine ont fait naître la magie de la lecture, du contact avec l'imagination de quelqu'un d'autre.*

Christine: Avez-vous des commentaires?

Stéphanie: Au début t'as dit qu'ils allaient faire de l'escalade. Après, tu dis qu'ils faisaient du ski.

> *Christine défend son récit. Toute l'intrigue est discutée. Les deux histoires sont reconstituées, comparées. Les auditeurs sont intéressés, mais pas inconditionnellement. Ils manifestent des exigences de cohérence.*

Françoise: C'était un essai fort intéressant. Je ne pensais pas que vous mettriez votre fin en commun. Il y en a deux autres dans la classe qui ont repris votre idée, Éric et Maxime, mais ils ne se disent rien avant la fin.

Olivier: Mathieu écrit beaucoup, mais il lit jamais ce qu'il écrit.

Françoise, en riant: On va continuer à insister.

Mathieu: Patrick aussi, Gabrièle aussi.

Steve (un nouveau): Je veux lire mon texte.

Il lit l'histoire de Toto et Tata.

Françoise: Des commentaires?

Mathieu: C'est peut-être un peu trop court.

Dominique: C'est bien d'avoir un petit gars violent et un petit gars paresseux.

Patrick: J'ai pas tellement compris. Voudrais-tu le relire?

Steve s'exécute volontiers.

Christine: Je trouve que c'est drôle!

Steve: Je vais vous passer ma bande dessinée que j'ai faite l'année passée. Je l'aime bien.

Il vient de faire ses premiers pas en rassemblement. On l'a écouté, félicité; il se sent assez accepté pour amener une production passée dont il est fier.

LES VOLCANS

Benoît et Thierry ont fait un projet sur les volcans. Benoît commence la présentation. Ils dévoilent ensuite la maquette de plasticine qu'ils ont réalisée.

Thierry explique: Le rouge au centre c'est la lave. Autour, les cendres forment la montagne; c'est la partie grise.

Benoît fait circuler des roches de lave qu'il a recueillies au cours d'un voyage. Les enfant sont surpris.

Quelqu'un: Ça devient des roches?

Benoît: Oui, ça durcit.

Thierry lit ensuite sa partie.

Stéphanie: Pourquoi il y a des morts dans les tremblements de terre?

Benoît: Quand la terre bouge, elle fait écrouler des maisons et ça crée des incendies.

Christine parle du Vésuve à Pompéi. Benoît et Thierry alternent ensuite en posant des questions. Ils sont interrompus par Steve qui demande si une éruption volcanique peut faire diminuer une montagne.

Benoît: Ça fait éclater la roche, ça la fait pas fondre.

Christine, toujours savante: Pouvez-vous nous dire le nom des volcans?

Benoît: Il y a le Vésuve... (visiblement il n'en connaît pas d'autres, mais il s'en tire élégamment). Il faut finir nos questions, parce qu'il est déjà dix heures dix.

Thierry, plein d'une nouvelle assurance, pose une question à Isabelle. Elle n'a pas la réponse. Les deux auteurs sont choqués: Tu écoutes pas, tu joues!

Isabelle: J'écoute le début, mais ça devient fatigant.

Maxime, incrédule: Fatigant d'écouter? C'est encourageant, ça!

PÉRIODE DE TRAVAIL

Marie-Chantal écrit un texte. Annie montre à Violaine, une nouvelle, comment utiliser son dictionnaire personnel. Françoise a un groupe d'enfants à sa table. Steve vient faire corriger son texte. C'est déjà la suite de Toto et Tata. Il a été stimulé par la réception du premier épisode au rassemblement. Après la correction, il dit avec enthousiasme:

— Je vais le recopier au propre chez moi et je le présenterai demain.

21 octobre

RASSEMBLEMENT

Le rassemblement est sur le point de débuter. Quelques jeunes enfants d'une autre classe s'approchent de la porte puis repartent.

Dominique: Les enfants des autres classes sont gênés d'entrer ici.

Françoise: Toi, quand tu vas dans une autre classe?

Dominique: Je suis pas gênée.

Françoise: Ce serait intéressant de le leur demander pour vérifier si ta perception est fondée.

Charlotte: Chez les petits on n'est pas gêné, mais les classes des grands, c'est différent.

Christine: On leur dit: «Entrez! Françoise elle vous mangera pas!»

Françoise ironique: C'est gentil que vous le leur disiez! Si on ressent leur gêne, qu'est-ce qu'il est important de faire?

Dominique: D'aller leur parler★.

Françoise: Il y a des enfants qui sont attirés ici. Qu'est-ce qui les attire?

— Les oiseaux★.

— Les crânes.

— Les grands!

ANNIVERSAIRE

Éric: J'ai eu une belle journée, hier. J'ai reçu une auto téléguidée et une boîte de papillons. Ma mère avait dit qu'elle reviendrait à sept heures, mais elle est venue à quatre heures et demie.

Françoise: Puis tu as reçu la bascule; est-ce que tu as aimé ça?
Éric: Oui.

Françoise: Tu ne t'y attendais pas?

Éric: Non.

Comme la bascule est une tradition dans la classe, ceux qui ont leur anniversaire pendant les vacances se plaignent qu'ils ne l'ont pas reçue.

Françoise: On pourrait fêter un jour tous ceux qui ont leur fête pendant l'été.

Annie, l'organisatrice: Qui a sa fête l'été?

Elle note.

EN PRENDRE ET EN LAISSER

Charlotte: Guy (le moniteur de natation) est venu nous voir. Il pourrait offrir une période de bain libre chaque mardi.

C'est l'enthousiasme. Tout le monde est prêt à y aller.

Françoise: Vous allez avoir beaucoup d'offres d'activités. Qu'est-ce qu'il faut faire dans votre tête quand vous recevez une offre comme celle-là?

Charlotte: Il faut en accepter et en éliminer.

Françoise: Et à partir de quoi allez-vous éliminer ou garder des choses?

Elle regarde Thierry.

Thierry: Je sais pas.

Françoise: Qu'est-ce qui doit te guider, quand tu réponds à cette question?

Thierry: Si j'ai déjà d'autres projets.

Maxime lève la main pour s'inscrire.

Françoise: Maxime, tu as tes échéances*. Tu as inscrit tellement de choses que je ne vois pas comment tu pourrais faire pour aller à la piscine en plus.

Charlotte écrit maintenant au tableau les noms des enfants intéressés. Ils sont six.

HORAIRES*

Chacun fait son horaire à partir de son échéancier de projets. Pour certains, c'est très rapide. Pour d'autres, c'est l'occasion de rêvasser, d'hésiter. Maxime m'explique que ça lui prend presque une période de trente minutes. Comme pour en faire la démonstration, il part chercher son échéancier dans le corridor. Il revient plusieurs longues minutes plus tard.

— Je comprends que ça te prenne du temps!

Maxime: Je suis allé boire de l'eau.

Il s'attelle à son horaire: Je me mets des maths, parce que j'adore ça! Plusieurs périodes d'anglais sont déjà inscrites à l'horaire. Il ajoute ensuite: recopier mon histoire. Il se prend trois périodes pour ça.

Maxime: C'est parce que j'adore ça, aussi.

— Choisis-tu d'abord ce que tu aimes?

— Ben, j'aime ça aussi (en désignant les autres éléments sur son échéancier de projets). J'aime tout! Un moment plus tard, il est installé dans un coin isolé à faire des mathématiques*.

PÉRIODE DE TRAVAIL

Cinq enfants sont assis à la table de Françoise et travaillent avec elle. Dans l'atelier, un groupe de filles réalise une grande maquette: c'est une ferme dont tous les éléments sont faits en plasticine. Le travail est extrêmement minutieux. Elles ont déjà tout un potager, des carottes, des citrouilles, etc. Marie-Chantal demande qu'on lui fasse réciter les mots de son dictionnaire. Elle a de la difficulté avec les doubles lettres comme dans attention, essayer, crotte, etc. Kim et Gabrièle font un «jardin zoologique avec nature» il y a des animaux de plasticine dont certains sont géants et auxquels elles ont intégré des mousses, des herbes et des champignons séchés qui rendent la maquette très belle. Maxime est en panne à cause du mot «décroissant» dans sa consigne de mathé-

matiques. L'ordre décroissant est un jeu d'enfant pour lui, mais la consigne lui fait perdre ses moyens.

La mère de Françoise est venue s'installer dans la classe. Les enfants la connaissent. Elle répare des fiches et consolide des dossiers. Violaine fait du tricotin en face d'elle. Elles conversent à bâtons rompus. Tout à coup, un magnifique chant d'oiseau traverse le silence* de la classe.

Françoise: Ça, les enfants, c'est le chant du rossignol japonais!

Thierry, émerveillé, vient m'expliquer que sa montre peut enregistrer et qu'il a enregistré le chant du rossignol.

Ce grand observateur a sa façon bien à lui d'être à la fois perdu dans les nuages et intensément présent à ce qui se passe autour.

RÉCRÉATION*

Aujourd'hui, les enfants de la classe sont presque tous allés dehors. Quelques-uns seulement s'amusent dans la classe, des filles pour la plupart.

Françoise à Violaine: Marie-Chantal joue aux dominos. Peut-être que ça pourrait t'intéresser.?

Violaine s'approche du tapis. Un moment après, elle joue avec Marie-Chantal. Elles ont transformé le jeu* de dominos à leur manière. Plus tard, Marie-Chantal à Françoise:

— Est-ce qu'on a des billes?

Françoise: As-tu déjà exploré le matériel de la classe?

— Non.

Françoise l'encourage; elle l'emmène visiter les différents coins.

Françoise: On a des quantités de trésors. Regarde ces perles; ça remplace des billes.

Marie-Chantal emmène la boîte, satisfaite.

On a ici un exemple du travail constant d'intégration des nouveaux au fonctionnement de la classe. Françoise leur présente les différentes ressources qui sont à leur disposition. On voit aussi combien elle attribue de l'importance aux jeux entre enfants et aux liens qui peuvent se tisser à travers les jeux. Certains enfants ont de la difficulté à entrer en relation avec d'autres spontanément. Elle n'hésite jamais à intervenir pour faciliter ces contacts. Les récréations font partie de ses temps privilégiés d'intervention sur les relations entre enfants.

PRÉSENTATION

Quand il y a plus de projets ou d'histoires à présenter que de temps au rassemblement, on décide d'un temps spécial de présentation. C'est le cas cet après-midi. Les enfants sont revenus du dîner et s'installent sur le tapis.

MONNAIES ÉTRANGÈRES

Dominique a fait un projet sur les monnaies de différents pays. Elle a collé une série de pièces sur des panneaux; les pièces sont classées par pays. Plusieurs enfants interviennent à ce propos en lui reprochant de ne pas s'être adressée à eux. Ils auraient eu beaucoup de pièces à lui apporter. Dominique est relativement peu intéressée aux trésors des autres. Elle répond qu'elle a choisi l'argent des pays où elle a passé.

Plusieurs enfants sont intervenus ici dans le sens où les parents* le font souvent, c'est-à-dire en voulant élargir le sujet ou en voulant y introduire l'aide qu'ils auraient pu apporter. En fait, Dominique n'était pas intéressée à une recherche sur les monnaies des pays étrangers mais à faire quelque chose avec les pièces de monnaies qui lui appartenaient et qui étaient en rapport avec les pays qu'elle a traversés. Son projet s'arrête là. Peut-être qu'elle manifeste aussi une difficulté que plusieurs enfants rencontrent, celle d'accepter l'aide ou l'intervention d'autres personnes dans leurs projets.

11 novembre

RASSEMBLEMENT

FEUILLES DE PROJETS

Françoise distribue des «feuilles de projets». Il s'agit d'un nouvel instrument de travail. Les enfants lisent individuellement.

Après un instant, **Françoise**: Qu'est-ce que vous avez compris?

On remarque que Françoise n'a pas commencé par expliquer de quoi il s'agit, mais leur a donné le matériel pour qu'ils le lisent eux-mêmes. Ensuite, elle va s'appliquer à vérifier leur compréhension et à faire préciser la nature de l'instrument.

Plusieurs enfants donnent leur version.

Françoise: Est-ce que c'est pour tous les projets?

— Oui.

— Non.

Françoise: C'est destiné aux projets à deux ou à plusieurs. Un sketch par exemple ou l'écriture d'un texte à deux. Un projet d'éducation physique*. Ceux qui commencent un projet de natation la semaine prochaine (elle les nomme de mémoire), vous remplissez cette feuille-là!

MAQUETTE

Éric et Steve amènent sur le tapis une maquette qu'ils appellent «de l'an 2000». Ils expliquent: Ici, il y a quelqu'un qui répare une cabine (qui a l'allure d'une cabine spatiale ou d'une soucoupe volante). Il y a deux garages, une espèce de chien de l'an 2000 avec un koala sur le dos.

Françoise: Voilà une maquette qui est différente. Jusqu'à maintenant, on était dans la campagne et les animaux.

Françoise ne manque jamais une occasion de relier un projet ou une production à une tradition de la classe, à une pratique qui a déjà une histoire pour les enfants.

Benoît: J'ai beaucoup aimé la maquette.

Patrick, légaliste: Vous auriez dû mettre vos noms aux présentations, pas au rassemblement.

Françoise, amusée: Ils ont été habiles, parce que personne ne s'en est aperçu et ils ont passé avant tout le monde.

Olivier commence à donner son opinion, mais d'autres enfants parlent en même temps que lui. Il se fâche: Je pourrais finir de parler!

Un échange se développe sur ce qu'ils imaginent de l'an 2000.

Quelqu'un: Des robots qui vont nous apporter notre petit déjeuner.

Dominique: Mais il y a rien qui va changer brusquement le 1er janvier de l'an 2000!

Françoise reprend son intervention pour l'expliquer aux plus jeunes. Puis à Dominique:

Tu ne trouves pas qu'il y a quand même quelque chose de différent dans le fait de changer de siècle?

Quelqu'un corrige: De millénaire!

Charlotte: Dans le temps de nos parents, c'était moins perfectionné. Ils se disaient, comment ça va être en 1987? Nous, on pense qu'en l'an 2000, comme dit Dominique, tout va être différent.

Françoise parle de sa mère, qu'ils connaissent puisqu'elle vient dans la classe.

Françoise: Elle aura 80 ans l'an prochain. Quand elle avait cinq ans, il n'y avait pas d'électricité, pas de télévision. Il y avait la radio. Maman se souvient de la première voiture du village. Si ça vous intéresse, vous pourriez lui demander comment elle voyait 1987 quand elle était enfant. Mes grands-parents étaient très intéressés à la photo. Elle a des photos de son enfance. Ça pourrait être un projet intéressant.

Marie-Chantal: Quand ma mère était petite, elle avait pas d'électricité. Elle est née pendant la guerre. Ils allaient avec des bicyclettes sans pneus.

Françoise: Où était-elle quand elle était petite?

Marie-Chantal: En Hollande.

Françoise: Il y avait la guerre en Hollande.

Kim: Ma grand-mère m'a expliqué des choses de quand elle était petite.

Françoise: Ta grand-mère de Nouvelle-Zélande?

Kim: Oui.

Françoise: Qu'est-ce que tu as retenu?

Kim: Des photos de vieilles autos.

Annie: Mon arrière-grand-mère m'a montré toutes les photos de voitures qu'ils ont eues. Elle était grosse. Elle ressemblait à une femme d'un film de Charlie Chaplin! Ma grand-mère a été dans un camp de concentration. Elle était juive mais elle pratiquait pas la religion. Le jour où elle devait être brûlée, c'est le jour où les Américains sont arrivés.

Patrick: Moi aussi dans les photos de famille, j'ai vu ma grand-mère.

Steve: Tu dis que ta mère avait pas l'électricité. Mais elle a 80 ans et j'habite dans une maison qui a 83 ans et il y a toujours eu l'électricité.

Françoise: Oui, mais pas partout en même temps. (*À Olivier*) Edison, c'était quand?

Olivier: Je me rappelle plus la date.

> *Françoise qui a noté un intérêt au moment où Annie parlait de camp de concentration reprend:*

— Un thème pour vos projets serait les camps de concentration.

Julie: Ils les enfermaient et il y avait comme une odeur...

Françoise: Il t'en manque un bout. Qui peut compléter?

Charlotte explique en racontant un film qu'elle a vu. Elle a très bien compris.

Christine: Ils leur ôtaient toutes leurs affaires.

Françoise: C'était en 1940. Puis, pour mettre fin à la discussion: La maquette nous a fait partir bien loin...

On notera comment l'histoire est importante pour Françoise Il y a la petite histoire, celle de la classe. Françoise relie un projet aux projets antérieurs qui l'ont influencé. Il y a aussi la grande histoire, aujourd'hui celle des camps de concentration. Ce travail qui consiste à tenter aussi souvent que possible de situer les faits dans le temps est une des manières par lesquelles Françoise restitue le «sens» des événements.

TRAITEMENT DE TEXTE

Olivier: J'ai fait un texte sur traitement de texte chez mon oncle. Je voulais apprendre. C'est pas difficile, mais c'est long quand tu sais pas les lettres.

Françoise à Stéphane: Sais-tu ce qu'est le traitement de texte?

Stéphane: Non.

Françoise: Écoute bien, parce que si on en avait un ici, ce serait fantastique!

Olivier explique: C'est un ordinateur...

Il montre ensuite son texte:

— Je le lis pas maintenant, parce que c'est l'épisode trois et il faut d'abord que je lise le deux. Il commence la lecture du deuxième épisode.

Françoise: Des commentaires?

Christine: Je trouve ça très très très drôle!

L'humour d'Olivier est apprécié par de nombreux enfants.

LA PROTECTION DES ANIMAUX

Charlotte et Marie-Claude présentent leur projet sur la SPCA. Elles sont allées rencontrer une personne à la SPCA, non sans mal. La mère de Charlotte s'était assurée au préalable qu'une personne serait disposée à les recevoir. Elle avait proposé de les accompagner. Une fois leur questionnaire prêt, elles ont appelé la SPCA où l'on n'a pas daigné les écouter et les transférer à la personne concernée. Révoltées, elles se sont plaintes à Françoise: C'est juste parce qu'on est des enfants! Si c'est des adultes qui les appellent, ils leur répondent!

Un adulte est allé avec elles refaire le même appel. Elles avaient raison: l'adulte a obtenu le rendez-vous dans les minutes suivantes! L'événement s'est passé il y a une semaine, mais la blessure est encore vive.

Elles donnent les informations de base sur la SPCA. Un point va accrocher tout le monde, l'euthanasie.

Charlotte: L'euthanasie, c'est... ils tuent les animaux, mais pas vraiment, parce que ça leur fait pas mal.

Maxime, en colère: Mais quand même! Ils sont morts! C'est quand même des criminels...

Charlotte: Mais s'ils en tuaient pas, ils en auraient beaucoup trop. Ils font une piqûre pour les petits chiens, et des gaz pour les vieux chiens.

Il y a de la révolte, des protestations dans l'auditoire.

Quelqu'un tristement: C'est con...

Charlotte aborde un nouveau sujet: l'adoption:

— Il faut qu'ils soient propres s'ils se font choisir. Il y a une évaluatrice. Elle choisit quel animal serait bien pour telle famille.

Marie-Claude: Ils pratiquent aussi des stérilisations: c'est d'opérer les animaux pour qu'ils n'aient pas de bébés.

Une fois la présentation terminée, plusieurs enfants interviennent pour parler du chien qu'ils ont eu ou du chien qu'ils ont trouvé dans la rue. Quelques-uns ont encore des questions ou amènent des hypothèses.

Gabrièle: Si j'ai un chien de six ans et que je le ramène parce qu'il a mordu mon petit frère trois fois, qu'est-ce qu'ils vont faire?

Charlotte répond clairement. Elle a très bien intégré les principes d'intervention de la SPCA.

Christine parle du chien de son professeur de piano qui a mal à la queue.

Charlotte: Ça, c'est un problème à régler entre lui et le vétérinaire. Ça n'a pas vraiment rapport avec la SPCA.

Gabrièle: Disons que j'ai amené un chien à la SPCA. Deux ans après, je vais le rechercher, mais ils l'ont donné. Est-ce que je peux le ravoir?

Charlotte, outrée: Tu peux pas manipuler ton chien comme ça!

Annie: Marie-Claude, je t'ai jamais vue faire une recherche toute seule. Mais j'ai bien aimé votre projet.

18 novembre

Sur le tapis Benoît et Éric jouent à un jeu. À côté, Annie et Gabrièle font des mathématiques. Mathieu demande à Benoît s'il accepterait de venir faire des maths maintenant, parce que plus tard il aura la catéchèse. Benoît répond que le jeu est déjà commencé et qu'il n'a pas le goût d'arrêter. Mathieu comprend et ils s'entendent pour aller travailler chez Benoît après l'école.

Dans un coin de l'atelier, Jérôme et Olivier sont penchés sur une grande feuille noire sur laquelle ils ont dessiné une spirale. Ils font un jeu pour l'anglais.

Olivier: C'est un jeu de dés. Quand on tombe sur une case d'une certaine couleur, on prend la carte de la couleur correspondante.

Il y a trois sortes de questions: des questions sur le sport, sur les maths, sur l'orthographe anglaise.

Patrick, lui, fabrique des cubes de différents volumes en papier fort, première étape de la construction d'un village. Il explique qu'il essaye de camoufler les «craques» (les fentes le long des arêtes) de l'intérieur, avec du papier collant. Je lui explique le principe des onglets qui se rabattent. Il adopte l'idée immédiatement.

Le Québec est bouleversé par la mort de René Lévesque. Marie-Chantal fait corriger son beau texte sur un rêve. Elle explique dans ses mots le fait qu'elle intègre parfois dans un rêve des choses qui se passent réellement dans la pièce où elle dort. Elle n'en revient pas qu'on enregistre tout même quand on dort.

Quand je dormais

Quand je dormais, je rêvais que j'étais la fille de monsieur Lévesque et je passais la douane. J'essayais tout pour passer la douane. Enfin, ils m'ont laissé passer. Après, dans une salle, ils parlaient de Monsieur Lévesque et il y avait une chasse au trésor. Quelqu'un a trouvé une grappe de raisins et tout de suite le monde a sauté dessus. Toutes les personnes lançaient des pépins. Je me suis réveillée. La radio était aux nouvelles.

Un peu après, Marie-Chantal joue avec Stéphane à un jeu de pièces aimantées. Les deux ont l'air très heureux. Stéphane chante des chansons western, pour le plaisir de sa partenaire et d'un groupe qui joue juste à côté.

25 novembre

RASSEMBLEMENT

En attendant Françoise, les enfants, assis autour du tapis, se racontent des histoires drôles. Marie-Chantal me dit qu'elle a mal au ventre. Je lui suggère de s'étendre sur le tapis. Son ventre est tellement tendu qu'elle a de la difficulté à changer de position. Je lui masse le ventre. Elle dit, en relâchant sa tension: C'est parce que ma mère a des problèmes... Peu après, elle mentionne que ça va mieux. Françoise arrive.

Les enfants: Encore quelques histoires! Encore quelques histoires!

Les quelques farces passées, Françoise rappelle qu'il s'agit d'un rassemblement de présentations. Marie-Chantal dit qu'elle a quelque chose à présenter.

Françoise: As-tu marqué ton nom au tableau?

Marie-Chantal: Non (elle pleure). Ça fait longtemps que j'essaie. Il y a plus de place.

Françoise explique: C'est vrai. Tu n'es pas la seule à vivre ça. Regarde, tu es la deuxième sur la liste, maintenant.

Violaine lit son texte, Mika et Sika. Visiblement, lire devant un groupe n'est pas facile pour elle. Elle parle à voix très basse.

Maxime: C'était mieux lu que l'autre fois.

Violaine est encouragée par les sourires et les approbations du groupe.

À leur tour, Patrick et Mathieu lisent leur histoire tandis que Françoise et deux enfants descendent chercher un écran pour la présentation de Jérôme et Patrick. Le rétroprojecteur et l'écran sont installés. Pendant ces préparatifs, Marie-Chantal est couchée, la tête dans ses bras, comme si elle n'était pas remise de sa déception de tout à l'heure... ou des problèmes de sa mère. Marie-Claude jette un regard sur elle, mais ne dit rien. Tout à coup, quelqu'un s'écrie en regardant l'écran: Il y a un arc-en-ciel! On distingue en effet un arc-en-ciel dans le haut de l'écran.

Françoise: Qu'est-ce que c'est, l'arc-en-ciel?

Gabrièle: C'est parce que la machine fait un prisme.

Tout est prêt, ils commencent.

Jérôme: On a fait un projet sur l'astronomie, sur les étoiles, sur la voie lactée.

Françoise: Comment vous y êtes-vous pris?

Jérôme: On a rencontré Pierre, le père de Julie. On lui a posé des questions.

Ils commencent par le commencement, le Big Bang. Jérôme passe des acétates au rétroprojecteur pour expliquer le système solaire et la position de la terre par rapport au soleil.

Patrick: Maintenant, je vais expliquer ce que c'est qu'un trou noir: c'est comme une étoile morte. Ça s'appelle une nova. Ça explose. Ça prend toute la lumière qui est autour. Si on était là, on serait attirés et on sécherait...

Charlotte: Est-ce que c'est à cause de ça qu'on peut rester sur la terre sans tomber?

Patrick explique qu'on est attiré par le noyau de la terre comme si c'était un aimant (on verra plus loin que les aimants le passionnent).

Violaine: Est-ce que c'est chaud, le noyau de la terre?

Patrick: Oui, très.

Il reprend ses explications: Savez-vous combien de temps vit une étoile? Jusqu'à quatre mille milliards d'années. Il en est impressionné lui-même: un mille milliards, deux mille milliards, trois mille milliards, quatre mille milliards!

Jérôme explique ensuite comment fonctionne le télescope. Il montre le miroir du télescope. Patrick ajoute: C'est le même système que ça (en désignant le miroir du rétroprojecteur).

Patrick: Je veux dire un truc que j'ai trouvé super intéressant. Pour nous, sur la terre, la lune c'est assez loin. Mais il y a des petites planètes qui ont une énorme planète devant elles. Ça leur fait comme un mur.

Les yeux rêveurs, il reste accroché à cette image, en effet fascinante: nous pourrions avoir le nez collé à un mur, au lieu de faire face à l'immensité de l'espace.

Christine: C'est quoi la différence entre un astronome et un astrologue?

Olivier: L'astronome étudie les étoiles. L'autre est censé lire l'avenir dans les étoiles.

Jérôme: Après les questions, on va aller dans le couloir et vous faire voir avec le télescope comment ça marche.

Ils posent encore quelques questions, dont le nombre de planètes dans le système solaire. Ils finissent par trouver qu'il y en a neuf. Patrick précise que le soleil est une étoile, et non une planète.

Jérôme explique un moyen pour se rappeler les noms des planètes du système solaire:

— Vous prenez la première lettre de chacun des mots de la phrase suivante: «Monsieur, vous travaillez mal. Je suis un novice perdu.» Vous obtenez Mercure, Vénus, Terre, Mars, Jupiter, Saturne, Uranus, Neptune, Pluton.

Françoise: J'aimerais que vous écriviez sur un papier les informations que vous nous avez données, pour qu'on les retienne. On les affichera au mur.

Après les commentaires des enfants, le rassemblement se termine et Jérôme et Patrick vont installer le télescope dans le corridor.

Ce projet connaîtra de très intéressants rebondissements à la classe verte, en juin.

3 décembre

RASSEMBLEMENT

Françoise: Regardez, les enfants, comment on est assis...

Quelqu'un: Les gars ensemble, les filles ensemble.

> *Il ne semble pas y avoir de points à l'ordre du jour. Une conversation se déroule au sujet des enfants vedettes, ceux qui chantent à la télévision ou qui jouent dans les téléromans. Il y en avait une dans la classe l'an passé. Quelqu'un souligne qu'en parlant des enfants vedettes, on pense surtout à des filles.*

Françoise: C'est qui, les vedettes, pour vous, les gars?

Maxime: Les joueurs de hockey.

Quelqu'un: Pour les filles, il y a aussi les ballerines.

Françoise: C'est tout un modèle de la femme, les ballerines: ça demande un certain type de corps. Il ne faut pas trop manger, il faut être mince...

Maxime: Pour le hockey, il faut être gros et lourd!

Françoise: Dans le temps, il y avait un homme appelé Henri Richard. C'était un joueur de hockey très célèbre. Il était tout petit.

> *Quelqu'un revient à la danse.*

Françoise: Il y a eu d'autres modèles. Je pense à une danseuse comme Isadora Duncan. Elle vivait au début du siècle. Elle n'a jamais pris de cours de danse. Elle a dit: «Moi, j'aime la danse, mais pas la danse qu'on enseigne dans les écoles de ballet.» Elle s'est mise à danser par elle-même et elle a développé une approche de la danse. Elle a dansé jusqu'à 50 ans. Il y a aussi une danseuse québécoise qui a eu la même approche. Elle danse en solo. C'est Margie Gillis. Elle mesure près de six pieds. Elle a commencé à danser à 13, 14 ans, pour elle-même, parce qu'elle vivait des choses difficiles dans sa vie. Elle danse pieds nus. Elle retrouve le vrai sens de la danse qui n'est pas nécessairement les pointes. C'est important de regarder le modèle de la danse que le ballet impose. Il faut le discuter, être capable de le critiquer. Un jour, Margie Gillis est allée en Chine. Elle a dansé avec les Chinois. Ils ont adoré ça. Elle a donné des petits spectacles, même pas payants. Elle danse parce qu'elle aime danser, pas juste pour se donner en spectacle.

Maxime: Avec le hockey, on peut pas jouer dans notre chambre!

Françoise: C'est vrai. Mais je vous vois avec vos collants de hockey!

Maxime: C'est pour voir nos héros sur papier.

Françoise: Toi Jérôme, qu'est-ce que tu aimes dans les collections?

Jérôme: Remplir des pages, finir la collection.

Steve: Dire t'as pas fini, moi j'ai fini!

Maxime: Et puis moi, je suis un mauvais perdant.

Françoise à Dominique: Toi aussi tu les collectionnes. Qu'est-ce que tu cherches en faisant des collections?

Dominique ne sait pas.

Françoise: Il me semble qu'il y a des choses que tu n'aimes pas dans cet univers de filles qui placotent, qui restent assises.

Dominique, qui se reconnaît: Oui, c'est ça! Mais elles sont pas toutes comme ça.

Gabrièle: J'aime pas vraiment le ballet, mais j'aime pas le soccer non plus.

Maxime: Elle est entre les deux.

Marie-Chantal: J'ai un ami, un garçon. J'aime mieux jouer à des jeux de garçons.

Thierry: Je trouve que c'est vrai, les filles se mêlent moins avec les gars. J'allais dehors jouer avec des filles. Puis elles s'en allaient jouer à la corde à danser.

Olivier: J'ai été invité chez une fille. J'étais le seul gars. J'avais l'impression qu'elle m'avait invité juste pour me faire niaiser.

Françoise: Toi, Stéphane, la vois-tu la différence entre l'univers des filles et celui des garçons?

Stéphane: Pas tellement.

Charlotte: Marie-Chantal a dit qu'il y avait des jeux de garçons et des jeux de filles. Mais les camions, c'est autant pour nous que pour les gars.

Françoise: C'est quand même profondément inscrit dans nos habitudes. On en parle, mais il y en a peu parmi vous qui font des projets gars-filles ensemble.

Steve: Quand il y a trop de garçons, je m'amuse pas. Une fois, j'ai été invité à un anniversaire. On était 12 gars, il y avait une fille. Elle savait pas quoi faire.

Gabrièle: Mon frère, il a une poupée. Tous les matins, quand il se lève, il faut vite qu'il l'habille. Puis le soir, quand il se couche, il faut qu'il la mette en pyjama. Il fait ça tous les jours.

Françoise: Si on veut changer quelque chose aux rapports entre les gars et les filles, qu'est-ce qu'il faut faire? Quels sont les essais des gars par rapport au monde des filles? Toi, Jérôme, as-tu essayé d'aller dans le monde des filles?

Jérôme: Non.

Françoise: Toi Éric?

Éric: Un peu.

Françoise: Toi Stéphane?

Stéphane: J'ai essayé, pas avec quelqu'un de l'école. Elle était pas... arrangée comme une fille.

Françoise: Elle faisait des cabanes dans le bois?

Stéphane avec un sourire: Oui.

Françoise: Et ça, c'est pas être féminin.

Maxime: Moi, je suis aussi bien avec des filles qu'avec des gars.

Françoise: Vous, les filles, y a-t-il des gars que vous trouvez ouverts à ça?

Quelqu'un: Ils sont tous ouverts.

Quelques noms sont mentionnés: Maxime, Benoît, Thierry, Mathieu.

Quelqu'un: Jérôme, on dirait qu'il est un peu gêné...

Françoise: Il faudrait essayer de passer les frontières.

Maxime: On est la classe où on se mêle le plus!

Gabrièle: C'est drôle, on a parlé de ballet, puis de hockey, puis de gars et de filles...

Françoise: Ça te déplaît?

Gabrièle: Non... (elle hésite).

Olivier: C'est parce que tu es pas habituée. Comment c'était, dans ta classe avant?

Gabrièle: C'était... un sujet à la fois.

ATELIER: LA TERRE

Mathieu me demande de l'aider à réaliser un objet en terre glaise. Il veut faire un cadeau pour ses parents. Il feuillette un livre et explique: Je veux pas faire un pot. Je veux pas faire juste une décoration. Je veux faire quelque chose de vrai.

— Qu'est-ce que tu appelles vrai?

Mathieu: ?

— Utile?

Mathieu: Oui, c'est ça.

Finalement, il se décide pour un chandelier. On fait des dessins de différents modèles. Une fois le modèle approximativement défini, il part discuter avec un ami. Un moment après, il revient avec l'idée de réaliser une tête de personnage qui sera en même temps un chandelier. Il apprend maintenant à travailler la terre. C'est la première fois qu'il en fait. Il a de la difficulté à malaxer avec énergie; il n'utilise que le bout de ses doigts. Je lui montre qu'il aurait plus de force en utilisant tout le poids du corps et en appuyant sur la table. Être centré, diriger son énergie n'est pas aisé. D'ailleurs, il fait un bonhomme à la tête très lourde, presque sans corps. À côté, Christine tente de recoller les bras de son ange en terre. Thierry, lui, a inventé une nouvelle sorte de colle.

SKETCH

Charlotte, Marie-Claude, Benoît, Dominique, Jérôme, Steve présentent un sketch. C'est une histoire de famille. Les parents veulent divorcer au grand dam des enfants. Ils se présentent en cour. Le juge les condamne finalement à rester ensemble...

11 janvier

RASSEMBLEMENT MATHÉMATIQUE

Françoise rappelle qu'Elisabeth Marchaudon, la libraire de la Librairie Hermès, a accepté que des enfants de la classe aillent vendre la revue Montréal vu par les enfants[1] *dans son kiosque au Salon du livre d'octobre. Elle vient de leur remettre une somme de 345,45$ pour la vente de 85 cahiers.*

Dominique: Quel profit elle a fait en vendant la revue?

Françoise: On peut le calculer. Si chaque cahier a été vendu 6,95$, pouvez-vous calculer combien elle a gardé par cahier?

Annie se lance. Elle va au tableau. Elle pose 85 fois 6 et 85 fois 0,95.

Françoise: Qu'est-ce que ça va te donner?

---

1. Ce cahier, préparé par la classe avec l'aide des parents et tiré à 5 000 exemplaires, a permis de financer un voyage de la classe à Honfleur en France l'année précédente. On verra plus loin que les enfants et accompagnateurs honfleurais — appelés par les enfants ·Les Français· — vont venir à leur tour à Montréal en février et être reçus à l'école et dans les familles.

Annie: ...

Françoise: Quelle est la question qu'on se pose?

Dominique: Combien Elisabeth a eu de revenu sur les revues.

Pendant ce temps, Annie fait son calcul. L'opération 85 multiplié par 0,95 est plus compliquée.

Françoise: As-tu une calculatrice?

Annie: Non, pas ici.

Croyez-le ou non, ce jour-là, il n'y a pas de calculatrice dans la classe.

Annie arrive au bout de son opération. La vente a rapporté 590,75$ dont elle soustrait 354,45$. Elle trouve un résultat de 236,30$.

Françoise: Ça fait combien par cahier?

Annie pose la division 236 divisé par 85. Elle trouve 2 mais ne sait plus ensuite comment faire. Benoît prend la relève, pose l'opération dans l'autre sens, puis se perd... Quelqu'un leur donne le résultat: 2,78$ par cahier.

Jérôme, tout à fait dans le ton: J'ai amené l'ordinateur avec le jeu de multiplication.

Françoise: Qui l'a fait, ce jeu?

Jérôme: Moi et mon père. C'est un jeu de multiplication, puis si vous l'aimez, on va en faire un d'addition et de division.

Françoise: Comment allez-vous procéder pour l'utiliser?

Jérôme: On va faire un horaire puis tous ceux qui veulent y aller s'inscrivent.

Françoise: Vas-tu faire une démonstration?

Jérôme: Oui. À quelle heure?

Françoise: Quand peux-tu?

Jérôme: À deux heures.

Françoise: Aujourd'hui, vous allez faire le nettoyage de vos cahiers d'horaires, puis vous les déposerez ici. Je vous donne maintenant un horaire sur lequel on a indiqué les heures.

Les soulagements et les approbations fusent de partout.

Françoise: Cette fois, on va faire ensemble la planification pour la semaine. Michel est libre le jeudi pour des projets d'éducation physique. Lise peut recevoir les enfants pour les projets d'anglais. Guy aurait aussi de la place pour la piscine. Allez-y, commencez.

10 HEURES — TRAVAIL MATHÉMATIQUE

Patrick est en train d'exercer la division, mais en fait, il travaille en même temps la multiplication et la soustraction qu'il ne maîtrise complètement ni l'une ni l'autre. Il veut développer les trois à la fois et se débrouille très bien. Mathieu a des difficultés avec sa consigne dans un problème de mathématiques. Il l'a lue mais ne l'a pas comprise. Je la relis à haute voix. Il constate qu'il n'avait pas lu le mot principal: découpe. Pour Mathieu, c'est la lecture des consignes en rapport avec la confiance en soi qui constitue un problème. Jérôme, lui, se démêle avec les puissances. Il désigne 2 à la puissance 2 et dit: Ma mère me l'a montré ce matin, mais j'ai oublié. Je lui explique ce que représentent les puissances en prenant un exemple à la puissance sept. Il comprend rapidement et conclut: Si j'ai compris neuf fois neuf fois neuf fois neuf fois neuf fois neuf, ça va être facile de faire les exercices; ils sont tous à la puissance deux.

18 janvier

RASSEMBLEMENT

Aujourd'hui est un grand jour; Maxime présente son projet, le concours «Devinez qui?» Il apporte deux magnifiques panneaux sur lesquels il a collé des photos de bébés. Ce sont les photos des enfants de la classe qu'il a récoltées il y a déjà plusieurs semaines. Il distribue une feuille questionnaire. Chacun doit essayer de reconnaître de quels bébés il s'agit. Le concours se fera pendant la journée. Il y a beaucoup d'agitation dans le groupe. Tout le monde essaie, même à distance, de reconnaître les photos.

Françoise insiste sur le fait que le concours débutera après le rassemblement.

LES HISTOIRES DE CHARLOTTE

Annie: On a présenté des histoires. Charlotte, tu étais pas là. On s'est dit que ça faisait trois ans que tu étais dans la classe mais que tu les as jamais présentées, tes histoires. On aimerait que tu les présentes.

Charlotte: Moi, je les trouve pas bonnes, mes histoires.

Quelqu'un: Toi, mais nous, on peut pas dire si elles sont bonnes ou pas bonnes.

Dominique: Moi, quand j'ai commencé les aventures de Caroline et Annie, je les trouvais pas si bonnes que ça. Mais je les ai présentées et ça m'a donné le goût d'en faire d'autres.

Olivier: Moi non plus, j'étais pas sûr que ça allait plaire...

Julie: ... puis t'en as fait plein d'autres.

Françoise: Qu'est-ce que tu en penses, Charlotte? Tu es une des seules qui n'as pas lu d'histoires. Moi je les ai lues, tes histoires et je sais qu'elles sont intéressantes.

Olivier: Jérôme aussi. J'ai lu ses histoires, elles sont bonnes mais il les a pas lues.

Jérôme rougit, plutôt à cause du compliment d'Olivier que parce qu'il se sent pris en faute, semble-t-il.

Françoise: Tu y penses, Jérôme? Toi aussi, Charlotte?

Ils disent oui d'un signe de tête.

Julie: Si vous les trouvez pas bonnes et que vous les lisez pas, vous pouvez pas vous améliorer, parce que vous avez pas de critiques.

Charlotte: J'aime mieux présenter des recherches que des histoires.

Françoise: Ce que les enfants te disent, c'est qu'ils ont passé par là; ils ont passé à travers la peur* de la critique. Steve, tu te rappelles ta première histoire? Tu avais peur, aussi. Tous les enfants se rappellent ton histoire de Toto et Tata.

Charlotte: Mes histoires, c'est des grosses affaires...

Olivier: Moi aussi c'est des grosses affaires, mais ça a plu.

Le rassemblement se termine.

Françoise: Les enfants, vous allez être tentés d'aller vers les photos. Essayez de résister et de faire votre horaire d'abord.

Quelques secondes se sont à peine écoulées qu'il y a déjà huit filles autour des photos. Les dix prochaines minutes sont consacrées aux horaires. Ils doivent planifier leur journée puis aller faire signer leur horaire par Françoise. Le démarrage du travail est lent ce matin. Est-ce parce que c'est lundi? Parce que l'attention est tournée vers les photos et qu'il est difficile de se concentrer sur autre chose? Françoise circule beaucoup, ramène les enfants à leur planification. Thierry erre dans la classe. Quand je lui demande pourquoi il n'est pas au travail, il répond qu'il a oublié son sac à dos à la maison. Il a toutes ses affaires dedans, y compris son échéancier de projets. Dominique et Vicky discutent. Je leur demande ce qu'elles font.

— On attend dix heures.

— Qu'avez-vous à dix heures?

Vicky: Des fiches de math.

Dominique: Des fiches de français.

Et elles continuent leur causette.

Dix heures. Le concours de photos mobilise les énergies. C'est l'enthousiasme. Les enfants comparent leurs réponses puis retournent vérifier avec les photos.

Dix heures trente. La période calme ramène le silence et le travail pour tout le monde. Il y a beaucoup de mathématiques en cours, avec des matériels très différents: des fiches de problèmes divers, des feuilles de route, les problèmes dits d'Euler.

Onze heures. Récréation. Presque tous les gars vont jouer à l'extérieur. 14 filles restent à l'intérieur.

Marie-Claude à Julie qui travaille à son bureau: Tu viens?

Julie: J'ai pas fini.

Marie-Claude: Il faut que tu travailles?

Julie: Je suis pas obligée, mais j'ai le goût.

Elle continue.

Deux heures. Un rassemblement est prévu à 2 heures. Charlotte travaille à son pupitre, «cachée» dans une encoignure de la classe.

Françoise lui fait avancer son bureau et dit: Tu sais que je veux voir tout le monde.

C'est la même difficulté de visibilité que celle évoquée au rassemblement ce matin.

Anick a une présentation à faire au rassemblement. Elle me dit: J'aimerais mieux travailler que faire ma présentation. C'est difficile. J'ai peur.

Le groupe qui était en train de répéter un sketch dans le local de théâtre arrive tout en émoi. Benoît est littéralement furieux.

Il semble y avoir un conflit grave dans le groupe. Françoise leur demande à quand est fixée leur prochaine répétition. Après-demain.

Françoise: Je pense qu'il serait utile qu'on se rencontre demain pour voir quels sont les problèmes de fonctionnement de votre groupe.

Ils fixent un temps.

Il faut tout voir, sentir quand ils n'arriveront pas à résoudre seuls un problème. ...Et ne rien laisser sombrer qui mérite d'être rescapé.

Patrick, que Françoise appelle au rassemblement: Je peux pas, faut que je travaille, sinon je suis fait!

En d'autres termes, il a sa rencontre d'échéances demain. Sans pitié, Françoise lui enjoint de venir sur le tapis.

Quelqu'un demande pourquoi il faut inscrire son nom au tableau à l'avance pour amener un point au rassemblement.

Stéphanie répond: Je suis pas pour dire: «Qui veut entendre mon histoire»?

Elle a compris que l'«institution» du rassemblement lui évite d'avoir à «vendre» ses productions. On n'est pas dans une logique de marché, mais dans une dynamique de collaboration, de partage des idées et des connaissances.

Quelqu'un signale que Thierry ne veut pas mettre sa photo sur le «Devine qui» de Maxime. Cela en intrigue plusieurs. Ils le questionnent sur sa décision, mais sa position reste très ferme.

L'ŒIL

Christine a fait un projet sur l'œil. Elle commence sa présentation en demandant ce qui se passerait si on n'avait pas d'yeux. Une grande discussion s'ensuit, soulevant toutes les impossibilités qu'il y aurait à vivre si l'on ne jouissait pas de la vision.

Quelqu'un: On dormirait dehors, parce que les constructeurs n'auraient pas d'yeux...

La discussion continue ainsi pendant un long moment, jusqu'à ce que Patrick dise:

— On se serait organisés! On aurait l'impression qu'il nous manque rien.

La discussion a fait un pas en avant.

Gabrièle: On aurait développé un autre instinct. On aurait peut-être des antennes.

Patrick: Moi je dis que les taupes, elles ont toujours été aveugles et elles se débrouillent, dans la terre.

Quelqu'un: Les chauves-souris aussi.

On revient à Christine. Son amorce était impeccable. Mais ce n'est pas tout. Elle a amené un dispositif démontable de l'œil. Elle commence sa démonstration en présentant le cristallin dans son rapport à l'objet vu et au cerveau. C'est la lentille qui sert à mettre l'image au point. Ses explications sont à la fois exactes et concrètes. De la cornée, elle dit qu'elle protège l'œil comme sa corne protège le rhinocéros. Au chapitre des glandes lacrymales, alors qu'elle explique le phénomène technique de la production des larmes, elle est interrompue.

Dominique: Comment ça se fait qu'on pleure?

Christine réfère au film *Opération beurre de pinotte*: Tu sais, le garçon, les cheveux lui tombent quand il a une grande émotion. Et bien, quand tu as une grande émotion, le nerf pense plus qu'à lâcher.

Patrick: Les adultes, quand ils ont des émotions, ils pleurent pas.

Stéphanie, sans attendre la réponse: Pourquoi les femmes pleurent et les hommes pleurent pas?

Christine n'a pas l'intention de se laisser prendre dans ce traquenard.

Christine, habilement: Là, on est en train de passer à la question des femmes et des hommes.

Sous-entendu: ce n'est pas dans le sujet.

Elle continue. Les questions se bousculent. Les enfants ont de la difficulté à attendre leur tour. Stéphanie parle plus souvent qu'à son tour, sans lever la main. Christine répond très clairement aux questions. Elle est décidément une excellente conférencière. À la suite de nouvelles digressions, elle dit:

— Là, on est en train de quitter le chapitre.

Stéphanie: Quel chapitre?

Christine: Celui des muscles.

Christine revient au sujet: La rétine, c'est comme la queue d'un chat. La queue d'un chat, c'est le prolongement de sa colonne. La rétine, c'est le prolongement du nerf optique.

Elle termine sa présentation. En guise de commentaires, les enfants y vont de leurs expériences avec leurs propres yeux.

Marie-Chantal: Des fois, je fixe mon riz dans mon assiette, et tout à coup, je tombe dedans.

Julie: À la campagne, je fixe la tapisserie puis je fais venir l'image vers moi.

Le temps a passé très vite. Il ne reste plus assez de temps pour la présentation d'Anick. Elle doit pousser un soupir de soulagement... mais elle va devoir traîner sa peur jusqu'à demain.

FIN DE JOURNÉE

Les tâches* sont terminées... plus ou moins bien.

Françoise fait encore une mise au point: J'ai remarqué une sorte de laxisme, de laisser-aller. Ça date d'avant les vacances de Noël. J'y ai beaucoup réfléchi, parce que ça m'inquiète. Dans les projets, il y a des enfants qui perdent du temps. Ce n'est pas **grave** par rapport au nombre de fiches que vous faites, mais c'est **grave** à cause de ce que vous voulez faire. Vous prenez des voies d'évitement. Par exemple, vous vous mettez de la lecture et vous ne lisez pas. Vos projets, c'est vous! C'est important. Il faut les traiter avec sérieux et avec rigueur.

Pour les tâches de nettoyage, c'est pareil. Je ne veux pas m'enfermer dans mon rôle de surveillante. La prise en charge n'y est pas. Pourquoi a-t-on des tâches?

Julie: Parce que c'est propre le lendemain.

Gabrièle: Si on le fait pas, personne le fera.

Françoise: Il semble qu'en ce moment on n'ait pas trouvé les moyens qui conviennent. Je n'embarque plus dans l'idée des tâches attribuées à l'avance à une seule personne. Ça ne fonctionne pas.

Olivier: On s'y met tous en même temps!

Annie: À trois heures moins vingt, on se réunit, on regarde ce qu'il y a à faire et tout le monde s'y met.

> *La suite a prouvé que cette réorganisation était très efficace... jusqu'à ce qu'elle s'épuise à son tour. Les enfants vivent de la coopération. Ils se donnent et se demandent de l'aide. Olivier a posé une poignée qui manquait à une armoire depuis des semaines.*

26 janvier

RASSEMBLEMENT

> *Un parent arrive, qui doit parler à Françoise.*

Françoise: Qui prend le rassemblement?

> *Charlotte se propose. Elle donne la parole* à Steve qui a apporté un robot de sa fabrication. Il fonctionne avec une poulie. Steve en fait la démonstration. La conversation est un peu difficile, parce que Steve parle très doucement et que les questions arrivent toutes en même temps.*

Dans un bref moment de silence, **Steve** conclut: Je trouve qu'il est pas original.

Protestations.

Charlotte: On va passer au point «walkman». Chut s'il vous plaît.

Dominique: Il y a des gens qui disent qu'on a pas le droit d'avoir des «walkman». Françoise dit ça aussi, mais il me semble qu'on a jamais dit qu'on pouvait pas avoir de «walkman».

Charlotte: Ça, c'est plutôt à discuter avec Françoise. Est-ce qu'il y a quelqu'un qui a un point à présenter, parce qu'il y a plus rien au tableau.

Quelqu'un suggère de parler des journaux. Comment s'organiser pour avoir La Presse *tous les jours? Françoise l'apporte de temps en temps, mais ce n'est pas suffisant.*

Dominique: On devrait se faire un horaire.

Charlotte: Qui pourrait se charger de faire un horaire pour amener *La Presse* le matin? Il faudrait peut-être deux personnes.

Trois mains se lèvent.

Charlotte: Peut-être un gars et une fille.

Sagement, elle confie le choix au hasard. Stéphanie et Steve sont désignés par le sort.

On notera sa grande maîtrise de l'animation du rassemblement et des principes qui le régissent.

Charlotte à Maxime: Est-ce que tout le monde a remis ses feuilles pour ton projet «Devinez qui?»

Maxime: Non, Françoise a pas remis la sienne.

Faute de sujets, les enfants décident de se raconter des histoires. Maxime parle sans arrêt.

Charlotte: Levez la main ceux qui ont des choses à dire. On va donner la parole à ceux qui parlent pas, ceux qui bougent pas, ceux qui respirent plus, (elle a pris un ton humoristique)...

Julie amène la chute: Ceux qui sont morts...

Tout le monde rit. Quelqu'un suggère de jouer à l'assassin. Maxime est le policier. Il sort de la classe. Les enfants choisissent parmi eux un assassin. Devinez qui? C'est Stéphane. Maxime en revenant dans la classe, doit le découvrir. Stéphane est assis dans le cercle, comme tout le monde. Quand il fait un clin d'oeil ou une grimace quelconque, les enfants assis en face de lui doivent l'imiter. Si le policier est très rapide, il peut trouver qui déclenche les changements de mimiques. Plusieurs assassins se succèdent. Les enfants font visiblement durer le rassemblement bien que l'intérêt diminue. Après un moment, il devient visible qu'ils le font parce que Dominique et quelques autres tiennent absolument à voir abordé le point du «walkman» avec Françoise. Françoise n'étant pas revenue, le brouhaha se développe. Les enfants se disputent pour être choisis policiers. Finalement, ils tirent des noms au sort. Ils font encore deux parties, mais l'assassin agonise. Je mentionne que c'est le temps de faire les horaires. Personne ne s'objecte. Peu après, Françoise revient et signale qu'il faudra placer à l'horaire dans la journée un moment de discussion sur la visite des Français. Dominique, pas tout à fait désintéressée (le walkman!) propose un rassemblement à deux heures.

Françoise: Marquez-le dans votre horaire. Laissez vos échéanciers de projets et vos horaires sur la table. Je vais passer pour les signer. Stéphanie et Olivier, il faut que je vous voie pour que vous signiez les chèques. Il faudra que vous alliez à la banque à l'heure du dîner.

II. La grande visite

RASSEMBLEMENT

Il s'agit d'un rassemblement spécial sur la visite des Français. Depuis le début de janvier, la classe et les parents ont travaillé à la préparation de la visite des enfants d'Honfleur. Une correspondance intense a franchi l'océan, entre enfants et entre adultes.

Entrées et sorties de parents qui amènent des lettres et des photocopies. Il y a les projets des enfants et les projets des adultes...

Françoise rejoint le rassemblement: Regardez comment vous êtes installés.

Quelqu'un: Tous les gars ensemble, toutes les filles ensemble.

Françoise: Allez, séparez-moi ça!

Maxime: Moi, je suis courageux (il était le premier garçon à la suite d'une lignée de filles).

Françoise: Quand vous débutez un rassemblement et que je ne suis pas là, qu'est-ce qui se passe souvent?

Stéphanie: Toutes les filles se mettent d'un côté, les gars de l'autre.

Christine: On a de la misère à se taire.

Françoise: Comment se sent-on quand on est en grand groupe? Si on identifie ce qu'on ressent, on peut mieux agir. Maxime, j'aimerais beaucoup t'entendre sur ce sujet.

Maxime: Souvent, on a envie de parler. On veut savoir de quoi les autres parlent.

Olivier: Ce que les autres disent me fait penser à autre chose. Je commence à parler.

Françoise: Il y a un autre élément. Quand on arrive dans une foule, il y en a qui parlent plus fort que d'autres. Qu'est-ce que c'est ce problème, ce besoin de parler plus fort?

Patrick: C'est pour essayer de se faire comprendre.

Maxime: On parle plus fort pour se faire remarquer.

Françoise: Comme pour dire, «je ne suis pas un numéro, je suis là». On veut être sûr que tout le monde a remarqué. Est-ce que ça se passe comme ça pour tout le monde? Toi, Gabrièle?

Gabrièle: Moi, c'est en gueulant.

Françoise: Mais qu'est-ce que tu veux?

Gabrièle: Que tout le monde se taise.

Françoise: Et qu'est-ce que ça produit?

Gabrièle: Il y en a d'autres qui crient encore plus fort. Mais c'est pas juste moi!

Françoise: Est-ce que j'ai dit ça? Chacun a sa façon. Stéphane, quelle est ta façon à toi?

Quelqu'un: Il se cache dans un coin.

Annie: J'aimerais qu'on commence à parler des Français.

Plusieurs oui oui oui se succèdent.

Françoise: Est-ce que quelqu'un se rappelle l'horaire qu'on a établi pour la semaine où les enfants français seront là? C'est un test de mémoire... Lundi?

Violaine se lance. C'est en partie juste. Françoise rectifie. La planification complète de la semaine va être reconstituée peu à peu. Cela prend du temps mais c'est en même temps un travail d'intégration, pour beaucoup d'enfants, qui leur permet de se situer par rapport au temps et d'assimiler les différents éléments de la visite. Il est frappant de constater, à plusieurs moments, que certains enfants n'avaient pas saisi tout ce qui était en cause. Un plan définitif est rédigé. Les enfants seront divisés en sous-groupes pour la visite de Montréal, chacun devant préparer un circuit particulier: centre-ville, Vieux-Montréal, jardin botanique, Aquarium, Port de Montréal. Ils doivent prévoir les moyens de transport à emprunter, le coût des entrées, le lieu où l'on mangera. Un groupe d'enfants est chargé de l'accueil des visiteurs. Il faudra monter un buffet pour recevoir beaucoup de monde: 49 enfants seront présents, plus les parents et les accompagnateurs français, au total, une centaine de personnes. On sait bien sûr qu'on peut compter pour tout cela sur la collaboration de plusieurs parents.

Pendant toute la discussion, Marie-Chantal est assise par terre, avec d'autres. Elle porte une jupe courte et a les jambes complètement écartées ce qui dérange les filles assises en face. Elles lui font des remarques: Marie-Chantal, baisse les jambes, on voit tes culottes. Marie-Chantal ne bouge pas mais elle ronchonne. Elle se plaint à Françoise que les enfants lui font toujours les mêmes remarques. Les garçons assis en face se font des œillères avec leurs mains pour bien montrer qu'ils évitent de regarder de son côté. Le manège dure un moment. Les filles d'en face s'énervent. Marie-Chantal proteste à haute voix: C'est agaçant!

Françoise: Ça fait trois fois qu'ils te le disent. Es-tu capable d'en tenir compte?

Marie-Chantal, boudeuse: Je veux pas froisser ma jupe...

Elle se déplace néanmoins un petit peu, à contrecœur.

Un plan de travail est adopté pour préparer les visites. Il faudra aller aux différents endroits, trouver des dépliants, connaître le trajet et les prix probables. Dans les minutes qui restent, les enfants se partagent les tâches courantes de ménage et s'y mettent avec ardeur.

Notons que la discussion tant attendue sur le «walkman» n'a pas eu lieu. Elle n'est pas oubliée pour autant. Elle resurgira le jour où Christine présentera son projet sur l'oreille puis au moment de la classe verte.

3 février

RASSEMBLEMENT

Au lendemain d'une réunion de parents consacrée à la visite des Français, les enfants sont curieux. Steve demande ce qui s'est passé. Les enfants avaient préparé en vue de la réunion un panneau de répartition des responsabilités pour que les parents se partagent les groupes à accompagner pour la visite de Montréal. Ils sont heureux de savoir avec quels parents ils visiteront Montréal.

L'OBJET MYSTÈRE DE PATRICK

Patrick a un sac bien fermé devant lui. Il n'a pas l'intention d'en dévoiler le contenu avant d'avoir l'attention de tout le monde. Françoise ajoute au mystère en rappelant que lors de la première rencontre de l'année, tandis qu'elle recevait Patrick qui était un nouvel élève, ainsi que ses parents, elle lui avait demandé ce qu'il serait intéressé de réaliser comme projet pendant l'année. «Et bien, ce projet, il l'a réalisé». Devant une pareille entrée en matière, tout le monde attend.

Patrick: Moi, j'aime l'électricité. J'avais le goût de faire quelque chose qui marche. Ça, (et il ouvre enfin son sac), je sais pas si ça paraît, mais c'est une main articulée. Je l'ai faite en lego. Et il y a un moteur qui tourne et qui la fait bouger. Mais l'inconvénient, c'est que le moteur a pris froid dehors. C'est une main qui se ferme. Quand je mets la pile, le bras se lève.

Patrick est très contrarié parce que le bras reste immobile. Françoise tente de faire diversion pour laisser le temps à l'engin de se réchauffer.

Françoise: Qu'est-ce qui était compliqué dans ce projet?

Patrick ne saisit pas la perche. Il ne peut pas accepter que le refus de fonctionner de sa création le déshonore.

Patrick: C'est comme une auto qui ne démarre pas parce qu'il fait froid.

Il y a un grand silence; tout le monde regarde et attend, suspendu au minuscule engin sur le tapis.

Françoise: Comment l'as-tu fait?

Patrick: Au début, j'ai pris un moteur.

Quelqu'un: Où?

Patrick: Chez Radio Shack. J'ai mis plein de scotch pour faire une base avec une plaque de lego.

Olivier: T'aurais pas pu la faire juste en lego?

Patrick: Non...

Françoise: Il est parti de ce qu'il avait...

Patrick: Je voulais faire un bras qui bouge au début de l'année, mais je me suis rendu compte que c'était impossible à faire.

Françoise: Ce qui est intéressant, c'est qu'il a trouvé un moyen d'actionner quelque chose avec un moteur.

> *Patrick reste déçu. Il revient trois ou quatre fois sur le fait que l'engin ne marche pas. En fait il marche un peu. Le bras bouge très légèrement.*

Françoise: Avez-vous un ou deux commentaires à lui faire?

Quelqu'un: C'est super bien pensé.

— Il faut le faire... Je te trouve pas mal génial!

Dominique: Ça a l'air difficile de faire ça avec l'électricité.

Violaine: Est-ce que ça t'a pris du temps pour le faire?

Patrick: Au début, j'avais commencé un prototype avec des choses que je trouvais dans les poubelles. Ça avait le même système, mais ça marchait pas. J'ai essayé pendant longtemps. Mais vendredi, ça m'a pris quinze minutes.

Françoise: Ça lui a pris du temps pour mûrir le projet, ça faisait longtemps qu'il y pensait.

Benoît: J'aime l'idée de mélanger des legos avec des choses électriques. Puis, c'est intéressant qu'on puisse voir comment ça marche.

Patrick: Mon père m'avait dit de mettre un gant sur la main. Mais c'était trop lourd.

> *Patrick sent que l'on se dirige vers le point suivant. Il a visiblement de la difficulté à accepter de laisser la place avant d'avoir réussi à faire marcher son prototype correctement. Françoise travaille fort à essayer d'atténuer sa déception et de lui faire retrouver le plaisir qu'il a eu à réaliser ce qu'il souhaitait. Elle rappelle le processus de création, depuis l'idée de départ, en passant par les nombreux essais pour arriver à cette réalisation d'aujourd'hui.*

Françoise: Si vous aviez vu les yeux de Patrick hier. Il m'a dit: Françoise, j'ai réussi!

> *Françoise connaît les enfants; elle peut parler de leur évolution, du point où ils sont partis, de leur cheminement. Aujourd'hui, elle a restitué la production de Patrick en rappelant la première rencontre qu'elle a eue avec lui au tout début de septembre. Interrogé sur ce qu'il aimerait faire, il avait mentionné le bras articulé. Le fait qu'il l'a maintenant réalisé, le 3 février, donc cinq mois après, est célébré par le groupe. Cette production est donc restituée dans le projet de Patrick, dans une histoire, dans un désir... Ce faisant, Françoise réaffirme, sans avoir à le dire: «Vos désirs, vos productions, vos projets sont importants; et leur reconnaissance par le groupe est importante.»*

Françoise: Il est neuf heures vingt-cinq. On se donne cinq minutes pour passer un point?

> *Thierry fait une allusion à une de ses inventions.*

Françoise: Justement, toi aussi, tu fais de gros projets en électricité, mais tu ne les apportes pas souvent. Peux-tu expliquer ce que tu avais fait?

Thierry: Quand mon père a fait le sous-sol de la maison, je trouvais difficile de couper droit sans avoir une règle. J'ai dit: Si j'inventais quelque chose qui marche à l'électricité pour tirer une ligne droite. J'ai inventé quelque chose qui fait une ligne brûlée. Tu as juste à couper dessus.

Julie: Je comprends pas comment ça fait la ligne.

Thierry: C'est une espèce de fil de neuf pieds qui chauffe le bois.

Françoise: Tu pourrais l'amener. C'est important que tu le montres.

PÉRIODE DE TRAVAIL

Maxime et Éric ont le projet de réaliser une exposition de travaux d'art des enfants et des parents de la classe, dans le cadre de la visite des Français. Ils en sont à préciser les détails techniques. Ils cherchent des parents qui pourraient les aider à monter l'exposition, en dressent la liste, et vont se débrouiller pour les appeler. Stéphanie et Julie font des mathématiques ensemble. Stéphanie, qui donne facilement des ordres, m'interpelle d'un ton péremptoire: Viens nous aider!

Elle est fâchée contre Françoise qui n'a pas voulu décider à leur place si elles devaient ou non faire le prochain exercice de mathématiques qui comporte du découpage, ce que Stéphanie trouve bébé. Que cela s'appelle de la géométrie n'est pas pour la réconcilier avec la paire de ciseaux.

Stéphanie: Puisqu'elle veut rien nous dire, on a juste à le sauter!

Véronique: Mais il faut quand même le lire pour voir si c'est important!

Ce qu'elle fait, tandis que Stéphanie boude.

Benoît fait un dessin au pastel. Il en a fait une série depuis plusieurs mois. Tous représentent des couchers de soleil, plus spécialement un certain coucher de soleil qu'il a vu un soir en Californie et qu'il n'a pas oublié. Il explique qu'il veut réussir un dégradé de mer du bleu le plus clair au plus foncé et un dégradé de soleil également. Mais il a un problème. Son soleil est arrondi en bas alors qu'il est coupé dans le haut de la feuille. Il se demande en fait si le soleil ne devrait pas techniquement être coupé par le bas et entrer dans la mer.

Christine finit de colorier une carte postale qu'elle a dessinée et qui va être envoyée aux enfants français, porteuse du dernier message avant leur arrivée. Christine demande l'opinion de Dominique qui demeure vague. Françoise saisit l'événement au vol et l'apostrophe.

Françoise: Dominique, qu'est-ce que tu penses vraiment?

Dominique précise sa pensée.

Françoise: C'est ça. J'aime quand tu donnes vraiment une opinion.

Stéphane est dans son monde aujourd'hui. Il ne parle pas; il ne veut pas non plus qu'on l'aide.

Françoise parle avec Thierry: Comment vas-tu travailler les fautes d'orthographe?

Thierry: Je vais faire des fiches de grammaire.

Françoise: Et puis?

Thierry: Écrire des histoires.

Françoise: Tu vas venir me les montrer?

Thierry: À la fin de la semaine.

Françoise: J'aimerais mieux que tu viennes tous les jours.

Thierry n'a pas l'air emballé. En fait, écrire l'enthousiasme. Il a un très grand désir de correspondance. Sa réticence se situe au niveau de la correction: apprendre avec un autre est difficile pour lui, comme pour d'autres.

Françoise: Ce n'est pas long. On chronomètre dix minutes. Ce sera trois mots si tu as écrit trois mots. Mais on le fait au moins pendant deux ou trois semaines. Il faut que tu t'y tiennes.

Ils vont tous les deux chercher un cahier de grammaire dans la réserve de matériel.

Françoise: Regarde-les, choisis-en un et regarde si ça te plaît. Tous ces cahiers-là travaillent la grammaire, c'est-à-dire le rapport des mots les uns avec les autres.

Mathieu, studieux, se confronte aux nombres décimaux. Il

travaille avec beaucoup de concentration. Les pages défilent. Éric et Steve ont été influencés par la présentation de Patrick. Ils ont décidé de se lancer dans la construction d'une machine. Françoise a suggéré à Thierry de se joindre à eux, parce qu'il tend toujours à fonctionner seul.

8 février

Les enfants sont agglutinés devant la porte fermée. Ils discutent de la fin de semaine, du ski de fond, du spectacle de Michel Rivard, des parties de hockey à la télévision. Les gars parlent ensemble, les filles font de même. L'intégration reste un travail toujours à faire. Marie-Chantal raconte qu'elle a une chanson dans la tête et qu'elle ne sait comment l'enlever. Puis elle dérive sur un rêve qu'elle a fait cette nuit, un drôle de rêve:
J'ai lu Charlie et la chocolaterie et puis, cette nuit, j'ai fait un rêve où il y avait plein de bonbons partout et ça disait: mange, mange, mange, mange... J'aimais pas ça. Il y avait aussi un léopard. Elle ajoute avec un grand sourire: J'aimerais mieux avoir plein plein de léopards autour de moi que plein de bonbons...

RASSEMBLEMENT

Plus le moment de l'arrivée des Honfleurais approche, plus les coups de téléphone de France se font nombreux: un enfant ne viendra pas; il faut aider son correspondant à accepter la nouvelle. Deux autres s'ajoutent; il faut trouver de nouvelles familles d'accueil. Certains enfants qui ont fait le voyage en France l'an passé sont maintenant dans d'autres classes de l'école ou au secondaire. Comme ils recevront leurs correspondants eux aussi, ils sont intégrés aux préparatifs autant que faire se peut. Cela suppose une excellente planification et un strict respect des horaires qui en viennent parfois à peser lourd sur le groupe habitué à plus de souplesse. Aujourd'hui, des anciens sont donc venus pour le rassemblement. Christophe est vite réintégré; Laurence a ce regard douloureux qu'on lui a connu.

Annie a ramené de Saint-Sauveur une boîte d'hosties. Elle procède tout naturellement à la distribution qui, quoique tout à fait improvisée, va rassembler les enfants dans le partage d'une même expérience. Plusieurs en goûtent pour la première fois.

Marie-Claude: Marie-Chantal, il faut que tu les laisses fondre dans ta bouche!

Françoise: On a une grosse semaine à faire, une belle et bonne semaine. Les Français arrivent la semaine prochaine. Il y a des parents qui viennent travailler avec vous aujourd'hui. Et il y a un autre point important à aborder, c'est l'accueil. Il faut mettre au point ce que vous avez à décider.

Dominique: Il faut aussi faire le ménage.

Françoise: Dominique, écris au tableau tout ce qu'on a à faire.

Thierry: Comment on va s'organiser avec les correspondants, dans la classe?

Françoise: C'est un point important. On va aussi discuter de ce que cela signifie d'avoir un correspondant pendant douze jours. Comment pourrait-on appeler ce point?

Thierry: Accueil chez soi.

Françoise à Dominique: Attention à ce mot-là. Quelle est la faute qu'on fait toujours?

Dominique hésite au bon endroit.

Dominique écrit au tableau la liste des tâches à faire qui s'allonge. Pendant ce temps, Françoise rappelle à Éric et Maxime que s'ils veulent recevoir les tableaux des parents à temps, il faut qu'ils envoient un rappel. Deux périodes de ménage sont organisées pendant la semaine.

Quelqu'un suggère de discuter immédiatement de l'accueil à la maison.

Françoise: Comme Laurence et Christophe sont là, il faut en profiter. Quelles sont les difficultés qu'on peut avoir quand on reçoit quelqu'un? Comment faire en sorte que cela se passe bien? Pour répondre, vous pouvez vous servir de votre expérience de l'année passée. Comment cela s'est-il passé pour vous quand vous avez été reçus?

Annie: Ils m'avaient préparé une chambre. J'étais super contente. Il y avait un petit message: «Bienvenue à Annie» et ils avaient mis du muguet.

Françoise: Ça c'est une idée, de prévoir une petite fleur ou un petit mot ou des livres ou des bandes dessinées. Qu'est-ce qu'on a besoin de sentir dans une chambre?

Dominique: Elle m'a demandé si je voulais coucher dans sa chambre ou dans une autre chambre. Moi, j'aimais mieux coucher dans sa chambre.

Quelqu'un: Il faut aussi un peu de place pour mettre sa valise.

Françoise: Les premiers jours, je me rappelle que certains d'entre vous ont vécu des choses difficiles. Il est possible que vos correspondants le vivent aussi.

Olivier: Moi, je savais plus quoi dire. Tout le monde était tendu. La mère arrêtait pas de parler; elle parlait pour rien dire. Moi, je disais rien. Je m'étais réveillé la nuit, et j'arrivais plus à me rendormir. Alors je vais dire à mon correspondant que ça me fait rien qu'il me réveille.

Julie: Des fois, je suis inquiète, quand je vais chez des personnes, de me réveiller et de ne plus me rendormir.

Françoise: C'est important de le dire avant que ça se produise. Ainsi, votre correspondante se sentira à l'aise de le faire.

Christine: Moi, quand j'ai une amie, je suis portée à repousser mon frère. Des fois, je veux être seule avec mon amie.

Françoise: Ça aussi, c'est une question. Comment intègre-t-on son frère ou sa sœur?

Thierry: Ce que j'aimais pas, c'est qu'elle se plantait toujours devant la télé. Il fallait pas la déranger, pas faire de bruit.

Françoise: Sa correspondante ne tenait pas compte de lui. Qu'est-ce qu'on peut faire, si ça n'est pas la première fois que ça se produit?

Charlotte: On lui demande: Qu'est-ce que ça te tente de faire, toi? Moi j'ai envie d'aller jouer.

Dominique: Moi, j'étais toujours fatiguée. J'avais sommeil. J'aimais pas vraiment ma correspondante. Je m'ennuyais un peu. Josée (une ancienne de la classe) aussi elle s'ennuyait un peu. J'avais tout le temps sommeil. Je parlais beaucoup avec Josée. Si je sais que ma correspondante est amie avec une autre, je pourrais l'inviter. Parce que si j'avais pas eu Josée, je sais pas ce que j'aurais fait!

Olivier: Je voudrais continuer à voir mes amis que je vois habituellement.

Françoise: Ça c'est important. Si vous changez trop votre vie, vous allez être mal à l'aise. Imaginez: votre correspondante vit dans vos affaires. Elle prend vos livres, vos jeux, peut-être votre lit. Après quelque temps, on peut devenir impatient. Y a-t-il moyen de faire quelque chose?

> *Visiblement, il est très difficile pour les enfants d'anticiper le déroulement des événements. La discussion évolue vers le programme de la semaine.*

Françoise: Est-ce important qu'on leur montre le programme à l'avance? Qu'ils connaissent ce qu'on a prévu de faire?

Dominique: Ma correspondante avait affiché l'horaire sur sa porte. Chaque matin, je regardais. J'aimais ça.

Françoise: On pourrait leur donner un horaire... Un autre aspect, c'est la nourriture.

Stéphanie: Le lait! il venait directement du pis de la vache! Il était dégueulasse, le lait.

Olivier: Non, il était bon!

Françoise: Qu'est-ce qui se passe avec la nourriture?

Quelqu'un: La nourriture est pas la même.

Un autre: Ils nous demandaient ce qu'on aime.

Françoise: Quoi d'autre?

Les enfants, silencieux, semblent fouiller dans leurs souvenirs.

Françoise: Romain a fait la grève de la faim pendant trois jours. Il y en a un qui n'a pas parlé pendant plusieurs jours. Laurence n'a pas mangé non plus, les premiers jours; elle a dormi et fait une allergie. Certains enfants ne s'habitueront peut-être pas au lait et au pain d'ici.

Christophe: Moi je mangeais de la baguette, et des croissants.

Dominique: Chez nous, on mange toujours du pain brun. Même nos spaghettis, des fois, on les achète au blé entier (elle rit, presque gênée). C'est pas de ma faute, c'est mon père...

Françoise: Le petit déjeuner, c'est important.

Dominique: Le lait me donnait mal au ventre... Après le deuxième jour, je disais non merci.

Françoise: Mais toi Jérôme, tu en as vécu des choses. Tu n'as pas parlé.

Jérôme: Moi, c'est de pas contrôler mon correspondant. Mon correspondant arrêtait pas de me contrôler. Il me disait: On va ici, on va là.

Françoise: Et toi, Stéphane?

Stéphane: Elle me faisait jouer à un jeu, mais j'étais nul.

Françoise: Toi, tu vas lui proposer des activités?

Stéphane: Je sais pas.

COLÈRE

*Charlotte a pris le leadership du groupe qui prépare l'accueil.
Deux enfants, parmi les jeunes de la classe, Éric et Steve
n'avaient pas compris qu'ils appartenaient à ce groupe. Ils
arrivent, aux yeux de Charlotte, comme un cheveu sur la
soupe. En colère, elle dit: Ils ont pas été là. Ils feront ce qu'on
a décidé. Il y a ménage et décoration. Vous ferez décoration.
À la suggestion qu'elle leur demande ce qui les intéresserait,
Charlotte répond en suivant la même logique: Les absents
n'ont qu'à se taire et accepter les ordres. Gabrièle, elle aussi
membre du groupe, semble également choquée. Il y a beaucoup
d'agressivité dans l'air. L'origine de cette colère vient du fait
que Charlotte était engagée simultanément dans la préparation
d'une autre activité, non pas par choix, mais parce que
Françoise la lui avait assignée. Les décisions pour l'accueil se
sont prises en son absence. Elle est fâchée contre ses compagnes
et dit:*

— Elles en ont profité pour se donner les meilleures tâches.

— Qu'est-ce que tu appelles les meilleures tâches?

Charlotte sans hésiter: Le ménage. Moi, j'aime pas faire des
choses, des affiches, des guirlandes. Maintenant, je suis obligée de
faire le drapeau de la France. J'aime bien mieux faire le ménage.
Elles se sont gardé le ménage.

*Quelqu'un lui fait remarquer que le ménage sera à refaire
souvent tout au long de la semaine de visite des Français,
parce qu'il circulera beaucoup de monde dans la classe et les
ateliers. Un peu radoucie, mais pas tout à fait convaincue:*

— On verra bien. Je les aiderai dans le ménage. Et elle dessine
son drapeau français.

HISTOIRE DRÔLE

Après le travail en équipe, après les tâches, il reste quelques minutes pour se raconter une histoire.

— Il y a des gens dans un hospice. Un nouveau arrive. Il les entend discuter, puis tout à coup, quelqu'un dit: «vingt-cinq» et ils se mettent à rire. Puis quelqu'un dit «quarante-deux», et ils crampent. Il leur demande pourquoi. Un des pensionnaires répond: «On avait l'habitude de se raconter des *jokes*. Mais ça prenait trop de temps de tout raconter, alors on les a numérotées». Le nouveau s'essaie: «Deux mille quarante-cinq». Tout le monde s'esclaffe. Il demande: «Mais pourquoi vous avez ri aussi fort?» «Parce que celle-là, on l'avait jamais entendue!»

15 février

Les Honfleurais sont là depuis vendredi. Ils sont arrivés en pleine tempête de neige, ce qui les a comblés au-delà de leur souhait: ils voulaient connaître Montréal l'hiver et profiter de la neige... La fin de semaine dans les familles a été consacrée aux joies de l'hiver. Aujourd'hui lundi, la moitié des enfants français visitent Montréal avec la moitié des enfants de la classe. Les deux autres moitiés de chaque groupe se retrouvent à l'école, pour une journée en commun.

RASSEMBLEMENT

Françoise: On veut vous expliquer comment on procède et vous allez passer la journée comme si vous faisiez partie de la classe. Il y a cependant une chose que vous n'avez pas: un cahier où vous inscrivez les projets que vous voulez faire; mais on vous donnera une feuille d'horaire à remplir pour la journée. Qui peut leur dire comment faire?

Violaine: Tu regardes dans l'échéancier de projets ce que tu as à faire, puis tu écris ton horaire.

Françoise: Gabrièle et Julie, pouvez-vous expliquer un des projets que vous avez?

Gabrièle: C'est sur les prisons.

Julie: On est allées chez une personne qui travaille dans une prison et on lui a posé des questions.

Françoise: Toi, Vicky, peux-tu expliquer un projet sur lequel tu travailles?

Vicky: ...

Françoise: C'est intimidant, ce matin.

Vicky: Ma recherche sur les chats.

Françoise: Toi, Laurence.

Laurence: Je fais un projet sur la drogue.

Françoise: Quel aspect de la drogue?

Laurence: Les effets de la drogue sur une personne.

Françoise: Toi, Stéphane?

Stéphane ne répond pas.

Françoise: C'est sur l'escalade. Pourriez-vous parler aussi de vos projets d'éducation physique?

Annie: Je fais de la course. On a demandé à Michel comment travailler l'endurance. Il nous a expliqué pourquoi on respirait plus vite après avoir couru.

Kim: Moi, c'est le back: c'est du saut sur la trempoline.

Françoise: Ici, les enfants peuvent faire des projets individuels et des projets de groupes qu'ils choisissent eux-mêmes ou des ateliers préparés par Michel. Ils ne sont pas obligés d'assister à des cours. Aujourd'hui est un jour où il n'y a aucun atelier extérieur à la classe comme l'anglais, la piscine ou l'éducation physique. On va aussi vous montrer notre local d'art et de bricolage. On le partage avec une autre classe. Voici les choix possibles d'activités pour aujourd'hui.

Stéphanie: Peinture, vitrail, plasticine, terre glaise, fusain, pastel.

Françoise: Vous allez devoir choisir à quel moment de la journée vous faites telle ou telle chose. Il faut planifier vos activités. Que signifie planifier?

Anasthasie: Réfléchir.

Antoine: Se concentrer?

Françoise: Non, c'est s'organiser, prévoir à l'avance. Si vous voulez faire un petit groupe de théâtre, c'est possible. Mais il faudrait que vous soyez mêlés, Français et Québécois. Dans la classe, il y a aussi du matériel. Vous avez des livres à lire, des livres de référence sur les sciences dans l'étagère là-bas. En haut de l'aquarium se trouvent des livres qui vous proposent des expériences scientifiques.

Caroline: Est-ce qu'il y a des livres sur l'histoire de France?

Françoise: Oui, mais il serait peut-être intéressant que tu regardes l'histoire du Canada.

Annie: Ici, dans l'alcôve, vous avez des fiches sur le français, les accents, l'orthographe. Il y a aussi des problèmes; les verts sont plus faciles, les bleus plus difficiles, les bruns encore plus difficiles. Il y a aussi des fiches sur les multiplications et les divisions, les chiffres romains et des «feuilles de route» en mathématiques.

Françoise: Il serait peut-être intéressant que vous regardiez ce que nous avons avant de remplir votre feuille de temps, votre horaire.

ACTIVITÉS

Une visiteuse française a de la difficulté à établir son horaire. Choisir est le grand problème. Elle veut placer deux périodes de jeux, mais hésite. Elle finit par se décider en voyant Violaine remplir ses deux cases sans hésitation. À chaque case, elle demande soit à Violaine soit à une copine, comme si elle ne pouvait décider elle-même. Une autre des visiteuses écrit sa correspondance. Elle a devant elle une pile d'enveloppes déjà adressées. Deux groupes d'enfants jouent sur le tapis à des jeux de société. Ils s'amusent beaucoup. La correspondante de Stéphane semble en pleine détresse. Stéphane ne sait plus comment lui parler. Il organise son horaire à sa manière, en fonction de lui-même parce qu'il ne sait comment faire autrement.

Maxime, qui a juste fini son horaire avec son correspondant: Eh! moi je dis: «Je mets le bricolage à dix heures trente». Lui, il me répond: «Mais non, moi je l'ai mis à dix heures et demie!».

Un peu plus tard, la plupart des enfants font du bricolage. Plusieurs grands gars malaxent de la plasticine, mais sans but. Finalement, ils décident de rouler des serpents. La même petite fille qui ne savait quoi écrire dans son horaire dit maintenant qu'elle ne sait quoi faire avec la plasticine. Violaine fait un chat. Elle l'imite. Dans le groupe de jeux de société, une fille française dit: C'est dix heures trente. On a «vitrail». Elle se lève.

Julie: Oui, mais il faut ranger d'abord...

Sa correspondante, surprise: Ah il faut ranger...

Elle vient de découvrir que cette triste réalité existe aussi sur ce continent et dans cette classe.

PREMIER BILAN

Françoise: Prenons quelques minutes pour revenir sur la matinée. J'ai remarqué que certains avaient de la difficulté à fonctionner en respectant leurs prévisions. Toi, Philippe, qu'est-ce que tu as fait?

Philippe: Des vitraux.

Françoise: Avant?

— Des jeux.

Françoise: As-tu fait la visite de l'école?

— Non.

Françoise: Et toi Marcel?

Marcel: On a fait le tour.

Maxime: Ils appellent ça de la pâte à modeler; nous on appelle ça de la plasticine.

Marion: Moi, j'ai fait des lettres, puis j'ai visité l'école.

Françoise: Qu'est-ce qui vous a frappé en visitant?

Caroline: La piscine, la trempoline, la grandeur de l'école. Les pièces aussi. On n'a qu'une pièce. On fait toutes les matières et on se lève pas comme ça. Il y a pas d'animaux et de plantes.

Françoise: Maintenant, c'est le temps de la récréation. Qui peut leur expliquer?

Gabrièle: Il y en a qui vont dehors, d'autres qui restent dedans pour jouer à des jeux. Mais quand Françoise surveille, tout le monde sort. Après, on va dîner.

RASSEMBLEMENT ÉCLAIR

Au début de l'après-midi, il y a de l'agitation dans l'air. Tout le monde se rassemble sur le tapis.

Françoise: Julie, viens te mettre ici.

— Je veux pas être à côté d'eux.

Françoise: Pourquoi?

— Ils sont trop tannants. Ils font plein de farces et ils nous donnent des coups sur la tête.

Françoise: J'ai remarqué ça! Ici, les enfants ne sont pas habitués à ces jeux-là.

> *Les garçons visés qui sont probablement très habitués à cette agressivité, ne semblent pas entendre.*

Françoise: Julie vous disait quelque chose.

Un d'entre eux: Ça veut dire quoi, tannant?

Dominique: Vigoureux, qui fait toujours des mauvaises choses.

Maxime: Achalant.

> *Un synonyme qui ne règle pas le problème...*

Charlotte: Qui taquine...

Julie: Il donnait des tapes à tout le monde.

Françoise à un groupe de garçons français: Vous aimez ça, hein?

— Oui.

Françoise: Mais il y en a ici qui n'aiment pas cela. Si vous continuez à le faire quand ils vous demandent d'arrêter, cela peut créer une certaine distance. Vous aussi, il y a des choses qui vous surprennent.

Ghislain: Oui. Dans l'école, on va partout.

Françoise: Pas vraiment partout; vous n'entrez pas dans les autres classes. Mais on peut se déplacer. La loi, c'est qu'on m'avertit. Tu ne demandes pas la permission, mais tu m'avertis.

Quelqu'un: C'est quoi, niaiser?

Gabrièle: C'est niaiser.

Annie: C'est rien faire. Je perds mon horaire, je travaille pas. Je niaise.

Françoise: Cet après-midi, que vas-tu faire, Philippe?

Philippe regarde son horaire: Des jeux, puis des vitraux.

Françoise: Ceux qui ont fait des vitraux ce matin, il faut que vous réajustiez votre horaire pour avoir le temps de mettre la couleur et que le vitrail sèche avant trois heures. Qui a des projets spéciaux?

Jocelyne: Je veux faire une expérience, un ascenseur, puis un vitrail.

Françoise: Avec qui veux-tu faire l'expérience?

— Avec ma correspondante.

CONVERSATIONS

Une visiteuse signale qu'elle a une période libre dans son horaire.

— Que veux-tu faire?

— Je sais pas.

Elle regarde le dessin d'un enfant à côté d'elle.

— Veux-tu dessiner?

— Non, je suis nulle...

Il y a des rapports quelque peu violents entre les garçons français. Ceux de la classe sont surpris. On sent que des tensions pourraient venir de là. De même, il y a beaucoup de règles de conduite qui sont devenues implicites pour les enfants de l'école, en particulier sur les déplacements hors de la classe. Les enfants français assimilent évidemment cette liberté nouvelle pour eux à une forme d'anarchie. Il devient nécessaire à un moment donné de faire une mise au point.

Les rapports entre les garçons et les filles sont un autre sujet de réflexion.

Une fille: Les garçons tiennent jamais leurs promesses!

Un accompagnateur français: Tu as raison.

Un gars: Ben, t'en es un!

L'accompagnateur: Ça fait rien. Elle a raison quand même.

La fille: Il m'avait promis un petit pain, mais je l'ai jamais vu.

Stéphanie à un garçon français: Comment ça se fait que tu as mon crayon?

> *Pris en faute, il reste muet. Stéphanie répète sa question.*

Le garçon, agressif: J'ai bien le droit, non?

Stéphanie, calmement: C'est le mien.

> *Il comprend tout à coup ce style de communication*.*

Le garçon, adouci: Je peux l'avoir?

Stéphanie: Oui. Et elle s'en va.

> *Mais sa chipie de voisine le remet sur la longueur d'ondes de l'agressivité.*

Caroline: J'ai hâte que tu retournes à l'asile...

Annie arrive dans la classe, enthousiaste: J'ai rencontré une petite fille au dîner. Elle est nouvelle dans l'école. Je vais faire un projet sur elle.

> *Comme on le verra, il ne s'agit pas d'une parole en l'air...*

RASSEMBLEMENT FINAL

Françoise: Vous allez apporter tout ce que vous avez fait aujourd'hui et on va le montrer.

> *Plusieurs enfants exhibent leurs vitraux ou leurs serpents de plasticine.*

Caroline: Moi, j'ai fait une expérience sur le feu.

Françoise: Vous êtes parties du *Petit débrouillard*. C'est un livre dans lequel il y a des expériences qui nous permettent de regarder la réalité.

Caroline: C'est drôle, quand on souffle sur une bougie, elle s'éteint, mais quand on souffle sur un feu, on le ravive.

Quelqu'un: Parce que le feu est plus gros.

— Parce que le feu est avec du bois et la bougie est avec de la cire.

— Mais une petite allumette est aussi en bois et elle s'éteint.

— C'est parce qu'en-dessous, il y a de la braise.

Françoise: Ces expériences vous intéressent beaucoup. Peut-être que certains de vos accompagnateurs pourraient en rapporter à Honfleur.

Jocelyne: J'ai photocopié l'expérience de l'ascenseur et aussi comment faire un aquarium.

Françoise: Cet après-midi, vous étiez plus à l'aise que ce matin. L'avez-vous remarqué?

— Oui.

Françoise: J'ai corrigé beaucoup de lettres. Et vous aviez déjà des choses à finir; c'est un signe.

Un garçon: Mon maître, à Honfleur, demande s'il y a des journaux de Montréal que je pourrais ramener.

Françoise: Qui pourrait lui en trouver?

> *Un garçon montre son serpent en plasticine rouge recouvert de pois bleus. Il est suivi de plusieurs autres. Un petit groupe de garçons discutent en aparté.*

Françoise: Quand on présente et qu'on n'a pas l'attention des autres, on se sent malheureux.

> *Stéphanie montre un pastel non figuratif.*

Françoise: Enfin, tu t'es permis de te laisser aller!

Une visiteuse: C'est de l'art moderne...

> *Beaucoup de vitraux défilent.*

Françoise: C'est votre premier essai. Une deuxième fois, vos lignes seraient plus sûres.

Stéphane a fait une kyrielle de dessins. Une fille a reproduit sur son vitrail le bassin de Honfleur.

La vie partagée avec les enfants français à travers les différentes activités a révélé bien des différences, mais aussi beaucoup d'affinités au cours des seize jours de cette visite. Plusieurs enfants n'avaient pas hâte de partir. D'autres, par contre, attendaient le départ avec impatience. Tout échange ne porte-t-il pas cette ambivalence?

Que restera-t-il de l'expérience? Impossible à dire pour le moment, mais des liens ont été créés. Des enfants s'écrivent. Des parents ont prévu de se rendre visite.

29 février

RASSEMBLEMENT

C'est le rassemblement qui suit la visite des Français et les vacances de février. En attendant le début, Gabrièle lance une série de plaisanteries sur le vouvoiement et les rapports plutôt formels entre les enseignants français et les enfants.

Gabrièle à Guy, le stagiaire: Monsieur! Maître! il faudra prendre une photo de la mairie d'Outremont avec la classe et le maître.

Un groupe de garçons parlent des médaillés des Jeux olympiques de Calgary qui se sont terminés hier. Gabrièle joue maintenant à la maîtresse d'école. Elle a un gros livre à la main qu'elle lit avec ce qu'elle imagine être une autorité professorale. Kim se fait l'élève complice. Dominique et Annie, rodées à la routine, reviennent avec les horaires qu'elles viennent de photocopier. La reprise de contact a lieu tranquillement, par ces discussions en petits groupes. Plusieurs enfants parlent des activités qu'ils ont réalisées avec leurs correspondants, du hockey notamment. Le rassemblement commence par l'évocation de la cérémonie de clôture des Jeux olympiques.

Julie: Les juges trouvaient trop sexy le maillot de Katarina Witt, la médaille d'or de patinage artistique.

Annie: L'équipe canadienne de slalom géant n'avait pas de combinaison plombée. Ils ont été disqualifiés à la fin de la course parce qu'ils étaient plus légers.

Julie: J'ai écouté la remise des médailles. Debbie Thomas a même pas regardé l'autre, tellement elle était fâchée.

Françoise: Elle sont très en compétition l'une contre l'autre.

Steve: Brian Orser a fait une pirouette arrière pendant la cérémonie de clôture; c'est interdit dans les compétitions.

Benoît: Brian a presque gagné, sauf qu'il a un peu glissé.

Il est impressionné qu'on puisse perdre si près du but.

Dominique: Il y a plein de gens de l'Estrie qui ont gagné en ski acrobatique.

Françoise: C'est une nouvelle discipline qui vient du Québec.

Julie: Il y avait une Japonaise qui avait des jambes super fortes. Elle était la seule capable de faire un triple saut.

On vient de revoir la petite histoire...

Françoise: Est-ce que c'étaient vos premiers Jeux olympiques?

Charlotte: Oui, je savais même pas qu'il y en avait eu avant.

Françoise: Qu'est-ce qui t'a frappée? Qu'est-ce que tu apprenais en regardant cela?

Charlotte: La flamme, la coutume de la flamme. Ils ont traversé le Canada avec.

Françoise: Qu'est-ce que cette flamme rappelle? D'où vient-elle?

Au tour de la grande histoire, maintenant.

Charlotte: D'Olympie, en Grèce.

Françoise: Les premiers Jeux ont eu lieu là.

Benoît: J'y suis allé il y a deux ans. C'est un stade en ruine. Il y a du gazon et des fleurs tout autour.

Gabrièle: À Montréal, on paie encore le stade depuis que les olympiques ont eu lieu.

Françoise: Toi, Éric, est-ce que c'étaient tes premiers Jeux olympiques?

Éric: Oui.

Patrick: Moi, c'était en 1984. J'ai vu de la natation.

Françoise: Les prochains auront lieu où?

Quelqu'un: À Séoul.

Françoise: Quand?

— Cet été.

Françoise: Et les prochains Jeux d'hiver?

— À Albertville, en France.

Françoise: Quelle est la coutume à la fin des Jeux?

Ils l'ignorent.

Françoise: On passe le drapeau du pays où se sont tenus les Jeux au pays où se tiendront les suivants. Savez-vous qu'il y a des enfants qui ont votre âge, des skieurs, des patineurs, des nageurs qui se préparent pour les prochains Jeux olympiques? L'entraînement est très long.

Françoise regarde la liste des points au tableau.

Françoise: Il y a beaucoup de noms au tableau. C'est pourquoi?

Quelqu'un: Des présentations. On en a beaucoup à faire.

Françoise: Il faut s'organiser. Il y a les présentations; on pourrait aussi faire un retour sur la visite des Français; il y a aussi les choix de gymnastique: Michel va venir pour cela dans un moment. Il faut aussi s'occuper des oiseaux. Enfin, il faut qu'on se resitue par rapport à nos projets. On va faire un ordre du jour pour aujourd'hui. Véronique, que doit-on faire aujourd'hui?

Isabelle: Les échéances, les choix de gymnastique...

Quelqu'un: Le retour sur la visite, les présentations de projets, les tâches.

Jérôme: Les fish.

Françoise: Quelles fiches?

Jérôme en riant: Les poissons.

Françoise: Autre chose?

Gabrièle: Oui, on va aller tuer les poissons.

Avec le même sourire, **Dominique**: On va commencer par te tuer toi, Gabrièle.

> *Les enfants décident de commencer par les tâches. Ils se les distribuent. Après quelques minutes, les trois enfants chargés des oiseaux reviennent avec deux œufs qu'ils ont trouvés dans une mangeoire. Deux autres sont en train d'inonder les plantes. Françoise leur explique que les bégonias et les géraniums n'aiment pas être vaporisés.*

ÉDUCATION PHYSIQUE

> *Les enfants se rassemblent pour faire les choix d'activités en education physique. Avant que l'on commence, quelqu'un amène le fait qu'on est une année bissextile.*

Françoise: Qui peut expliquer ce phénomène?

Benoît: Je crois que la terre tourne un quart de jour plus vite.

Françoise: Qui tourne autour de qui?

Un enfant: Le soleil tourne autour de la terre.

Un autre: Non, la terre tourne sur elle-même.

Quelqu'un: Elle tourne autour du soleil en 365 jours.

Françoise: Et qu'est-ce que l'année bissextile a à voir avec cela?

> *Cela ne semble pas clair.*

Françoise: Revenons à l'idée de Benoît. Qui prend de l'avance?

Olivier: La terre.

Françoise: Au lieu de le calculer chaque année, une fois tous les quatre ans, on ajoute une journée.

Plusieurs n'ont pas compris.

Annie reprend le tout: Par année, il y a un quart de journée de trop. Par quatre ans, ça fait une journée. Alors on ajoute un jour tous les quatre ans.

Olivier: Alors les Jeux olympiques d'hiver ont toujours lieu les années bissextiles.

Des enfants sont occupés à calculer l'âge qu'ils auront dans quatre ans.

Michel, éducateur à part entière et éducateur physique: J'ai l'impression que plusieurs d'entre vous ont fait des activités de plein air pendant les vacances.

Les enfants racontent: patin, ski de fond, ski.

Michel: Maintenant, je vais vous parler de l'éducation physique. Je vais vous présenter toute une série d'ateliers auxquels vous pourrez vous inscrire. Et il y a bien sûr les projets que vous pouvez définir vous-mêmes. Un atelier va permettre de travailler l'équilibre, sur la tête, les mains, en utilisant des engins. Dans un autre, on fera des parcours. Un autre sera centré sur la coopération. Qui peut en parler?

Dominique: C'est des sports d'équipe. On se fait des passes.

Julie: C'est faire des jeux, mais pas avec deux équipes qui s'affrontent.

Michel: Le contraire, ce serait quoi?

Julie: Tu t'affrontes. Il y a des adversaires et on compte les points.

Michel: Le même jour, à deux heures, il y a un atelier de relaxation et massage. Celui-là est ouvert aux plus petits. On va apprendre à détendre les muscles. Le vendredi, je peux offrir une série d'ateliers sur le hockey pour les plus habiles, le handball pour les débutants ou ceux qui veulent s'améliorer. Qui peut expliquer ce qu'est le handball?

Olivier: C'est le soccer avec les mains.

Michel: Il y a un autre atelier de relaxation et massage, mais pour les plus grands. Et à deux heures, fort et fanions.

Françoise: J'aimerais que vous fassiez un choix éclairé par rapport à vous-mêmes. J'ai regardé vos profils d'éducation physique. Il y en a qui répètent toujours les mêmes activités. Ce n'est ni correct ni incorrect en soi, mais il peut y avoir un manque de diversité. Par exemple, certains choisissent toujours les jeux compétitifs, même à l'heure du dîner ou après l'école. Il y en a parmi eux qui ont besoin d'apprendre à se relaxer, à se calmer. C'est évidemment difficile de choisir entre le hockey et la relaxation. C'est important de regarder l'ensemble de vos activités. Si vous êtes dans une ligue de hockey, que vous en faites beaucoup, que vous en mangez, que vous collectionnez les cartes de hockey, que vous regardez le hockey à la télévision, ce serait peut-être intéressant que vous regardiez un peu ailleurs.

Michel: Quelqu'un peut faire beaucoup de sport, mais faire peu de travail sur son corps. Il arrive qu'il ne s'améliore plus en sport parce qu'il connaît mal son corps. C'est utile d'aller explorer d'autres activités.

Dominique: Il y en a qui prennent toujours la gymnastique.

Françoise: C'est vrai pour les filles. Elles prennent la gymnastique mais ne vont jamais dans les sports d'équipe. N'oubliez pas que le jeudi, vous avez vos projets personnels en éducation physique et en natation.

> *Les enfants s'inscrivent aux activités. Ceux qui en ont terminé avec leurs inscriptions reprennent le ménage ou vaquent à diverses activités. Il se fait une sorte de reprise de contact avec la classe après les vacances de février. Jérôme range des livres sur une étagère. Violaine observe les feuilles d'une grande plante verte. Elle la touche délicatement, glisse son doigt le long des nervures. Marie-Chantal joue et se tiraille avec Thierry. Elle le soulève.*

Marie-Chantal: Il est léger comme une plume!

Stéphanie nourrit les oiseaux.

Françoise: Attention, la nourriture pour le rossignol coûte une petite fortune! Demain, il faudrait que tu apportes un petit peu de beurre d'arachides, du miel, des légumes et des fruits. On n'a que du millet et des céréales, ici.

> *Gabrièle, exultante, annonce qu'elle a presque fini le nettoyage de l'aquarium. Elle veut y remettre les poissons. Françoise suggère d'attendre quelques heures que l'eau repose. Elle lui explique qu'un minéral se dégage quand on met de l'eau fraîche et qu'il n'est bon ni pour les poissons ni pour les plantes.*

Julie, horrifiée devant la volière: Il y a un oiseau qui picoche les œufs!

> *Guy, le moniteur de natation, se présente pour parler des ateliers offerts à la piscine.*

Un enfant: As-tu laissé pousser ta barbe?

Françoise: As-tu passé de bonnes vacances?

Guy esquive la réponse à la première question: J'ai refait la peinture de ma cuisine.

> *Il énumère ensuite les six ateliers qu'il propose aux enfants. Ceux-ci s'inscrivent sur le champ.*

À la fin, **Guy**: J'ai fini. Vous pouvez continuer votre rassemblement.

Gabrièle: On n'a pas de rassemblement! C'était en ton honneur!

RETOUR SUR LA VISITE DES FRANÇAIS

> *Cet après-midi, on consacre du temps au bilan de la visite des Honfleurais. Stéphane arrive un peu en retard, une bouteille de bière (sans alcool) à la main, l'air fatigué.*

Françoise: Tu n'étais pas là ce matin? Qu'est-ce qui s'est passé?

Stéphane: Je sais pas. On a regardé le patinage, puis ce matin, on s'est pas levés.

Un enfant qui n'a pas entendu le dialogue: Pourquoi t'es pas venu?

Stéphane: Je suis tanné de répondre aux questions.

Françoise: Venons-en à la grande visite. Qu'est-ce que vous avez aimé? Il y a eu des activités en grands groupes, il y a eu des activités dans les familles. On va revenir un peu sur tout ça. On s'était fixé des objectifs: qu'ils soient heureux, à l'aise et qu'en même temps vous puissiez vous respecter. Ce projet a duré un an, presque jour pour jour. C'est important qu'on se demande ce qu'on pense de ce type d'échange.

Patrick: J'ai aimé, sauf que quelquefois, c'était tannant.

Françoise: Qu'est-ce que tu as aimé?

— Beaucoup de choses.

Julie: Au début, quand ils sont arrivés, ils avaient mangé dans l'avion. Ils mangeaient rien. Ma correspondante s'est pas ennuyée. Elle a bien aimé faire du ski. Elle est tombée en pleine face! Mon oncle est bien drôle. Il lui a demandé: Tu ramasses des champignons?

Dominique: J'ai aimé les activités qu'on a faites dans la classe. En France, nous, on végétait dans une classe et on avait rien à faire. Dans la famille, elle mettait la table avec nous. Elle s'est pas ennuyée. Même, elle pleurait en partant.

Christine: On avait des caractères qui se ressemblaient. On parlait, des fois, on parlait même dans le beurre. Elle me demandait toujours ce que je voulais faire, puis moi aussi je le faisais. Elle répétait toujours: J'adore la neige, même quand elle tombait par terre. Ce que j'ai moins aimé, c'est que mon frère voulait toujours être avec elle.

Isabelle: J'ai attrapé un microbe d'elle. J'ai comme une grippe. Je prends des antibiotiques.

Kim: J'ai aimé. Elle était très impressionnée par les écureuils sur la galerie. Ils venaient manger dans sa main. C'est ce qu'elle a aimé le plus.

Benoît: J'ai beaucoup aimé les sorties, sauf le Cepsum. Ils nous disaient trop quoi faire. Je pensais qu'on pourrait faire ce qu'on voudrait. Les enfants français, eux, ils sont plus habitués que nous. J'ai beaucoup aimé le Musée de la science à Ottawa, la pêche sur la glace parce que j'avais jamais fait ça. Avec Pierre, ça allait bien. Il aimait jouer au Nintendo. Quand il perdait, il disait toujours: Ça me bouffe! Ça me bouffe!.

Annie: Ça a été mieux que quand j'avais été chez elle. Je m'entendais pas bien avec elle. Je trouvais qu'elle avait mauvais caractère. Ici, elle suivait toujours ma sœur. J'ai adoré le Musée de la science à Ottawa.

Olivier: Mon correspondant était gentil, mais il se vantait toujours de choses que je suis sûr qu'il avait jamais faites.

Françoise: Est-ce que vos goûts étaient différents?

Olivier: Il parlait toujours d'être pilote de chasse ou de ses notes à l'école: J'ai eu telle note, mais c'est pas suffisant pour être pilote de chasse. Quand on était deux, ça allait mieux, mais quand il était avec ses amis, il était bien bien vantard.

Marie-Claude: J'ai pas de frères et sœurs. J'ai pu voir ce que c'est. On arrêtait pas de s'engueuler. Il connaissait pas les autres Français. Il voulait pas aller avec eux. Des fois, moi j'aurais voulu aller avec les Français. Lui voulait rester là.

Françoise: Sa mère habitait chez toi. C'est un autre élément.

Marie-Claude: Il aimait mieux aller chez mon père, parce que sa mère était pas là. Elle lui permettait de rien faire.

Patrick: Quand on lui donnait des lunchs, il mangeait rien. Il a acheté un coke, une tablette de chocolat. Il aimait mieux le McDonald's que ce qu'on lui donnait!

Charlotte: Nous, on s'entendait bien ensemble parce que je la collais pas trop.

Françoise: Ça t'a fait découvrir le plaisir de recevoir un correspondant.

Charlotte: Je savais pas ce que c'était.

Stéphane: Elle mangeait rien, même au McDonald's!

Françoise: Est-ce qu'elle était comme ça, en France?

Stéphane: ...

Jérôme: Mon correspondant, il y a seulement quatre jours où il a pas pleuré. On s'entendait pas.

Françoise: Dans les quatre jours où il n'a pas pleuré, as-tu découvert quelque chose de lui?

Jérôme: Il aimait les hamburgers. Il faisait rien que manger.

Mathieu: Ça a été bien avec elle parce que c'était une sportive. On a fait du soccer.

Stéphanie, riant: Oui, elle est arrivée à la fin à l'aéroport avec trois bâtons de hockey!

Thierry: J'ai beaucoup aimé quand ma correspondante est venue. Elle faisait beaucoup d'ordinateur. Elle écoutait la télé le soir quand je dormais. On a beaucoup joué dans la neige pour terminer le fort. Mes parents étaient beaucoup moins exigeants que les parents là-bas. Sa mère me disait toujours: «Obéis, obéis!».

Stéphanie: Nous, on s'entendait pas.

Françoise: C'est dur à vivre, hein!

Stéphanie: Elle écoutait toujours la télé.

Françoise: Vous n'aviez pas les mêmes intérêts.

Stéphanie: Mais elle a fait du ski. Elle a aimé ça. Elle s'entendait bien avec ma cousine.

Françoise: C'est normal que ces choses-là arrivent. Après tout, vous ne vous êtes pas choisies.

Christine: Ce que j'ai un peu regretté, c'est qu'elle était trop active. J'aurais voulu regarder un peu la télévision. Elle me disait: «T'as pas fini de jouer avec ta chatte! viens jouer avec moi, c'est rien qu'un animal». Ma chatte était un peu jalouse. Et j'ai presque pas pu lire...

Patrick: Chaque année, je vais en France. Cette année, je vais y aller tout seul, puis je vais aller voir mon correspondant à Honfleur.

Françoise: C'est fantastique! Cette fois, tu as une connaissance à toi, pas seulement de la parenté. Il y avait des différences aussi dans le langage. Dans le train, vous vous êtes mis à m'appeler madame.

Julie: Ils se bousculaient et se tapochaient plus que nous. Les gars donnaient des baffes aux filles.

Gabrièle: Chose, quand il m'a tapé sur la tête, je l'ai mordu!

Françoise: Est-ce qu'il y en a d'autres qui ont réagi à ce comportement-là?

Christine: Gilbert et François arrêtaient pas de nous plaquer des boules de neige sur la figure.

Steve: Et François arrêtait pas de dessiner des fesses sur la vitre de l'autobus.

Stéphane: Chez Hermès, on regardait les livres. Gilbert voulait toujours regarder les photos de cul.

Annie: Elle faisait pas son lit. Elle débarrassait pas son assiette. Je lui ai dit. Elle a répondu: «Chez nous, on est pas habitués à faire ça.»

Gabrièle: Bébé gâté!

Françoise: Ça, c'est une belle leçon que vous prenez. Quand vous êtes chez quelqu'un, ne faites pas cela.

Kim: La mienne, elle la faisait, la vaisselle.

Françoise: Ce qui veut dire qu'on ne peut pas généraliser et dire: les Français, les Québécois.

Stéphanie: Moi, quand je lui disais quelque chose, mes parents aimaient pas ça.

Françoise: Comment avez-vous trouvé vos parents?

Benoît: Ils le prenaient pour le petit ange de la maison!

Françoise: Pourquoi est-ce qu'ils faisaient ça?

Benoît: Pour qu'il soit à l'aise.

Françoise: Vos parents vous ont-ils aidés?

Julie, qui poursuit sa propre idée: Les gars de France étaient pas comme les gars d'ici avec les filles. Ils donnaient des claques. Ils appelaient la correspondante de Dominique «les lunettes, les lunettes» ou «râtelier».

Olivier: Ils étaient pas habitués à voir des filles qui se défendent.

Gabrièle: Les filles les achalaient. C'est pas juste les gars. Les filles agaçaient.

Isabelle revient à la suggestion de Françoise: Ma correspondante était gênée. Elle parlait plutôt à ma mère, puis ma mère lui parlait.

Benoît: Mon père disait: «On va faire de la tarte à l'ananas». Lui il disait: «Oh, j'aime pas l'ananas». Mon père disait: «Ben on va faire de la tarte aux fraises». Il disait: «J'aime mieux la crème glacée». Mon père a dit: «Bon, on va acheter de la crème glacée». J'ai pas aimé ça.

Dominique: Elle skiait moins bien que moi, alors je devais l'attendre. Ma mère a skié avec elle. Ça me laissait l'occasion de skier toute seule. Et quand on savait pas quoi faire, ma mère nous emmenait faire des sorties.

Françoise: Lui as-tu dit, à ta mère, que tu avais apprécié ce qu'elle a fait?

Dominique: Non.

Olivier: J'ai trouvé que mes parents étaient achalants pour lui. Ils essayaient de lui parler.

> *À partager la vie quotidienne, on se heurte plus facilement aux différences. Notons aussi que les enfants sont plus portés à souligner ce qui leur a causé problème qu'à relever les moments de grande entente qu'ils ont vécus. Ces derniers leur paraissent évidents.*

DERNIER MESSAGE

> *C'est presque le moment de partir. Les enfants rangent leur pupitre. Dominique, au tableau, essaie d'écrire bissextile avec l'aide de quelques enfants. Tous se rassemblent ensuite sur le tapis.*

Françoise: Voilà un grand projet collectif qui est terminé, un projet qui nous a mobilisés depuis un an. J'aimerais que, dès ce soir, vous pensiez à vos projets. Que vous vous recentriez sur vos projets, à deux, à trois ou seuls. J'aimerais que vous soyez au clair avec vous-mêmes, que vous en ayez trois ou quatre, mais pas cent cinquante, et que vous les meniez à bout assez rapidement. Pensez-y. J'ai remarqué en janvier qu'il y en avait qui s'essayaient sur les fiches, les feuilles de route parce que c'est du matériel tout prêt. On n'a pas besoin de se demander ce qu'on veut apprendre*. C'est un peu comme si la voiture était conduite par quelqu'un d'autre: ça roule tout seul.

> *Les enfants s'apprêtent à quitter la classe. Ils préparent leur sac. Pascal, le jeune frère de Christine arrive dans la classe, furieux. Le frère et la soeur se disputent.*

Pascal crie: Elle m'a pris mon bâton de hockey! Elle m'a même pas demandé!

Christine, sournoise: Je l'ai pris parce que je savais que si je te demandais, tu ferais tout un plat exactement comme tu es en train de faire maintenant.

> *Un attroupement s'est formé autour d'eux.*

Pascal en appelle au peuple: Elle m'a rien demandé! Tu me dis rien! Tu téléphones à maman et t'arranges tout.

> *Il est hors de lui. Christine lui tient un discours rationnel sur son immaturité et évite d'aborder le fait qu'elle a bel et bien pris le bâton sans son autorisation. Devant l'aggravation croissante de la situation, Françoise intervient et les aide à se parler. Christine en sort un peu moins glorieuse et Pascal un peu calmé.*

III. Apprendre à grandir

7 mars

RASSEMBLEMENT

Il y a beaucoup de malades ce matin, comme si la classe partageait les mêmes bactéries. Douze enfants ont résisté, dont Benoît qui voulait venir présenter son projet et continuer son histoire avec Olivier, mais ce dernier est malade. Françoise discute avec quelques enfants de la façon d'écraser du jaune d'œuf dur pour donner un supplément alimentaire aux oiseaux. Elle demande si quelqu'un a du persil ou de la salade sans vinaigrette dans ses sandwichs pour compléter le viatique.

Françoise: Au fait, savez-vous le nom de tous les oiseaux?

Ils le savent.

Françoise: C'est le temps où ils préparent leur nid. Il y a du jute naturel dans l'atelier. On va le défaire fibre par fibre pour les aider. Le tisserin tisse vraiment son nid, comme son nom l'indique. Le serin est moins habile. Sors-nous quelques nids de la collection, Jérôme. Regardez celui-là, il est fabriqué avec de la laine de mouton. D'après moi, c'est un nid de fauvette, un très petit oiseau. Chaque sorte d'oiseau construit des nids différents. Essayez de réfléchir pourquoi.

Kim: Ils ont pas la même grosseur. Ils doivent faire des nids pour leur grosseur...

Françoise: Continue ton raisonnement.

Dominique: Ils vont peut-être se tromper si les nids sont pareils.

Françoise: Mais pourquoi la grosseur est-elle importante?

Dominique: Les œufs doivent être au chaud. Si je me mets dans un petit coin, j'ai plus chaud que si je suis dans le milieu.

Françoise: C'est ça. La femelle a juste la tête qui dépasse. Ses œufs vont presque être collés sur sa peau. Ils ont besoin de chaleur pour arriver au monde. J'ai remarqué que plusieurs d'entre vous ont le sens de l'observation. Stéphanie est venue me dire que le rossignol japonais s'approchait des œufs des autres.

Gabrièle: Pourquoi il va sur les œufs?

Stéphanie: Parce qu'il est le seul qui a pas sa femelle.

Françoise: Il y a trois oiseaux qui ne sont pas en couple: le cordon-bleu, le tisserin et le rossignol japonais. J'aimerais leur en trouver une. Pour le rossignol japonais, c'est extrêmement difficile. Lui et le tisserin sont des prédateurs. Qu'est-ce que ça veut dire?

Quelqu'un: Ils prédident?

Un autre: Ils ont un ennemi de l'autre espèce.

Françoise: Ils délogent les œufs et cassent la coquille avec leur bec.

Steve: Pourquoi les serins déchirent des morceaux de papier dans la cage?

Françoise: C'est l'instinct. Ils n'ont pas de branches. Ils prennent du papier. J'avais une amie dans les Cantons de l'Est. Elle a deux enfants dont un garçon de dix-sept, dix-huit ans, aux cheveux roux. Quand il avait cinq, six ans, elle lui a dit: «Il faut que je te coupe les cheveux. On va faire cela dehors». Les cheveux sont partis au vent. Quatre ou cinq jours après, ils vont au ruisseau qui est assez loin de la maison. Elle découvre un nid de merles extra-ordinaire: tout le fond du nid était fait avec les cheveux de son fils. C'était magnifique. Elle a laissé les oisillons dedans, et à la fin de l'été, elle est allée chercher le nid et elle l'a dans sa maison. Si vous avez des fibres naturelles, de la laine et que vous les laissez à l'extérieur, ils vont s'en servir.

Dominique: Est-ce que le père couve aussi?

Françoise: Pour certains oiseaux, c'est uniquement la femelle qui couve, le mâle nourrit la femelle; mais il y a aussi d'autres espèces où le mâle couve, en alternance avec la femelle. Il y a même des oiseaux qui déposent leurs œufs dans le nid des autres pour les faire couver.

Julie: À mon chalet, il y a des oiseaux qui ont fait leur nid sur un balai. Le mâle donnait des petits vers à la femelle.

Christine: Ma chatte courait après des oiseaux qui ont des bandes jaunes.

Françoise: Des chardonnerets, probablement.

Christine: Puis après, on s'est aperçus que c'était une perdrix. Ma mère lui a fait peur et la perdrix s'est envolée.

Les histoires d'oiseaux se succèdent.

Françoise: Vous êtes des observateurs, vous avez des yeux. Avez-vous vu les films du National Geographic? Ces observateurs extraordinaires nous montrent des choses qui pourraient passer inaperçues à nos yeux. C'est cela, devenir un observateur de la nature, un scientifique de la nature. À propos, savez-vous que Dominique est en train de préparer une classe verte?

On entend des oh et des ah.

Françoise: On va passer les points:

L'ÉCUREUIL

Thierry s'est proposé pour faire bouillir le squelette d'un écureuil qui a été disséqué* en classe, afin de le faire blanchir.

Gabrièle à Thierry: Qu'est-ce qui arrive avec l'écureuil?

Thierry: J'ai un petit peu commencé, pas beaucoup.

Françoise: As-tu besoin d'aide?

Thierry: Un peu, oui.

Françoise: Qui pourrait l'aider?

Christine: Je pourrais, mais je sais pas trop...

Thierry: Moi je sais.

COMPÉTITION

Violaine parle en faisant beaucoup de manières. Visiblement, elle est pleine d'émotion et gênée en même temps:

— Vendredi, samedi et dimanche, j'ai fait un tournoi d'échecs.

Françoise: Que s'est-il passé?

Violaine: J'ai gagné.

Elle montre sa médaille de bronze.

Violaine: Mathieu était dans les grands. Il a gagné une médaille d'or.

Françoise: Étais-tu la plus jeune?

— Non, il y en avait des plus jeunes que moi. Il y avait des règles que je connaissais pas.

Steve: Je peux apporter mon jeu d'échecs.

Françoise: As-tu joué toute la journée?

Violaine: Pas tout à fait, mais j'ai joué souvent.

Françoise: Bravo! On est fiers de toi. On le dira aussi à Mathieu quand il reviendra.

Stéphanie: Nous autres, on a eu la médaille d'argent à ski.

Françoise: À quelle épreuve?

— Un slalom. Il était assez difficile.

Dominique: Notre équipe est la meilleure équipe pré-compétition à ski.

Françoise: Est-ce que vous apprenez des choses, avec la compétition?

Dominique: On devient plus compétitifs. On veut gagner. Mon cousin est arrivé troisième et il pleurait. Il disait à son frère qu'il avait mal aiguisé ses skis.

Françoise: Quelles sont les qualités qu'il faut pour avoir un bon esprit d'équipe?

Jérôme: Il faut pas être mauvais perdant.

Christine: J'ai toujours peur dans les compétitions de piano parce qu'on est beaucoup à jouer la même pièce. On se demande si on va faire mieux.

Julie: Mon père a fait une compétition en ski de fond. Il est monté pendant quinze kilomètres. Il a vu un monsieur qui avait pas de cire sous ses skis. Il s'est arrêté pour lui en donner.

LECTURE

Françoise: J'aimerais qu'on se retrouve par petits groupes. On s'est divisés entre Guy et moi pour faire le point sur certaines échéances. Il y a une chose qui me frappe dans vos échéances. Il y a des enfants qui ont des difficultés à trouver des livres qui leur plaisent. Il y en a qui n'aiment pas les contes, les histoires inventées. D'autres aiment les romans, les romans policiers. Steve, y as-tu pensé?

— Oui. Moi, c'est les livres de détectives.

Françoise: Toi, Anick, tu n'as pas trouvé ton style de livres?

— Non.

Françoise: Quel genre aimes-tu? Des aventures* de groupes d'enfants, des livres sur la vie de quelqu'un ...

Christine: Je lis des Jules Verne. Mais des fois, il passe un chapitre à dire des noms d'explorateurs.

Thierry: J'ai pas trouvé ce qui m'intéresse.

Françoise: Tu as lu beaucoup dans la collection Folio.

Thierry: Mais j'ai pas assez d'idées pour dire ce que j'aime. Je lis surtout des bandes dessinées.

Françoise: Lesquelles?

— Des Astérix. J'en ai lu beaucoup.

Benoît: Je sais pas. J'aime pas beaucoup lire. J'ai pas le goût de prendre un livre.

Françoise: Stéphanie disait: «Je retiens pas ce que je lis».

Benoît: Et puis, toujours les petits détails, c'est tannant.

Françoise: Aimes-tu les bandes dessinées?

Benoît: Oui, mais ça me vient pas à l'idée de dire que c'est un livre.

Françoise: Et ça t'agace de ne pas lire?

Benoît: Ça me dérange pas beaucoup, parce que j'aime pas ça, mais je pense que je devrais lire plus.

Françoise: Aimerais-tu avoir une démonstration de toutes les sortes de livres que tu pourrais lire?

Benoît: ...

Isabelle: J'aime lire parce qu'il y a un bon titre, puis tout à coup, il y a des détails et je me tanne. Les détails vont plus avec le titre.

Stéphanie: J'aime pas lire. Je retiens pas.

Françoise: C'est important de retenir?

Stéphanie: Sinon ça sert à rien.

Steve: C'est pas obligé. Des fois, je le lis deux fois.

Christine: Je lis des livres assez longs. Je vais assez vite et je rate les petits détails. Je fais comme une lecture d'ensemble. Après, si j'aime le livre, je relis avec les détails.

Françoise: Je me demande si Éric, Benoît, Stéphanie, vous n'êtes pas trop consciencieux dans la lecture. Moi non plus, je ne me souviens pas de tout ce que j'ai lu. Je lis beaucoup, mais je me souviens du plaisir* que j'ai eu. Je lis aussi parfois pour réfléchir. Qu'est-ce que telle personne pense de cela?

Stéphanie: Je lis dix pages. Après, je reprends mon livre et je me rappelle pas ce que j'ai lu.

Dominique: J'aime Astérix. J'ai pas de bandes dessinées, mais quand je vais chez quelqu'un, j'en lis. J'aime lire le journal de quelqu'un. Il y a des choses vraies.

Françoise: En trouves-tu, des livres comme ça?

Thierry: J'en ai lu un: *Seul autour du monde*. C'est une vraie histoire d'un garçon qui a fait le tour du monde sur un bateau.

Françoise à Julie: Comment te situes-tu par rapport à la lecture?

Julie: Très moyen. Je lis la moitié, puis après je traîne puis je m'en souviens plus.

Françoise: C'est important de choisir des livres pas trop longs.

Marie-Claude: Je connais mon problème. Je suis pas capable d'embarquer dans mon livre. Je pense à ce que je vais faire demain.

Jérôme: J'aime pas lire, mais quand c'est sur les Canadiens, j'y vais.

Françoise: Quand on est dans son plaisir, on ne s'aperçoit pas qu'on est en train de lire!

Jérôme: Autrement, je pense à d'autres choses, je rêve.

Gabrièle: Moi aussi, je pense à d'autres choses.

Kim: Moi aussi.

Françoise: Avez-vous le même problème avec la télévision?

Julie: Quand je regarde la télévision, je suis tellement concentrée que j'ai mal au cœur.

Kim: Moi, je suis super-concentrée sur la télé, mais pas sur un livre.

Françoise: Peut-être que vous vous posez trop d'exigences quand vous lisez. Peut-être que nous, adultes, vous posons des exigences qui ne vous conviennent pas. Il faudrait chercher des livres qui vous intéressent vraiment. Il faut aussi lire assez vite pour se laisser prendre dans l'histoire. Est-ce que vous aimeriez que je vous lise un livre?

Gabrièle: C'est toi qui lirais?

Françoise: Oui.

Il y a des hésitations. Exploration faite, ils veulent bien se faire lire une histoire, mais pas par un autre enfant.

Benoît: J'aime des livres fous, exagérés, prétentieux, mais simples. Comme les histoires qu'on écrit ici.

14 mars

MONTGOLFIÈRE

Guy, le stagiaire, présente une montgolfière de sa fabrication.

Guy: Connaissez-vous le principe de la montgolfière?

Quelqu'un: On met le feu et elle monte.

Guy: Pourquoi?

Ils réfléchissent.

Guy: L'air chaud monte parce qu'il est plus léger que l'air froid.

Il explique ensuite les principes de construction, puis la mise à feu.

Annie: J'aimerais qu'on en fasse beaucoup et qu'on fasse une sortie sur le Mont-Royal.

Christine: Je l'ai déjà fait en papier de soie, mais elle est pas montée.

Françoise: Quelles sont les conditions pour qu'une montgolfière décolle?

Benoît: Que le vent soit pas trop fort et qu'il aille dans la direction où on veut que les montgolfières aillent.

Pendant cette discussion, les oiseaux roucoulent comme si c'était le printemps. Pourtant, il neige à désespérer...

28 mars

La journée a commencé par un long rassemblement sur la classe verte que Dominique prépare. La classe partira en camping sept jours en juin. Les enfants prennent en charge la préparation des activités et des jeux, ils planifient les repas et gèrent le budget.

Les enfants écrivent ensuite leur horaire et se mettent au travail. Gabrièle travaille à son projet sur les prisons. Elle retranscrit une cassette. Marie-Chantal écrit, le nez sur son horaire: J'ai pas mes lunettes. Stéphane chante.

Marie-Chantal: Il chante tout le temps.

Stéphane: Je suis t'un radio [sic].

Il est chanté.

Annie a préparé un cadeau dont l'emballage est superbe: une feuille de papier de soie jaune sur la partie gauche de la boîte et une de soie violette sur la partie droite. Sur le côté jaune, elle a fait des points violets à la gouache, et sur la violette des points jaunes. Elle dit fièrement: T'as pas vu mon masque! Il est noir, avec un nez croche jaune. C'est un cadeau pour mes parents, pour Pâques. Toujours dans l'esprit de Pâques, elle pèle un kiwi du bout des ongles, avec tant de délicatesse que la pelure seule s'enlève, sans qu'un brin de chair ne soit égratigné. Elle finit avec un œuf parfait, de couleur vert tendre qu'elle gobe avec ravissement. Ensuite, elle se met à ses multiplications. Sur le tapis, Julie, Isabelle et Stéphanie jouent au jeu des Grands Maîtres. Steve et Jérôme collaborent à quelque tâche commune. La même Dominique qui prépare la classe verte et qui s'est associé Benoît écrit maintenant avec Vicky une histoire inspirée: Le camp meurtrier! Quelques enfants découvrent un oisillon mort dans la cage. C'est celui qui était né par miracle la semaine passée.

À dix heures trente, Françoise intervient pour rappeler la règle de la période calme.

Françoise: Je ne veux plus entendre de bruit.

Marie-Chantal rit toute seule.

Françoise: Marie-Chantal, tu te déranges toi-même et tu déranges les autres.

Marie-Chantal: Maxime me dit qu'il va quitter l'école en 90.

Marie-Chantal se lève.

Françoise: Marie-Chantal, va à ta place.

— Ah mais merde, je peux même pas trouver mon horaire!

Un peu plus tard Françoise s'approche d'elle pour lui expliquer la nécessité du respect du silence dont tout le monde a accepté la règle.

Thierry travaille avec énormément de concentration depuis un long moment. Il n'a pas quitté son bureau une fois.

Anick, elle, ne sait pas quoi faire. Elle a oublié son classeur avec toutes ses choses d'école. Elle n'a pas d'idée pour les jeux qu'elle doit préparer dans le cadre de son projet avec les maternelles. Elle traîne sa désolation pendant toute la période calme.

Maxime dessine des gardiens de buts.

Maxime: Je les fais super vite, dans le style BD.

— Tu pourrais découper les meilleurs et les mettre dans des cases, comme dans les BD.

Il en sort d'autres qu'il a faits précédemment et qui sont plus élaborés. Ce sont aussi des joueurs de hockey.

— Tu aimes ça?

— J'adore, ça me passionne. Je sais pas pourquoi, mais ça me passionne.

Françoise discute avec Benoît et Dominique au sujet de la classe verte. Ils veulent décider; ils ne voient pas la nécessité de consulter. Elle essaie de leur faire comprendre l'importance qu'ils sentent l'appui du groupe. Leur seconde difficulté vient du fait qu'ils aimeraient faire une classe verte, mais pas nécessairement la préparer. Ils s'impatientent vite.

Une dispute s'est développée entre Marie-Chantal et Maxime. Françoise les fait s'expliquer.

Françoise: Mais comment te sens-tu avec Marie-Chantal?

Maxime: Pas bien.

Françoise: Qu'est-ce que tu lui reproches?

Maxime: Elle pleure tout le temps. Et elle va se plaindre. En plus, elle est pas capable de changer quand on lui dit des choses. Et puis (à Marie-Chantal), je suis tanné de voir tes petites culottes au rassemblement.

Marie-Chantal: Il m'agace. Il me donne des tapes.

Maxime: C'est un jeu.

Françoise à Maxime: Reconnais-tu que tu l'agaces?

Maxime: Oui, j'agace quand je sais pas quoi faire d'autre.

Françoise à Marie-Chantal: Entends-tu ce que Maxime essaie de te dire? Certains comportements que tu répètes souvent incitent les autres à t'agacer.

Isabelle et Stéphanie reviennent de l'extérieur. Elles sont allées enterrer l'oisillon avec les œufs qui restaient.

Isabelle: Elle, c'était une mauvaise mère!

Françoise: Mais tu sais, ça fait partie des lois de la nature.

Il n'empêche que dans les jours qui ont suivi, l'incident a créé une distance vis-à-vis des oiseaux.

11 avril

RASSEMBLEMENT

Aujourd'hui, le groupe semble très animé, allez savoir pourquoi.

Mathieu présente son projet sur l'URSS. Il donne un grand nombre d'informations factuelles sur ce pays, à partir de thèmes qui l'ont intéressé. Un de ces thèmes est la population.

Mathieu: 80% des blancs sont des Slaves.

Quelqu'un: Des esclaves?

Mathieu: Slaves.

Françoise: Maxime, peux-tu aller chercher le mot slave dans le dictionnaire?

Le thème suivant est l'argent. Mathieu aborde les revenus des familles ainsi que le coût des logements. Les enfants comparent avec la situation à Montréal.

Comme Mathieu a parlé précédemment des églises orthodoxes russes dont les coupoles sont recouvertes de feuille d'or, Gabrièle a une question.

Gabrièle: Est-ce qu'il y a beaucoup de gens pauvres? Ils pourraient monter sur les églises et prendre la feuille d'or.

Mathieu: Mais c'est comme de la peinture. On peut pas l'enlever.

Maxime: Est-ce que tout le monde a le même salaire?

Françoise: Pas vraiment le même salaire.

Olivier: Dans une même usine, ils ont le même salaire.

Françoise: Mais si quelqu'un est médecin, il n'aura pas le même salaire qu'un ouvrier.

Annie: J'espère!

Olivier: Ils disent que tout le monde a droit au travail, alors il y a pas de chômage. Mais ils peuvent pas perdre leur travail, même s'ils travaillent mal, alors ils sont pas stimulés au travail. Ils vendent mal leurs produits parce qu'ils sont pas bons.

Françoise qui a visité l'URSS il y a deux ans — les enfants le savent — leur raconte des souvenirs. Elle évoque la beauté des stations de métro. Puis c'est le temps des commentaires.

Annie: Moi, j'imaginais un pays où il y avait l'armée partout. Je pensais que c'était un grand pays, alors que c'était super riche.

Isabelle: Je savais pas qu'il fallait faire la file pour acheter un morceau de viande.

Françoise: Tu fais la queue trois fois. Une fois pour te faire servir. Là, on te donne un billet pour aller payer. Tu refais la queue pour aller chercher ton paquet.

Elle raconte qu'elle a fait la queue une heure et demie pour aller acheter de la vodka.

Stéphane: T'aurais dû l'acheter au marché noir.

Françoise: Ils n'ont pas de papier d'emballage, non plus. Les fruits et les légumes que l'on peut trouver, ce sont des pommes de terre, du chou, des carottes, des pommes, des betteraves.

Gabrièle: Je m'imaginais que c'était un petit peu plus riche qu'Haïti, à peine.

Françoise: Non. Il n'y a pas de mendiants ou de robineux. Par contre, il y a passablement de gens qui boivent un coup.

Stéphanie: C'est pas un pays libre comme nous. C'est pour ça que dans Lance et Compte, les joueurs de hockey veulent passer à l'Ouest.

Vicky commence ensuite sa présentation sur les chats. Elle apporte des informations originales, dont le fait que les chats sont originaires d'Égypte. Tout le monde s'excite à l'idée qu'un chat, en ville, a besoin d'un griffodrome. Vicky a soulevé beaucoup d'intérêt.

Annie: C'est la première fois que j'entends Vicky présenter un projet.

Dominique: C'est bien que tu aies parlé des Égyptiens. D'habitude, c'est la longueur, la largeur...

Isabelle: Je savais pas qu'on le brosse pour qu'il avale pas ses poils, sinon il a la diarrhée.

Maxime, dans une cascade de rires: Il fait des crottes poilues!

Sa réplique est accueillie par des rires.

Charlotte: Tu as interrogé un vétérinaire?

Vicky: Oui.

Charlotte: Il me semblait bien que tes commentaires étaient trop bons pour que tu saches tout ça toi-même.

Un peu d'agitation se développe.

Françoise: Les enfants, c'est vous qui faites des pressions pour présenter vos projets. Mais quand on le fait, il faut garder la qualité de l'écoute.

PÉRIODE DE TRAVAIL

Christine, les joues écarlates, écrit à son bureau. Elle ne pense pas à enlever un chandail, même si elle a l'air de cuire. Thierry est affalé sur son pupitre.

Thierry: Je sais pas comment faire.

Françoise: Faire quoi?

— Je trouve pas le papier décalque.

Françoise lui a trouvé du papier décalque. Quelques secondes après il revient.

Thierry: As-tu un aiguisoir?

Dominique et Benoît travaillent au projet de classe verte. Ils préparent la soirée avec les parents.

Benoît: Pourquoi on en a besoin, donc, des parents?

Dominique: Justement, ils servent à rien, les parents!

Ce n'est pas seulement une plaisanterie. Ils ont de la difficulté à anticiper en quoi ils auront besoin d'aide. Ils savent qu'ils doivent téléphoner à tous les parents pour les convoquer à la réunion. Ils se partagent les appels.

Dominique: À quelle heure il faut appeler?

Benoît: Après le souper.

Dominique: Non, pendant le souper, comme ça on est sûr qu'ils sont là.

Benoît: Oui, mais tu sais, ça dérange...

Dominique: Ça fait rien.

À un quart d'heure de la fin de la journée, Annie rappelle les tâches. Branle-bas immédiat. On range tout de fond en comble. C'est indispensable dans un type de classe de ce genre, où beaucoup de matériel sort et ne rentre pas toujours, où les déplacements humains sont très nombreux, où les crayons et aiguisoirs s'échangent continuellement, où les animaux excrètent avec régularité, où les plantes sèchent et renaissent. Marie-Chantal balaie sous les pupitres avec ardeur. Elle a l'air d'une Blanche Neige heureuse. Elle rit, même.

Françoise: Marie-Chantal, tu es une bonne balayeuse.

Pendant que Gabrièle et Marie-Claude s'amusent avec la pompe qui devrait nettoyer l'eau des poissons, Julie nettoie consciencieusement la cage du nouvel oiseau. Ceux qui ont terminé causent sur le tapis avec Françoise. Marie-Chantal est maintenant à quatre pattes sous un pupitre avec la pelle et la balayette. Il n'y a pas de limite à sa frénésie de bonne fée. Il faut qu'elle ait beaucoup changé pour donner une telle image. Elle est souriante, avenante, gracieuse dans son T-shirt rouge et sa jupe bleue. Deux mois plus tôt, on l'aurait plutôt comparée à un oursin en position de défense. Françoise rattrape Julie et Isabelle qui partaient sans terminer le nettoyage de la volière. Elle les aide à finir. Il ne faut pas répugner au travail ménager et manuel pour enseigner dans cette classe. Elle décroche un abreuvoir: Julie, l'eau morte comme ça, c'est désastreux pour les oiseaux.

Violaine et Christine les regardent faire.

Françoise: Restez-vous là pour nous donner un coup coup de main?

Violaine: Non.

Françoise: Vous rentrez ensemble?

Violaine: Oui, tous les lundis.

Christine: J'ai le goût d'aller jouer au base-ball, mais Violaine veut pas.

Le chat vient de sortir du sac. Elles ne savent comment régler leur différend et comptent sur Françoise.

Françoise: Violaine, qu'est-ce qui t'arrive quand tu joues avec les autres enfants?

Violaine marmonne des paroles inaudibles. Elle part en murmurant à Christine: J'ai pas envie d'y aller.

12 avril

RASSEMBLEMENT

Françoise: Je voudrais revenir sur un point, le rôle des parents à la classe verte. On a une réunion ce soir avec les parents.

Annie: On peut venir?

Françoise: Si vous veniez, ce serait avec quel objectif?

Gabrièle: Pour discuter.

Françoise: Si vous venez, il faut que vous restiez dans la discussion, pas que vous sortiez pour aller jouer dans les corridors. Je repose ma question aux enfants qui en ont déjà fait: Quel est le rôle des parents dans une classe verte? Pourquoi souhaite-t-on leur participation?

Gabrièle: Pour qu'ils nous aident à faire les dîners.

Annie: Pour demander s'il y a des parents qui peuvent venir nous reconduire. Pour monter les tentes, aussi.

Françoise: D'autres raisons. Moi, j'en ai d'autres...

Maxime: Pour qu'ils soient un peu au courant de ce qu'on fait. On pourrait se débrouiller, mais ils peuvent nous aider.

Françoise: D'autres raisons encore...

Dominique: Le budget.

Françoise: Tout ça, c'est du domaine de l'aide.

Charlotte: S'ils accepteraient de faire des plats.

Françoise: D'autres raisons. Rappelez-vous les accompagnateurs, en France...

— Pour aller se promener dans le noir, dans le bois.

Julie: Il y a des parents qui connaissent bien le bois. Ils peuvent nous montrer des choses.

Françoise: C'est ça; il y a des parents qui ont des talents particuliers.

Olivier: C'est le fun, d'avoir des gens qui sont là, qui font des choses avec nous.

Françoise: Qu'est-ce qu'ils faisaient, en France?

— Si on avait des problèmes, on pouvait jaser avec eux, ou aller magasiner...

Benoît: Il y a beaucoup de parents qui nous connaissent pas et qui voudraient nous connaître.

Françoise: Exactement! Il ne s'agit pas juste de surveiller. Il s'agit aussi de vous connaître et de partager des choses avec vous. Je sais qu'il y a des enfants qui veulent qu'il n'y ait pas trop de parents.

Murmures d'approbation.

Annie renchérit: Moi, en classe verte, ça me dérange pas que la mère de Maxime soit là, mais ça me dérange que ma mère soit là!

Gabrièle: La classe verte, c'est aussi pour prendre congé de mes parents.

Françoise: Ceux qui étaient là l'an dernier, je vous rappelle une petite discussion qu'on a eue sur le même sujet. Vous disiez aux parents: Il ne faut pas que vous fassiez ceci, il ne faut pas que vous fassiez cela. On ne veut pas que vous nous disiez quoi faire; on ne veut pas que vous nous disiez qu'on parle mal... Est-ce que ça s'est passé comme ça, dans la réalité?

Bougonnements. Ils l'admettent, comme à contre-cœur.

Pour clore (provisoirement) la discussion:

Françoise: Benoît et Dominique, il faut qu'on discute ensemble après le rassemblement, en prévision de la réunion des parents ce soir.

LE CHANGEMENT DE BUREAUX

Quelqu'un amène le point suivant, très attendu et hautement significatif: le changement de place. Un brouhaha excité commence à se développer.

Françoise, riant à l'avance de la demande qu'elle va faire: Je vous demande que ça se fasse très vite, très doucement et qu'après, tout le monde soit heureux. Vous rappelez-vous vos expériences précédentes? On essaie de faire des arrangements avec de nouvelles personnes.

Annie: On devrait essayer de faire un tour de table.

Le tour de table est adopté.

Françoise: Qui est prêt à commencer?

Thierry: Moi, j'aimerais être avec Kim et Violaine. Aussi Julie.

Violaine: J'aimerais être toute seule, ou avec Olivier, Marie-Claude, Jérôme.

Le tour de table se poursuit. Si un enfant ne nomme que des enfants de son sexe, Françoise questionne: Et comme gars

*(fille)? Mais d'une manière générale, la règle est bien inté-
riorisée. Tous les enfants ont fait des choix. Deux seulement
n'ont pas été choisis, Marie-Chantal et Stéphane.*

Françoise: La première étape est faite. C'est intéressant, vous
avez changé de personnes. Maintenant, il faut que vous pensiez
aussi à ceux qui vous ont nommés.

*Ils se lèvent tous en chœur et, sur le tapis du rassemblement,
commencent leurs approches et tractations. Ça se déroule à
une vitesse incroyable. Françoise observe les échanges de
l'extérieur.*

Françoise: Attention, ceux qui ont tendance à rester en retrait et
à attendre! Entrez dans la discussion!

*Quelques instants plus tard, certains groupes sont déjà installés
aux pupitres de leur choix et se regardent en jubilant. Éric est
en confrontation animée avec le groupe voisin. Il déplace une
plante, comme pour créer une meilleure séparation. Devant
l'insuffisance du frêle arbrisseau, il lance, menaçant: On va
amener plein de plantes... Quelques enfants discutent encore
sur le tapis, puis en viennent à une entente. Cela tient du
miracle. Tout le monde est assis. Tout le monde a une place...
sauf Marie-Chantal, figée comme une statue au milieu du
tapis, en larmes. Françoise s'approche et met son bras autour
de son épaule, tout en s'adressant au groupe.*

Françoise: Savez-vous quelle question je pose à ce moment-ci?

Quelqu'un: Est-ce que tout le monde est heureux?

La réponse en chœur est un «oui» indiscutable.

Françoise, sans reproche, sur le ton du constat: Pouvez-vous
répondre ça en voyant Marie-Chantal pleurer?

C'est le silence.

Françoise: Y en a-t-il d'autres qui ne sont pas contents?

Olivier, comiquement assis à un tout petit pupitre qui flotte sur
ses genoux: À part le bureau...

Françoise: Y en a-t-il qui ont fait des compromis?

Christine: On voulait être là-bas, on est ici...

Françoise: Qui d'autre?

Personne, visiblement.

Françoise: Toi, Olivier, est-ce que ça se passait comme ça, pour toi, l'année dernière?

Olivier: Non, pas l'année dernière. J'étais pas choisi.

Françoise: Il peut y avoir des moments où on n'est pas choisi. Mais il faut savoir que ça peut changer. Toi, Thierry, tu l'as vécu, aussi...

Thierry: J'étais toujours refusé.

Olivier: J'essayais pas d'aller vers le monde.

Charlotte, parlant de Marie-Chantal: C'est elle qui va pas vers les gens.

Marie-Chantal: J'essaie, mais quand je m'approche, ils s'en vont vers d'autres personnes.

Françoise: C'est peut-être comme ça maintenant pour les bureaux, mais il faut que tu saches que ça peut changer. Les choses changent tout le temps, dans la vie. Il n'y a jamais rien qui reste pareil.

Annie, révoltée: Il y a des gens qui s'offrent jamais pour faire des compromis.

Françoise: C'est vrai que la dernière fois, toi, tu en as fait un, avec Marie-Chantal.

Aucun compromis ne s'annonce à l'horizon.

Françoise: Y a-t-il des personnes qui ont des suggestions à faire à Marie-Chantal?

Annie: Cette fois, tu pourrais rester toute seule et la prochaine fois, tu pourrais avoir l'avantage pour choisir.

Patrick: Oui, mais si elle est toute seule, il faut pas qu'elle demande le changement de bureaux dans trois jours!

Françoise: Tu enfonces le clou, Patrick. Ça ne l'aide pas beaucoup. Au fait, toi Patrick, tu avais dit que tu aimerais être tout seul; je pensais que tu aurais pu lui proposer de prendre ta place dans votre groupe de quatre!

Patrick, pas très content de s'être fait prendre en flagrant délit de non-assistance, marmonne tout bas.

Françoise: Qu'est-ce que tu dis?

Sa voisine: Il dit qu'il a dit quelque chose de croche.

Aucune autre suggestion n'étant apparue, c'est celle d'Annie qui a force de loi. Françoise désigne le pupitre seul à Marie-Chantal, en lui rappelant que ce n'est pas pour toujours.

À l'exception de Marie-Chantal qui pleure encore un peu, tout le monde exulte. Ces changements, chargés de signification en termes de relations sociales, se sont passés en un éclair. Le rejet de Marie-Chantal, pas facile à vivre pour elle, ne suscite ni moqueries ni tentatives de voler à son secours. Françoise l'a soutenue, physiquement et psychologiquement, sans la protéger, plutôt en lui communiquant sa confiance dans le fait qu'elle a un pouvoir d'agir et de se tailler une place différente dans le groupe, comme d'autres l'ont fait avant elle.

RASSEMBLEMENT

LE PROJET D'ANNIE

À la porte, Françoise prend le temps de parler avec deux petits de maternelle qui sont venus apporter un papier. Annie est déjà installée sur le tapis avec Dominique, une petite fille d'une autre classe, sept ans, blonde, bouclée, piquetée de tâches de rousseur.

Annie: Comme vous le savez, j'ai fait un projet sur Dominique. Voilà comment ça a commencé. J'étais au dîner dans la grande salle. On jouait. Je connais à peu près tout le monde dans l'école. Tout à coup, je vois Dominique. Je lui dis: «T'es nouvelle»? Elle dit:

«Oui». Où tu étais avant?

— J'allais pas à l'école et j'habitais pas sur la terre. Là, j'étais curieuse. Je lui ai posé des questions. Dominique est née sur un bateau à Hong-Kong. Son père est capitaine.

Annie a préparé une carte du monde avec des trajets et des escales.

Annie: Maintenant, Dominique a sept ans, mais elle n'a jamais habité dans une maison. Ses parents se sont rencontrés à Panama. Ils se sont mariés en Nouvelle-Zélande. (Elle montre les lieux sur la carte). Ils n'avaient pas prévu de rester sur l'eau si longtemps, mais ils ont voyagé douze ans, en changeant de bateau trois fois. (Elle donne les dimensions précises des trois bateaux). Le plus long voyage sans toucher terre a duré trente jours. Ils ont passé près des îles Galapagos et Marquises. Le plus long moment qu'ils ont passé dans un port a duré neuf mois; c'était en Australie. Dominique a appris à flotter à sept ou huit mois.

Dominique intervient: Je savais nager avant de marcher!

Annie: Sa mère m'a dit que le voyage le plus dur qu'ils ont fait, c'était entre Boston et la Floride. Ils ont eu tous les orages possibles et imaginables. Avez-vous des questions?

Gabrièle: Comment ils travaillent, tes parents? Comment ils gagnent des sous?

Dominique: Ils travaillent tout le temps sur le bateau. Ils transportent des gens.

Françoise: Tu as vécu tout le temps en contact avec la mer. Est-ce que tu t'ennuies de la mer?

Dominique: Oui.

Françoise: De quoi t'ennuies-tu?

Dominique: De la mer, des poissons, des pays, de la nuit.

Françoise: T'es-tu fait des amis au cours de tes voyages?

Dominique: Oui, mais pas pour longtemps.

Françoise: Est-ce que tu les retrouvais?

Dominique: Non.

Françoise: Comment est-ce ici, de retrouver toujours tes amis à l'école?

Dominique: C'est le fun.

Annie: Le pays qu'elle a le plus aimé, c'est l'île Rose. C'est en anglais, Rose Island.

Dominique: C'est une petite île dans les Bahamas.

Quelqu'un: Qu'est-ce que tu aimais?

Dominique: C'était tout le temps calme puis il y avait des dauphins.

— Qu'est-ce qu'ils te faisaient? Ils venaient près?

Dominique: Non, ils avaient peur.

Françoise: Toi, avais-tu peur quand il y avait des grosses vagues?

Dominique: Non... ben, des fois. J'aime ça, quand il y a des grosses tempêtes, surtout de la pluie! Des fois, je conduisais le bateau toute seule.

Quelqu'un: Comment tu faisais?

Dominique: Je suivais un autre bateau ou bien ma mère ou mon père me disaient où aller.

Gabrièle: Tu conduisais avec une roue ou une barre?

Dominique: Il y en avait deux, un qui a une roue, un qui a une barre.

Françoise: Est-ce qu'il y en a parmi vous qui ont conduit un bateau?

Quelqu'un: Un pédalo!

Un autre: Une chaloupe!

Françoise: As-tu vu des grosses tortues aux îles Galapagos?

Dominique: Oui, pis des gros poissons.

Françoise: Comment c'était, à l'intérieur du bateau de 53 pieds?

Dominique: Quand tu rentrais, il y avait la cuisine. Il y avait le salon. Moi, j'avais ma chambre à moi! (Sa voix est montée d'un ton). Une fois, il y avait un rat parce qu'il y avait beaucoup de nourriture. Il y avait aussi une toilette.

Quelqu'un: Une douche?

Dominique: Non.

Gabrièle: Comment tu faisais?

Dominique: On prenait un seau avec de l'eau chaude.

Gabrièle: Tu te lavais avec de l'eau de mer?

Dominique: Oui.

Gabrièle: Mais elle était pas salée?

Dominique: Oui, mais après on se rinçait.

Annie: L'eau pour boire, c'était pas l'eau de la mer?

Dominique: Non, on l'achetait.

Françoise: C'est pour ça que tu aimes la pluie? Parce que l'eau est douce?

Dominique: Oui.

Annie, le visage illuminé par une image intérieure: Moi, j'aimerais aller dans un pays où l'eau est un peu verte. Je plongerais sous l'eau...

Maxime, rêveur: Turquoise...

> «*Turquoise*» *a ajouté la magie du mot à celle des images qu'Annie avait créées pour tout le monde. On y est pendant quelques secondes.*

Kim: Comment c'était, l'hiver? Qu'est-ce que tu faisais?

Dominique: On a vu des icebergs.

Françoise, montrant la carte: Mais ils n'ont pas fait la route des icebergs. Elle passe beaucoup plus au nord. Avez-vous deux ou trois commentaires à faire sur le projet de Annie?

Marie-Chantal, heureuse: J'ai aimé ça. Je connaissais Dominique juste un tout petit peu. Maintenant, je la connais bien.

Benoît: J'ai appris beaucoup de choses. Ce qui m'a étonné, c'est que tu aies encore le mal de mer après que tu aies fait autant de bateau!

Dominique: Moi, je te trouve pas mal chanceuse!

Françoise: Te trouves-tu chanceuse, toi?

Dominique: Oui...

Annie: À un moment, ça me tentait plus de faire ce projet. Mon idée, c'était que sa maman vienne dans la classe, mais elle travaille. Elle pouvait jamais. Finalement, je lui ai parlé au téléphone, mais j'étais déçue.

Gabrièle: C'est le fun qu'on puisse poser des questions à Dominique.

Dominique: Peut-être que mon père pourrait venir. Il arrive le 4 juin.

Françoise: Dominique a sept ans; elle ne connaissait pas tout le monde ici; j'ai trouvé qu'elle n'était pas gênée pour parler devant tout le groupe.

Dominique et Annie sont applaudies.

13 avril

RASSEMBLEMENT

C'est le lendemain de la réunion de parents. En prélude au rassemblement, les enfants parlent des moyens de trouver de l'argent pour financer la classe verte. Certains suggèrent d'aller mendier dans la rue.

La disposition des enfants autour du tapis est déséquilibrée.

Françoise: Désserrez-vous, vous êtes tous dans le même coin. Et puis, c'est encore les garçons d'un côté, les filles de l'autre. Allez, mélangez-vous!

Ils obtempèrent.

Françoise: Maintenant que le monde a été rétabli dans ses véritables proportions, regardons quelques nouvelles. Qu'est-ce qui se passe dans le monde?

Steve: Les Canadiens ont perdu!

Françoise: C'est vrai ça! Les sportifs ont la mine basse.

Annie: Les pirates de l'air demandent de l'essence.

Françoise: Où sont-ils en ce moment?

Christine: Ils ont atterri à Oran.

Françoise: C'est en Algérie. Où étaient-ils avant?

Ils ont oublié.

Françoise: Sur une petite île.

Christine: Chypre.

Françoise: Ils sont partis de là. Ils ont tué un otage.

Olivier: Ils ont libéré dix otages contre de l'essence.

Françoise: Savez-vous qui sont les otages?

Devant leur silence, Françoise explique. L'intérêt est grand, particulièrement chez les plus jeunes qui ne parlent pas mais ne perdent pas un mot de la conversation. La discussion s'oriente ensuite sur les auteurs de la prise d'otages.

Françoise: Ce sont des terroristes.

Stéphanie: Pourquoi ils les arrêtent pas?

Benoît: Parce qu'ils tueront tous les otages, si l'armée attaque l'avion.

Françoise: Pourquoi font-ils ça?

Christine: Ils veulent la libération de 17 terroristes qui sont emprisonnés au Koweit. Ils ont la femme et la fille de l'émir dans l'avion, quatre personnes de la famille royale.

Julie: C'est des quoi, les terroristes?

Stéphanie: De la Belgique.

Françoise essaye de lui faire préciser. Finalement:

Stéphanie: De la Palestine.

Julie: Les Palestiniens n'ont pas de territoire.

Françoise: Quel est l'homme politique qui est intervenu?

Personne ne s'en souvient.

Françoise: C'est Yasser Arafat.

Annie: Il a un turban.

Françoise: Il a essayé de faire des transactions.

Gabrièle: Il y a combien de pirates de l'air?

Françoise: Cinq ou six, je crois.

Quelqu'un: Il reste combien de personnes dans l'avion?

— Une quarantaine.

Stéphanie s'accroche aux détails sordides: Ils jetaient les gens en bas?

Françoise: Non. Mais Stéphanie, écoute bien. Explique-lui, Christine.

Christine: Ils ont fait sortir les femmes et les enfants, par une passerelle (elle insiste); ils les ont pas jetés en bas.

Patrick: Pourquoi ils ont pris des otages?

Françoise: Qu'est-ce que c'est des otages?

Annie: C'est des personnes qu'on échange contre quelque chose.

Benoît à Stéphanie: Ce que tu as vu tomber, c'est les deux qu'ils avaient déjà tués.

Stéphanie: Pourquoi ils les tuent? Ça sert à rien.

Julie: Parce qu'ils parlent trop!

Françoise: Pour faire voir au monde qu'ils sont sérieux.

Benoît: Pour montrer que c'est pas seulement un petit jeu, qu'ils sont vraiment dangereux.

Gabrièle: Si mon père est dans l'avion, est-ce qu'ils le relâchent parce qu'il a quatre enfants?

Françoise: C'est sûr qu'ils ont fait des catégories.

Gabrièle: Est-ce qu'ils ont à manger?

Françoise: Ils sont alimentés par le personnel des aéroports où ils sont.

Françoise demande s'il y a d'autres nouvelles.

Christine: Les Turcs sont arrivés à Ottawa. Ils ont rencontré madame McDougall qui est ministre de l'Immigration. Elle a rien pu faire. Ils sont en route vers Mirabel et ils s'en vont.

Maxime, déçu: Ah...

Françoise: Quel est leur problème s'ils retournent chez eux?

Quelqu'un: Ils ont plus d'argent.

Annie: Ils avaient une pancarte: Nous partons pour revenir.

Maxime: Pourquoi ils veulent revenir?

Christine: Parce que c'est bien plate là-bas.

Françoise: Ce n'est pas plate; c'est qu'ils n'ont pas d'argent pour vivre là-bas.

Stéphanie: Ici non plus!

Françoise: Ici ils peuvent travailler. Avez-vous d'autres nouvelles?

Maxime: Mulroney veut vendre le Canada aux États-Unis.

Françoise: ?

Olivier: Non! Air Canada! Ils veulent vendre Air Canada aux actionnaires canadiens.

Françoise: On se dégourdit un peu puis on passe à la lecture de vos histoires.

LES HISTOIRES

Dominique lit un épisode du Camp meurtrier *qu'elle écrit avec Annie.*

Dominique: Quelqu'un se souvient où l'histoire était rendue?

Gabrièle fait un résumé qui satisfait les deux auteurs. Dominique lit son texte. C'est un texte sur une classe verte avec les enfants de la classe auxquels il arrive toutes sortes d'aventures. Stéphanie finit poignardée.

Françoise: Avez-vous des commentaires?

Gabrièle: Celui-là est moins... que l'autre, j'aimais mieux l'autre.

Dominique: On voulait faire mourir un personnage, on savait pas comment.

Julie: C'est Stéphanie qui était de trop!

Françoise: Votre besoin de montrer du sang dans l'écriture, j'aimerais qu'on le discute à un moment donné. J'aimerais qu'on en parle et qu'on essaie de voir ce qu'il y a en dessous de ça.

L'auteur suivant est Steve.

Françoise: C'est l'histoire de?

Steve: Bézille.

Steve commence.

Julie l'interrompt: Il parle pas assez fort.

Françoise: Quand on ne parle pas assez fort, c'est pour quelle raison, Véronique?

Quelqu'un: il est gêné.

Françoise: Alors ça ne l'aide pas de crier après lui.

Julie: Moi je les lis pas mes textes, je l'ai pas ce problème.

Françoise: Tu n'as pas celui-là, tu en as probablement un autre.

Steve finit sa lecture dans un silence attentif.

Françoise: Notez-vous quelque chose dans sa façon d'écrire?

Olivier: C'est très bande dessinée.

Françoise: Comment reconnais-tu ça, Olivier?

Olivier: C'est comme des bruits et... il nous manque les dessins.

Françoise: C'est exactement ça. Est-ce qu'il y en a un qui pourrait travailler avec Steve pour l'aider à mettre en texte ses dix lignes, pour les mettre en écriture.

Olivier et Benoît se proposent.

Françoise: Par rapport à ses premiers cahiers, trouvez-vous une différence?

Annie: C'est mieux!

Françoise: Il écrit tous les jours depuis trois semaines. Vous voyez la différence!

Quelqu'un: C'est pas facile, écrire!

Françoise: Est-ce qu'il y en a qui trouvent ça facile?

Olivier et Christine répondent oui.

Stéphanie: J'hais ça!

Thierry: Je trouve ça assez facile quand je sais quoi écrire.

Françoise: Avez-vous deux ou trois autres commentaires à lui faire?

Patrick: J'ai eu un peu de difficulté, mais en gros j'ai bien compris.

Dominique: Je trouve que c'est bien, son histoire policière. Puis, il a fait des progrès depuis le début de l'année.

Françoise: Un des grands progrès de Steve, c'est...

Benoît: Les lettres attachées!

Comment savent-ils?

Au tour de Christine de lire son texte. Elle rappelle: c'est l'histoire de Jean et Jeanne. Elle tient dans ses mains quatre à cinq pages d'écriture serrée. Elle s'est aventurée dans le monde de la drogue et de la prostitution par détective chinoise interposée. L'histoire est difficile à suivre, d'autant plus que Christine lit vite, en avalant une partie des mots.

— Commentaires?

Marie-Chantal: Cette fois, on la comprenait. L'autre fois, on la comprenait pas.

Françoise: Vous rappelez-vous? Vous lui disiez qu'elle parlait à la française. Trouvez-vous que sa lecture est plus dégagée?

On entend quelques oui peu convaincus.

Christine explique les difficultés qu'elle a rencontrées avec son intrigue.

Françoise: On pourrait prendre un chapitre d'une de vos histoires et travailler la structure.

Violaine: Elle lisait moins vite.

Françoise: Mais comment trouves-tu son écriture, Violaine?

Violaine qui prend ça à la lettre: Je sais pas comment elle est son écriture!

Benoît: Son style! pas comment elle écrit ses lettres.

Gabrièle lit la suite de l'histoire qu'elle écrit avec Kim. Ça se termine par un père qui a tué ses cinq enfants.

Françoise: C'est sanglant!

Gabrièle: Ah oui! je suis écœurée!

Les commentaires qui suivent soulignent que l'histoire est un peu chargée.

Françoise: Je vous rappelle une règle qu'on a établie: les histoires doivent être corrigées avant d'être lues. La vôtre n'a pas été corrigée, le temps des verbes par exemple n'est pas toujours correct.

C'est la fin du rassemblement. Patrick et Thierry vont préparer leur exposition de sciences. Françoise, assise en tailleur sur le tapis, parle avec Benoît; ce dernier est agenouillé devant elle. Il l'écoute dans la posture du disciple, à la japonaise.

14 avril

RASSEMBLEMENT

PRÉSENTATION DES MASQUES

Plusieurs enfants présentent les masques de papier mâché qu'ils ont réalisés la semaine précédente.

Maxime est allé passer une semaine en République Dominicaine. Il est revenu avec un masque de là-bas. Ce masque a inspiré Annie qui a décidé d'en faire un en papier mâché. L'élan d'Annie a inspiré d'autres enfants qui se sont lancés les uns après les autres. Il y a maintenant sept ou huit masques terminés et d'autres en cours dans la classe.

Tout à coup, Françoise réalise que le masque de Thierry n'est pas là. Elle lui demande de l'apporter. Thierry est mal à l'aise. Françoise le questionne et il avoue que son masque est déjà accroché dans le bureau de son père.

Françoise: C'est dommage. Il était magnifique. Tu avais le goût de lui donner tout de suite. Tu pourrais le ramener pour nous le montrer.

STÉPHANE

Le point Stéphane est au tableau. Tout le monde prend brusquement conscience de son absence au rassemblement. Françoise se lève et décide d'aller le chercher. Elle passe l'animation à Olivier. Patrick, Gabrièle, Stéphanie, Annie font des pressions pour qu'Olivier suggère des histoires drôles plutôt que de continuer le rassemblement. Olivier, un peu mal à l'aise, cède. Les histoires se succèdent, Françoise revient après un moment, sans Stéphane et, dans l'encadrement de la porte, écoute Christine raconter la sienne.

Françoise: Comment se fait-il que vous soyez en train de vous raconter des histoires drôles?

Murmures de confusion. Quelqu'un mentionne que tout le monde voulait qu'on en raconte.

Julie proteste: Moi, je voulais pas.

Elle se fait remettre à sa place par Olivier.

Olivier: T'as pas dit que tu voulais pas!

Finalement, on conclut qu'il faudra réserver un temps demain après-midi pour continuer à se raconter des histoires. Françoise a repris sa place et on continue le rassemblement.

Françoise: Qu'est-ce qui s'est passé ce matin avec Stéphane?

Une fille: Ce matin, quand je suis arrivée, Stéphane donnait des coups sur la clôture et il tirait dessus.

Françoise: Qu'est-ce que ça vous dit? Qu'est-ce que ça vous indique?

Mathieu: Qu'il se sent mal.

Quelqu'un: Il y a des choses qu'il veut pas comprendre.

Dominique: Il se sent peut-être pas bien dans sa peau. Ça l'empêche pas d'être fin. On parle de lui, et il est même pas là! Il y a juste à lui parler à lui.

Julie, vertueuse: Moi pis Kim, on lui a dit: Si tu continues, on va aller le dire au rassemblement.

Annie: Ça, c'est des menaces...

Françoise: Il y a une sorte d'exaspération par rapport à Stéphane. Vous l'imitez, vous vous moquez en sa présence. Cela manifeste une difficulté de communiquer avec lui.

Benoît: Il faut qu'on essaie de l'aider.

Françoise: Est-ce qu'on peut l'aider, faire des gestes autres que de le condamner?

Steve: Quand je lui parle, il secoue la tête ou il donne des coups de pieds.

Olivier: C'est que t'es pas très gentil avec lui, tu l'achales. Quand il joue à un jeu, tu refuses de jouer.

Françoise: Alors lui, il le ressent.

Olivier: Il me l'a dit qu'il était tanné de Steve.

> *Stéphanie se plaint à son tour.*

Françoise: Mais toi, comment t'adresses-tu à Stéphane? Des fois, c'est tellement différent de nous qu'on est porté à juger.

Annie: Mais des fois, je fais la même chose à Dominique que je fais à Stéphane, mais elle réagit pas comme lui.

Françoise: Mais as-tu le même lien avec Dominique qu'avec Stéphane?

Annie: Des fois, c'est pas très drôle de se faire traiter comme il nous traite.

Françoise: C'est vrai. Est-ce qu'il se pourrait qu'il y ait dans notre comportement quelque chose qui fasse qu'on le rejette? Est-ce que jusqu'à un certain point vous n'avez pas un peu peur de Stéphane?

Charlotte: Même si on lui parle gentiment, il nous répond bêtement.

Olivier fait résonner les cordes de la culpabilité: C'est nous qui le rendons méchant.

> *Les protestations fusent de partout.*

Quelqu'un: C'est pas nous qui l'ont rendu comme ça!

Une fille: Il était déjà dans ma classe en première année. Il était déjà comme ça. Alors, c'est pas nous!

Françoise: Je pense qu'il faudra qu'on poursuive cette discussion ensemble. Ça devient un peu trop fort, toutes ces réactions à l'égard de Stéphane. On en reparlera avec lui.

Après que la discussion ait eu lieu en groupe, Françoise évalue qu'il n'est plus utile de la poursuivre collectivement. Elle va par contre parler individuellement avec plusieurs enfants au sujet de leur relation avec Stéphane, ce qui, en fin de compte, va permettre à Stéphane de retrouver une place dans la classe sans essuyer l'agressivité accumulée de tout le groupe.

STÉPHANE *IN CORPORE*

Françoise n'a pas trouvé Stéphane dans l'école. Peu après le rassemblement, la secrétaire vient la chercher. Stéphane est au téléphone. Françoise le convainc de revenir à l'école. Il arrive vers neuf heures par l'escalier arrière. Il monte les escaliers rapidement, mais plus il s'approche de la classe, plus ses pas ralentissent. Il hésite sur le seuil. Les enfants lui font signe d'entrer. Il se dirige vers Françoise et lui parle un moment. Peu après, plusieurs enfants lui tendent des perches. Il organise ensuite son projet d'éducation physique avec Benoît et Olivier. Dès qu'ils se sont entendus sur la démarche, il se précipite hors de la classe pour aller arranger les choses de vive voix avec Michel, l'éducateur physique. Olivier et Benoît le retiennent et lui rappellent les règles en usage: quelques lignes à remplir sur une feuille de projet. Pour lui, ça semble être le comble de la contrainte. Peut-être cherche-t-il surtout à fuir la classe, avec laquelle il ne sait pas quoi faire, même quand elle ne lui est pas hostile, ou d'autant plus qu'elle ne lui est pas hostile? Stéphane est un poids pour le groupe, en ce moment, mais le groupe est lourd aussi pour Stéphane.

REBONDISSEMENT

Discrètement, Dominique fait remarquer à Françoise que quelques filles dans la classe ne sont pas tout à fait innocentes dans l'épisode de Stéphane et des manteaux. Elles en auraient jeté quelques-uns par terre elles aussi. Dominique tient son information de Vicky. Appelée à la barre, Vicky explique qu'elle tient cette version de Kim. Kim est appelée à son tour.

Elle et Stéphanie n'ont pas jeté les manteaux par terre à proprement parler. Mais elle a dit aux autres enfants de ne pas les ramasser, «comme ça Françoise verra ce que Stéphane a fait»! Françoise explique à Kim, en relation avec la discussion du rassemblement, comment ces tentatives de faire prendre Stéphane en faute contribuent à le cantonner dans son rôle de marginal ou d'exclu. À la suite de ces échanges, la tension dans les rapports entre Stéphane et les enfants de la classe connaîtra une accalmie, sans que l'on puisse toutefois parler d'une véritable intégration. Pour Stéphane, l'école, même alternative, reste une fiction. Il se heurte à toutes ses contraintes, aussi nécessaires soient-elles. Lui assurer une place dans la classe exige un travail constant de la part de Françoise. C'est à la classe verte, en juin, que Stéphane se révélera sous un jour nouveau, qui créera de nouveaux rapports avec les enfants et les adultes.

15 avril

RASSEMBLEMENT

LA LETTRE D'ÉRIC ET DE STEVE

Steve: L'autre jour on a parlé de la violence au hockey. On a fait une lettre. On va l'envoyer à Serge Savard, le directeur des Canadiens.

Steve lit la lettre qu'ils ont préparée. Cette lettre présente un problème majeur de structure: elle s'adresse à la fois à Serge Savard et aux éventuels signataires d'une pétition contre la violence au hockey. Plusieurs enfants ne comprennent pas la lettre, ni ce qui cause la confusion. Éric, sentant qu'ils n'ont pas le support populaire, se fâche.

Éric: C'est Steve! il a rajouté des choses sans me le dire.

Françoise: Vous avez travaillé ensemble. Quand on fait quelque chose avec quelqu'un, il est important d'être solidaire.

Gabrièle, déçue, mais gentiment: Il y a pas grand chose dans votre lettre. Vous parlez pas de la violence et de toute la discussion qu'on a eue.

Mathieu: La discussion sur Boston et les Canadiens.

> *Françoise explique que la lettre contient deux messages différents, un sur la violence, l'autre sur les signatures. Éric refuse d'entendre. Il se choque de nouveau contre Steve. Les deux se butent.*

Quelqu'un essaie encore: Peut-être que vous pourriez expliquer pourquoi vous aimez pas voir ça, les bagarres, les coups durs.

> *Peine perdue. On abandonne le point pour le moment. Françoise va le reprendre individuellement avec les deux intéressés.*

LE DÉPART DES TURCS

Gabrièle: Il y en a cinq qui sont partis.

Christine: Il y en a qui ne pourront pas revenir.

Kim: Avant, il y avait deux mille Turcs. Maintenant, il y en a cinq. Où est-ce qu'ils sont les autres?

Charlotte: Je comprends pas pourquoi ils sont obligés de partir. Ils peuvent se sauver.

Françoise: Charlotte, qu'est-ce qui se passerait s'ils se cachaient?

Charlotte: ?

Quelqu'un: Ils peuvent plus travailler.

> *Françoise donne quelques informations sur la difficulté de vivre comme illégal dans un pays, puis elle leur raconte l'histoire du déserteur japonais qui, pendant la dernière guerre mondiale, est resté caché pendant quarante ans.*

Stéphanie: Il y a jamais eu de guerre ici au Canada.

Maxime: Oui, les guerres mondiales.

Françoise: On a été impliqués, mais la guerre ne se passait pas ici, elle se passait en Europe. À Montréal, est-ce qu'il y a eu des guerres?

Olivier: Quand les Anglais et les Français se battaient pour le pays.

Françoise: En connais-tu des épisodes?

Dominique: Quand le Canada a pris le pays des Indiens.

Françoise: C'était qui, le Canada?

Gabrièle: Marco Polo? Christophe Colomb?

Françoise: Il y a eu des guerres ici! Ce serait intéressant d'en connaître plus sur l'histoire du Québec.

Quelqu'un: J'aimerais ça, en savoir plus.

Annie: La mère de Dominique pourrait venir.

Françoise: Intéressant comme idée mais j'aimerais que vous précisiez ce que vous aimeriez savoir avant qu'elle vienne. Est-ce que vous en connaissez un peu, de cette histoire?

Christine: Je connais Napoléon, Hitler...

Françoise: Mais au Canada?

— Non.

Françoise: Annie, est-ce que tu prends ce projet en main?

Annie: Je vais réfléchir une journée.

18 avril

RASSEMBLEMENT

C'est un lundi matin, le temps de se donner des nouvelles.

Gabrièle: Il a neigé à notre campagne. On a joué dans la neige. On était tout mouillés.

Françoise: As-tu aimé ça?

Gabrièle: Ben, au mois d'avril, je trouve que ça fait pas de rapport.

Françoise s'aperçoit tout à coup que Stéphane est debout et tourne le dos aux autres.

Françoise: Ah! tu es en train de coudre.

Françoise s'adressant aux autres: Il recoud son chandail.

Stéphane se fait applaudir.

Françoise: Parle-moi d'un gars débrouillard!

Isabelle: Le numéro deux de je ne sais plus trop quoi s'est fait assassiner.

Françoise: Le deuxième chef de l'OLP. C'est quoi l'OLP?

Olivier: L'Organisation de libération de la Palestine.

Françoise: Qui en est le chef?

Christine: Yasser Arafat. C'est celui qui négocie pour Koweit Airways.

Stéphanie: Comment il a fait pour se faire assassiner?

Quelqu'un: Il s'est fait assassiner!

Françoise: Le problème, c'est que ça peut entraîner des représailles.

Christine: Où ils en sont rendus avec le Boeing?

Julie: Ils ont rempli l'avion en essence, pour faire fonctionner l'air climatisé, parce qu'il fait chaud.

Françoise: On entre dans le Ramadan. Savez-vous ce que c'est?

Annie: Une fête. Dans la religion musulmane, chacun doit faire un sacrifice.

Françoise: Ils ne peuvent ni manger ni boire le jour, même pas avaler leur salive. Quel est leur livre de base?

Christine: Le Coran.

Françoise: Le Ramadan est une espèce de carême, de jeûne. C'est un temps très spécial où ils doivent mettre en pratique plus sérieusement que d'habitude les normes du Coran, dont le respect des autres. Les autorités espèrent que les terroristes seront sensibles à ça.

Christine: Les Turcs ont été renvoyés sans même pouvoir retourner chez eux. C'était une façon sauvage de les renvoyer.

Isabelle: Ils les ont renvoyés où?

Françoise: À Istambul.

Quelqu'un: Maintenant ils ont plus d'argent.

Françoise: C'est pas seulement l'argent. Pour immigrer, il faut aller voir un bureau d'immigration canadienne dans le pays où on habite. Là, ils ont des normes. Ils mettent des points, sur l'état de santé, le type de travail qu'on est capables de faire, etc. Certains n'auront pas les points pour revenir, en plus de ne pas avoir l'argent.

Charlotte: Quand je suis venue au Canada, ils voulaient pas me laisser entrer parce que j'avais pas de visa. Mon père avait déjà rendu service à quelqu'un de l'immigration. Il l'a appelé pour qu'ils me laissent entrer.

Françoise: Explique davantage. Certains n'étaient pas là quand tu as fait ta présentation.

Charlotte: J'avais un an. Quand je suis née, j'étais pas encore choisie. Ma tante travaillait à l'orphelinat où j'étais, au Liban. Elle a appelé mes parents au Canada. Ils avaient déjà adopté mon demi-frère. Ils m'ont adoptée. Ma tante est venue avec moi au Canada parce qu'elle ne pouvait plus rester au Liban. À l'Immigration, ils voulaient pas me laisser entrer. C'est là que mon père a appelé le président de l'Immigration.

Annie: Dans les nouvelles, il y a eu la marche de la Loi 101.

Stéphane mentionne qu'il y était.

Françoise à Stéphane: C'était comment? Quelle atmosphère y avait-il?

Stéphane, un peu mal à l'aise: Il y a eu des gens qui ont parlé.

Françoise: Es-tu allé seul? Avec ton papa?

Stéphane: Oui et un ami.

Françoise: Quel était le but de la marche?

Stéphane: Je sais pas. Parler français.

Françoise: Pourquoi est-ce que la Saint-Jean-Baptiste a décidé de faire une marche?

Dominique: On est au Québec. Ça dérange pas qu'il y ait des écriteaux en anglais, mais il faut qu'ils soient en français aussi.

Françoise: Dans la Loi 101, l'affichage est seulement en français.

Julie: Quand on a un écriteau «pas de chien», ils veulent ajouter «no dogs».

Annie: J'ai eu ma fête. J'ai reçu un serin. Il est jaune pâle. Le bout de sa queue est blanc. C'est un serin malinois. Mes parents m'ont fait une surprise. Ma mère m'a dit qu'elle allait chercher de la peinture chez Yogi à Cartierville. Tout à coup on arrive et je vois mon père et mon frère qui nous attendaient. C'était devant un Pet Shop marqué Yogi. Là, ma mère m'a dit: Choisis ton serin!

On passe aux points qui sont inscrits au tableau.

BUDGET

Olivier: On est responsables du budget de la classe verte. On a eu une première rencontre. On a calculé le revenu maximum qu'on pourrait avoir. Il y a le fudge, 64,00$ et les revues. Si tous les parents et les enfants les vendent, ça devrait faire 960,00$. On a 500,00$ qui restent du budget de l'année dernière de la vente des revues, plus les 30,00$ par enfant que les parents vont payer pour participer à la classe verte, ça fait un total de 2 444,00$. Mais on a pas encore calculé les dépenses, la nourriture.

Françoise: Qu'est-ce qu'on aura comme dépenses? Ça peut les aider.

Les enfants commencent à dresser la liste des dépenses.

Olivier: La bouffe.

Benoît: La location de l'endroit. Ça c'est une grosse dépense. L'autobus...

Françoise: Les parents vont nous conduire.

Christine: Le matériel pour les papillons et les insectes.

Françoise: C'est ça, le matériel pour la classe verte, pour nos activités. Il y a une grosse dépense que vous avez oubliée: les accompagnateurs. Il faut payer Guy. Les parents, ce n'est pas la même chose. Mais Guy sera là pendant toute la durée de la classe verte. On ne peut pas faire venir du monde pour une semaine sans qu'ils soient payés.

Stéphanie: On a organisé la vente des revues. On a fait des groupes. Il y a des personnes qui nous ont demandé: pourquoi faire des groupes? Dans chaque groupe, il y a un responsable qui doit recevoir l'argent des revues que vous vendez. Sinon, ça fait trop d'enfants à voir pour Olivier et pour moi et on sait plus où est l'argent.

Elle donne la liste des noms pour chaque groupe et elle demande à chaque groupe de se choisir un chef d'équipe responsable de recueillir l'argent tous les matins et de l'apporter à Olivier ou à elle-même.

Thierry se propose comme chef d'équipe.

Françoise: Il y a un petit problème. Je trouve que tu perds tes affaires très souvent. Il ne faut pas perdre l'argent.

Thierry proteste.

Françoise: Peut-être que tu as raison. Peut-être que c'est une crainte que je suis seule à avoir.

Dominique revient sur la nomination de Thierry comme chef d'équipe. Elle a des doutes.

Françoise: S'il s'est nommé, il doit se sentir apte. On change dans la vie... J'aimerais que les chefs d'équipe aient une façon de faire signer les personnes quand elles reçoivent les revues. Je veux éviter des problèmes.

19 avril

RASSEMBLEMENT

Tout le monde parle de la gigantesque panne d'électricité de la veille, de la soirée aux chandelles.

Guy, le stagiaire: Qui veut animer le rassemblement?

Annie se place en avant et commence. Elle regarde les points au tableau.

LA CLASSE VERTE

Benoît et **Dominique**: On a fait des groupes pour décider qui ferait quoi. On a un parent par groupe.

Ils lisent le nom des équipes: «la bouffe, les jeux, les fourmis, les papillons, les grenouilles, les cabanes, les achats, les oiseaux, l'astronomie» et donnent, pour chaque équipe, le nom du parent et celui des enfants qui se sont déjà inscrits.

Dominique, agressive: Il y a deux parents qui se sont inscrits aux achats! Ça sert à rien qu'il y en ait deux!

Françoise fait réfléchir Dominique sur la raison du choix de deux adultes au poste des achats. Ça ne vient pas. D'autres enfants interviennent et Dominique finit par comprendre qu'il est nécessaire d'avoir deux voitures pour aller faire des achats dans les lieux où la nourriture coûte moins cher d'autant plus qu'il faudra l'acheter en grande quantité. Françoise lui signale qu'il est important de réfléchir avant de critiquer. Pour terminer la démarche, Dominique demande à tout le monde: Est-ce que quelqu'un n'est pas content?

Thierry: Moi, je suis dans la bouffe. Est-ce que ça veut dire que je pourrai pas aller faire de l'exploration d'oiseaux à la classe verte?

Françoise: Est-ce que quelqu'un peut lui répondre?

Annie: Là-bas, c'est pas nous qui ferons la bouffe. Ici, on prépare les menus. Là-bas, tu pourras faire de l'exploration d'oiseaux. Le jour où tu auras la bouffe, tu auras un peu moins de temps, mais tu pourras quand même. Là-bas, il y aura des équipes de bouffe. Tu fais la bouffe une journée, pas les sept.

Françoise: Quand commence-t-on à préparer les contenus de la classe verte? Avez-vous réfléchi à ça, Benoît et Dominique?

Benoît: Cette semaine.

Dominique: Il faut appeler les parents qui sont dans les équipes.

Françoise: C'est très important. C'est vous qui les appelez et qui prenez rendez-vous. Moi, je ne m'en occupe pas. Mais que vont faire les parents? Est-ce qu'ils vont nous donner des cours sur les fourmis, sur les grenouilles?

Gabrièle: Non, il faut que nous on soit capables de dire comment sont les grenouilles, les têtards.

Françoise: De quoi auras-tu besoin?

Gabrièle: Des renseignements dans des livres.

Françoise: On pourra voir toutes les étapes du développement, du têtard à la grenouille. Vous devrez prévoir des activités à faire faire aux autres et prévoir tout le matériel nécessaire et la documentation utile. Vous pouvez aussi rencontrer des gens avant. Comme le Père Genest; il fait de l'observation de la nature depuis cinquante ans. C'est un homme qui a énormément de compétence.

Christine: Nous, pour les papillons, il faut qu'on prévoie des filets. Il faut qu'on connaisse toutes les sortes de papillons.

Françoise: Il faut non seulement faire les filets mais aussi des étaloirs.

20 avril

RASSEMBLEMENT

Françoise fait déplacer les garçons qui se sont tous agglutinés sur le même banc. La mixité est un travail de tous les instants...

Quelqu'un: Il manque Mathieu!

Françoise à Stéphane: Mathieu t'a remplacé. Avant, tu arrivais en retard, maintenant c'est Mathieu.

Une discussion animée suit sur les nombreux paris que font les enfants au sujet des parties de hockey.

Françoise: Savez-vous que le «gambling» qui rapporte le plus c'est celui qui se fait sur les parties de hockey? Il y a des gens qui misent sur la personne qui gagne le premier but, par exemple, ou la minute où le premier but aura lieu. Tout ça sans aucun contrôle sur les sommes qui sont ramassées. Ils redivisent le tout entre les personnes qui ont gagné. Ça rapporte plus que le hockey lui-même. C'est une source d'argent incroyable.

Dominique se défend: Nous, on mise juste cinquante sous.

Françoise: Je ne te dis pas ça pour te faire la morale, mais pour que vous sachiez que ça existe.

À Maxime: Crois-tu que le hockey est un sport organisé d'avance?

Maxime: Non. La lutte, oui; pas le hockey.

Françoise: Savez-vous qu'il y a de grosses entreprises financières en arrière des clubs de hockey et de base-ball? Qui est derrière les Canadiens?

Jérôme: Molson.

Françoise: Qui est derrière les Nordiques?

Quelqu'un: O'Keefe.

Dominique: Ah! c'est pour ça qu'il y a de la publicité sur Molson.

Françoise: S'ils ne jouent pas en finale, O'Keefe ne gagne pas d'argent. Par exemple, maintenant, Molson fait de l'argent parce que les Canadiens sont en finale. Ce sont de grosses entreprises financières. Combien pensez-vous qu'il y a de personnes qui regardent?

Quelqu'un: Deux millions.

Françoise: C'est ça, deux millions et demi à trois millions. Ils l'ont dit au moment de la panne. Parmi vous, qui regarde le hockey en ce moment?

Les mains se lèvent; il y en au moins quinze.

Françoise: Ce soir, on pourrait tous regarder la joute de façon à pouvoir la critiquer demain.

Benoît à Steve et Éric: Avez-vous envoyé la lettre pour arrêter les batailles?

Steve: On est en train de la refaire.

Françoise: Ils vont corriger ça et l'apporteront demain.

VENTE DES REVUES

Stéphanie: Quand vous recevez de l'argent dans votre équipe, marquez-le. Chaque équipe doit le marquer.

Françoise: Il faut l'inscrire et ne pas traîner l'argent dans vos poches. C'est trop d'argent. Il faut que vous l'apportiez chaque matin.

Maxime mentionne qu'il n'a pas réussi à en vendre.

La grande **Dominique**, désignant la petite Stéphanie, dit en riant: C'est Stéphanie qui me les a vendues. Je lui ai donné vingt-cinq sous pour chaque revue qu'elle me vend!

Françoise: Alors, ce n'est pas juste le look qui compte!

Dominique: C'est pas que je suis gênée, mais ça marche jamais avec moi. Avec elle, ça marche toujours!

Françoise: Pourquoi ne vas-tu pas avec elle pour voir comment elle fait?

> *Dans les minutes qui suivent, Françoise vérifie si toute le monde s'est organisé pour la vente des revues. Les enfants commencent à parler de leurs expériences de ventes porte-à-porte. Il y a de petites aventures presqu'à chaque maison: parfois de la morale, parfois des questions, des surprises, des colères, des langues tout à fait étrangères.*

Julie: Hier, on a sonné chez un Juif; il nous a engueulées.

Gabrièle: Je lui ai expliqué qu'on s'était trompées de porte.

Françoise: L'as-tu expliqué en anglais?

Gabrièle: Oui.

Françoise: Bravo!

> *Gabrièle se fait applaudir.*

Thierry: Un vieux monsieur m'a dit: «C'est encore une de ces revues cochonnes?»

> *Françoise constate qu'ils ont tendance à passer sur les mêmes rues. Elle suggère une planification des circuits. Mais les enfants ne sont pas encore prêts à passer à cette étape rationnelle.*

Patrick: Quand on allait dans des maisons, les gens étaient intéressés. Mais quand on disait le prix, c'était trop cher. C'était tout le temps comme ça!

Stéphanie: À Ville Mont-Royal aussi, c'est trop cher; puis c'est tous des Anglais!

Françoise: C'est correct, Stéphanie. C'est leur liberté de refuser. Par contre, il faut utiliser un plan pour qu'on se partage les rues.

> *Stéphanie revient sur le prix.*

Françoise: C'est normal qu'ils trouvent ça cher. Quand des enfants vendent des choses aux portes, d'habitude c'est deux dollars environ. Il faut que vous acceptiez de vous faire dire ça. Mais c'est là qu'il faut que vous leur montriez la qualité du produit, ce qu'il y a dedans. Demandez à Elisabeth Marchaudon, la libraire. Elle vous dira que c'est le même problème avec toutes les revues. Les revues coûtent cher. On ne peut pas changer le prix de la nôtre maintenant. Certains l'ont achetée à cinq dollars; ce serait injuste de la vendre à trois.

Christine: Mes parents approuvent pas tellement ça. Ils trouvent qu'on n'a pas à aller vendre des revues.

Françoise: Toi, es-tu au clair avec la raison pour laquelle tu fais ça?

Christine: Oui, mais je pense que mes parents, eux, ils sont pas très d'accord.

Françoise: Qu'est-ce qu'on apprend en vendant des revues?

Les réponses fusent:

— À être moins gêné.

— À se faire refuser, à se faire dire non.

Françoise: Plus tout ce que vous avez à dire sur les gens que vous rencontrez. Moi, je n'accepterais pas que vous alliez vendre n'importe quoi, n'importe comment. Mais la revue, c'est quelque chose que vous avez fait vous-mêmes. C'est pour ça que je suis tout à fait à l'aise avec la vente.

LE CLOCHARD

Maxime: Moi je fais un projet sur un clochard. Je veux rencontrer un clochard. Je veux lui poser des questions, mais d'abord je veux vous demander ce que vous aimeriez lui demander.

Dominique: Je lui demanderais ce qu'il faisait avant d'être clochard. Et est-ce qu'il boit beaucoup d'alcool?

Christine: Avec quoi il achète son alcool?

Dominique: Combien de fois il va prendre sa douche?

Christine: Où il couche d'habitude?

Dominique: Jusqu'à quel âge il est allé à l'école?

Charlotte: Est-ce qu'il est heureux? Est-ce qu'il trouve ça bien d'être clochard?

Françoise, pour encourager Charlotte à préciser sa pensée: Pour quelle raison pourrait-il trouver ça bien?

Charlotte: Il a pas de responsabilité, il paye pas d'impôt; il a pas de loyer à payer.

Françoise: Il y a une sorte de liberté.

Maxime qui en doute: Quand tu sais même pas où tu vas manger demain!

Quelqu'un est prêt pour la question suivante: Est-ce qu'il va à la soupe populaire?

Christine: Est-ce qu'il mendie? Qu'est-ce qu'il fait avec son argent s'il en a?

Julie: C'est drôle; il veut faire un projet puis il nous demande les questions (sous-entendu: on fait le travail à sa place).

Françoise: C'est correct s'il a besoin de l'appui du groupe.

Thierry: Est-ce qu'ils reçoivent de l'argent du gouvernement?

Maxime: Il y a un endroit où ils reçoivent l'argent du gouvernement pour tous les clochards; les clochards vont chercher leur argent là et ils font ce qu'ils veulent avec.

Patrick: Moi, je poserais pas tout de suite mes questions. Il faut d'abord faire une entrée. Lui expliquer le projet.

Dominique: Je lui demanderais s'il fouille dans les poubelles et ce qu'il trouve, qu'est-ce qui est le plus intéressant.

Charlotte: Je lui demanderais s'il a des amis et s'ils sont des robineux ou pas des robineux.

Christine: Qu'est-ce qu'il pense du monde qui n'est pas des clochards?

Steve: Où sont ses parents? Est-ce qu'il les voit?

Charlotte: Avec qui tu veux aller le voir?

Maxime: Avec mon père. On va l'inviter dans un restaurant.

Charlotte: Dans un restaurant, ils le laisseront pas entrer.

Françoise: Mais toi, où est-ce que tu penses qu'il pourrait le rencontrer? Toi, le laisserais-tu entrer chez toi?

Charlotte: C'est pas pareil.

Françoise: Si tu avais un restaurant?

Charlotte réfléchit un moment: Ça dépend quel genre de restaurant. Si c'est un McDonald's, oui.

Patrick: S'il est propre.

Christine: Est-ce qu'il a un chien? Un animal à qui il peut se confier?

Elle sait de quoi elle parle, elle qui est si attachée à sa chatte.

Dominique, tout excitée par le sujet: Quand je vais dans le Vieux-Montréal, j'ai toujours hâte d'en voir.

Françoise: Pourquoi ça t'attire?

Dominique: Je le sais pas. Ils sont drôles.

Maxime raconte l'histoire d'un gars qui était professeur. Il a arrêté de travailler. Il est sur le trottoir. Quand il reçoit son chèque, il prend des bains parfumés, il va dans les bons restaurants. Puis, quand il a tout dépensé, il quête.

Françoise, comme pour clore la discussion: Véronique, tu te demandais pourquoi Maxime nous posait des questions. Là, il repart avec beaucoup de questions et je suis sûre que maintenant, il n'est plus bloqué du tout devant son sujet.

22 avril — journée pédagogique

J'ai rencontré Stéphane à la Librairie Hermès. Il était assis dans le fauteuil à lire une bande dessinée, comme s'il était chez lui.

25 avril

RASSEMBLEMENT

Dans le moment clé qui précède le rassemblement, la discussion porte sur les «Converse», les souliers de course «in» en ce moment. Benoît, chaussé de neuf, explique qu'en réalité les siens sont une sous-marque, mais ont l'avantage de coûter la moitié du prix des vrais. Pas si convaincu que ça par l'argument au moment de l'achat, samedi, il se l'est approprié depuis.

Françoise: Quelques nouvelles avant qu'on prenne les points.

Annie: À Québec, ils ont dû désamorcer une bombe. Ils ont un camion spécial pour ça.

Elle explique la procédure.

Françoise: J'aimerais que ceux qui n'ont jamais donné de nouvelles en donnent.

Elle encourage Steve dont la main est timidement levée.

Steve: Il y a un nouveau stationnement...

Steve a tendance à balbutier, il s'arrête après quelques mots. Françoise l'aide à formuler sa déclaration.

Steve: Il y a un nouveau stationnement, au-dessus d'un centre d'achats qui s'est écroulé, le jour de l'inauguration.

Dominique: Qu'est-ce qui s'est passé?

Françoise: Il doit y avoir un ingénieur qui a eu des problèmes...

Maxime: ... mentaux!

Kim: Est-ce qu'ils essayent le stationnement avant de l'utiliser pour vrai?

Françoise: Qui a une opinion là-dessus?

Finalement, **Dominique** avance une opinion: Je pense qu'ils doivent le savoir, quand ils construisent, si c'est solide.

Françoise: Bonne question. Comment sais-tu, quand tu construis, que ce sera solide? Comment font-ils pour calculer la résistance d'une construction? Ce serait une question à poser à des ingénieurs ou des architectes.

Jérôme: Mon père est ingénieur-contracteur.

Françoise: Contracteur, ça veut dire qu'il le fait, il construit. Il pourrait répondre à cette question.

Christine: Il reste deux candidats aux élections en France.

> *Elle donne des informations sur les candidats. Elle parle de Jean-Marie Le Pen. Dans son intervention, elle confirme que son regard est tourné vers la France et renouvelle son allégeance à la cause des immigrants.*

Françoise: En France, ils élisent en deux fois, deux dimanches différents. C'est le seul pays au monde qui fonctionne comme ça. Ils ont fait un premier tour. Là, ils ont retenu deux candidats. Ces deux candidats font un nouveau battage publicitaire et vont repasser devant les électeurs.

Julie: C'est qui le meilleur?

Françoise: Comment poses-tu la question de savoir qui est le meilleur? À partir de quoi est-ce que tu peux la poser?

Véronique: ...

Françoise: Ça dépend de ce qui est important pour toi.

> *Benoît, lui, est tourné vers les États-Unis.*

Benoît: C'est comme aux États-Unis, il y a Dukakis et Jesse Jackson. Moi, je suis pour Jesse Jackson.

Olivier raconte le hold-up rocambolesque qui a eu lieu chez Harvey's, hold-up qui s'est terminé par la mort du voleur, poignardé par un employé.

Annie: Bien fait pour lui!

Jérôme: Les Canadiens ont perdu!

Les murmures passionnés montent et tournent au brouhaha. C'est LA nouvelle du jour. On passe ensuite aux points.

Françoise regarde au tableau: Gabrièle et Steve, votre lettre n'est pas encore partie. Je ne suis pas de bonne humeur. Vous êtes responsables tous les deux. Vous le faites aussitôt après le rassemblement.

Gabrièle: Hier, j'ai trouvé un poisson mort, le dos mangé (elle articule ce dernier mot de toutes ses dents). Il restait juste la colonne. C'était un poisson à moi, mais c'est pas grave.

Françoise: Mangé, tu penses? C'est une matière organique. Pensez à une tranche de pain qu'on laisse dans l'eau...

— Elle se décompose.

Françoise: À la longue, une chair non vivante se décompose.

Gabrièle: Mais vendredi, il était vivant. Il a pas pu se décomposer aussi vite.

Marie-Chantal: D'habitude, ça flotte, les poissons morts. Lui, il était collé au fond.

LES REVUES À VENDRE

Françoise: Chacun des chefs d'équipe, allez chercher vos comptes.

Annie revient en émoi: Je paniquais, je trouvais plus mon enveloppe.

Benoît continue sur le même ton dramatique: Est-ce que j'aurais confondu avec l'argent pour mes bonbons?

On examine les ventes et les rentrées d'argent. Il y a de bons vendeurs, d'autres qui n'ont pas encore commencé. Certains ont vendu mais oublient d'apporter l'argent à l'école.

Françoise: Ceux qui n'ont pas vendu leur quota, qu'est-ce que vous pouvez faire?

Annie: Moi, je peux passer avec des gens qui n'en ont pas vendu. On a pas fait le secteur en haut de Côte-Sainte-Catherine.

Françoise: Qui serait prêt à en vendre cette fin de semaine?

> *Plusieurs mains se lèvent.*

> *Les apartés s'étant multipliés, Françoise se fâche et leur rappelle qu'il est impossible de fonctionner en rassemblement si tout le monde poursuit des conversations privées. Marie-Claude se propose pour accompagner Violaine qui demande de l'aide pour ses ventes.*

Dominique constate: les gens achètent plus facilement des billets de loterie à deux dollars que des revues!

LE COLLOQUE

Le point suivant a été inscrit par Françoise Il concerne le colloque destiné aux parents de l'école, samedi prochain. Françoise introduit le colloque.

Françoise: Notre école fonctionne différemment d'autres écoles. Qu'est-ce qui la caractérise?

> *Les commentaires fusent.*

— On choisit les projets qu'on veut faire.

— On peut faire plus de choses.

— C'est pas le prof qui décide ce qu'on va faire.

— On peut faire des projets à nous.

— On peut choisir nos trucs de gymnastique.

— On a des oiseaux, pis nos bureaux sont pas tous en rang.

— C'est pas toujours en rang comme dans les autres écoles.

— On est autonomes.

Françoise: Qu'est-ce que ça veut dire?

Dominique: On est capables de faire quelque chose tout seuls et dans la classe, c'est pas le bordel. C'est pas parce qu'il y a pas un adulte que t'arrêtes de travailler.

Vicky, qui arrive d'une autre école: Les sixièmes peuvent faire des choses de troisième année et les troisièmes peuvent faire des choses de cinquième.

— On fait pas tous la même page en même temps.

Françoise: Cette école ne peut pas tenir toute seule. Pour moi, cela fait dix-huit ans que je suis ici. Ça fait dix-huit ans qu'à différents moments, on a dû se battre pour la garder. Et ça, ça ne prend pas seulement des profs.

Gabrièle: Aussi le soutien des parents.

Julie: Mais ça prend des profs qui veulent!

Dominique: Si des parents décident de mettre leurs enfants ici, il faut qu'ils collaborent à la garder! Quand on vend des revues, il y a des gens qui disent: «Ah, c'est l'école où on travaille pas!»

Françoise: Êtes-vous capables de leur répondre, de les replacer?

Annie: On les replace BIEN!

Françoise: Mais est-ce que vos parents et moi on est allés dans une école comme celle-ci? Si on ne réfléchit pas ensemble, vos parents et nous les profs, parfois on panique. Si on vous regarde vivre, on voit que vous apprenez, que vous êtes très vivants, en contact avec vous-mêmes et que vous savez trouver les moyens pour arriver à vos objectifs. Mais parfois, on perd ces choses-là de vue. C'est pour cela qu'il faut se parler. Ce colloque a lieu parce qu'on a besoin de se parler. Si vous êtes capables de venir à un colloque comme cela et que vous avez la patience d'écouter et d'intervenir, vous y avez aussi votre place.

Dominique: Est-ce qu'il y aura des «contre», des gens qui sont contre notre école?

Françoise: Non. Mais c'est important pour nous que vos parents soient là. Je vous demande, vendredi, de leur rappeler l'invitation.

LA CLASSE VERTE

Françoise: Il faut qu'on se donne du temps pour la préparation de la classe verte. Comment voulez-vous qu'on travaille? Qu'on se donne des périodes tous en même temps ou que chaque groupe procède comme il veut?

Plusieurs voix s'élèvent en faveur du synchronisme.

Françoise: C'est vrai que c'est plus facile.

Le vote est pris, presque à l'unanimité. Petit mouvement de foule pour aller chercher les feuilles d'horaire. Devant l'air un peu désorienté de certains enfants plus jeunes, Françoise précise:

— Aujourd'hui on commence par faire l'horaire tout le groupe ensemble, pour trouver un temps de rencontre commun à tous pour préparer la classe verte. Il faut d'abord placer...

Julie: Les projets d'éducation physique.

Charlotte: Les périodes d'anglais.

L'opération est plus compliquée qu'il ne paraît, elle prend un certain temps. Il appert finalement que la période de une heure à deux heures tous les après-midi de cette semaine sera destinée à la préparation de la classe verte.

Françoise: Maintenant que ceci est établi, quels sont ceux qui ont des projets à deux? C'est le temps de vous donner des périodes pour ça.

Pendant que la planification se poursuit, le rossignol lance un chant magnifique.

Julie explique: Avant, il était en compétition avec le tisserin. Maintenant que le tisserin a quitté la volière pour aller dans la cage de la femelle tisserin, le rossignol est super content.

Bref, il y a eu des changements de place chez les oiseaux aussi.

Il est dix heures. La fabrication collective des horaires est terminée, ils s'attaquent maintenant à la partie individuelle.

Cela s'avère laborieux. Plusieurs enfants semblent avoir de la difficulté à se centrer sur la tâche. Après quelques minutes, le désordre s'est propagé.

Françoise: C'est difficile aujourd'hui. Vendredi, on a eu une journée pédagogique qui a créé de l'imprévu. Ça complique un peu, mais c'est la vie, l'imprévu! Ce n'est pas grave.

La complication vient du fait que plusieurs enfants n'ont pas eu de rencontre avec Françoise pour établir leurs nouvelles échéances. Ils n'ont donc pas la base à partir de laquelle établir leur horaire de la journée.

Françoise: Ceux que je devais rencontrer pour les échéances, je vous demande d'ajouter une journée de travail jusqu'à ce qu'on trouve le temps de se rencontrer.

IV. Prendre congé de ses parents

26 avril

RASSEMBLEMENT

C'est la rencontre prévue pour la préparation de la classe verte. Mais de nouvelles informations se sont déjà accumulées au tableau. Une artiste qui travaille dans l'école vient proposer un projet: montrer aux enfants comment des minéraux peuvent être transformés pour produire des couleurs. Les enfants manifestent beaucoup d'intérêt. Un rendez-vous est pris. Françoise lit des informations sur une journée organisée au centre Claude-Robillard pour sensibiliser les enfants aux sports pour handicapés; il y aura possibilité de faire des courses en chaises roulantes, de marcher avec une canne d'aveugle, les yeux bandés, etc. La classe est intéressée sans exception.

LA CLASSE VERTE

Dominique: Il y en a qui se souviennent plus de leur groupe.

Elle prend sa feuille pour relire le nom des membres du groupe.

Tout à coup, **Vicky** lance: Éric a dit qu'il viendrait pas à la classe verte.

Françoise: Première nouvelle. Éric, qu'est-ce que tu as à dire?

Éric: J'ai rien à dire.

Françoise: Est-ce que tu as éliminé complètement la possibilité de venir?

Éric: ...

Julie: Il y en a beaucoup qui ont hésité, qui étaient pas sûrs...

Éric: Ça me tente pas. J'ai le goût de rester à Montréal.

Dominique: Mathieu non plus était pas sûr d'aller en France, l'année passée. Sa mère est venue comme accompagnatrice pour qu'il puisse venir.

Éric: J'ai pas peur.

Annie: Tu peux le dire, on va pas rire.

Benoît: Moi, je l'avais ce problème.

Annie: Je pense pas que c'est parce que tu veux rester à Montréal. C'est pas ça la raison. T'es pas obligé de nous le dire. Mais ça pourrait aider si tu le disais. Il y en avait plusieurs qui avaient peur l'année passée.

> *On remarquera la maturité que dénote cette réponse chez une enfant de dix ans. Annie manifeste de l'empathie pour la difficulté d'Éric et une compréhension intuitive de la valeur «thérapeutique» de la parole.*

Dominique: Jérôme aussi il avait peur que l'avion s'écrase.

Olivier: On en rit maintenant, mais à ce moment-là!

Dominique: Ceux à qui ça a fait quelque chose ils peuvent le dire.

Maxime: On fait un tour de table.

Julie: Oui, parce que ça sert à quoi de faire l'organisation si on n'est pas bien.

> *Quelques-uns protestent.*

Patrick: Mais maintenant, c'est le temps pour l'organisation!

> *Nouvelles protestations.*

Dominique: C'est aussi important de faire ça que de faire le travail en petits groupes.

Christine: Je propose que chacun dise ce qu'il a à dire et que, dès qu'il a parlé, il s'en aille dans son groupe de travail.

Annie: On entendra pas!

Françoise: Il y a deux possibilités: ou bien on discute maintenant parce que, comme dit Véronique, comment faire l'organisation si on n'est pas à l'aise, ou bien on fait la discussion demain matin.

Vote: pour la discussion immédiate: 14 voix; pas d'accord: 6; abstention: 1.

Françoise: Pourquoi t'abstiens-tu Mathieu?

Mathieu: Ça me fait rien l'un ou l'autre.

Les partisans de l'organisation protestent encore un peu.

Benoît renchérit: C'est important de parler d'abord!

Françoise: Il faut tenter d'identifier les difficultés qu'on rencontre.

Annie: On pourrait faire un tour de table.

Marie-Chantal lève la main: Moi j'ai jamais campé. Je sais pas avec qui je vais être. J'ai pas eu d'amis quand on a changé de bureau, alors...

Françoise: Alors tu te demandes si ça va être pareil pour le choix des tentes. Mais tu n'as pas peur de coucher loin de chez toi ou à l'extérieur de chez toi?

Marie-Chantal: Non.

Françoise: Ça c'est le fun.

La discussion a donc commencé. Éric se tortille sur le banc, il regarde vers l'extérieur comme si c'était le seul moyen qu'il trouvait pour s'exclure du cercle.

Marie-Claude: Moi j'ai pas de crainte.

Françoise: As-tu du plaisir?

Marie-Claude avec le sourire: Oh oui!

Gabrièle: Moi j'ai pas de crainte vraiment (mais elle a une voix hésitante).

Françoise: Un petit peu? As-tu peur de t'ennuyer?

Gabrièle: Peut-être le deuxième jour, je me connais. Je vais bien le premier jour, pis le deuxième jour ça va plus puis...

Comiquement, **Patrick** conclut sa phrase: ... plus ça avance, plus ça va mal!

Gabrièle: Non! Après ça va mieux.

Françoise: Es-tu capable d'en parler quand ça se passe?

Gabrièle: Non, j'aime mieux rester toute seule.

Isabelle: J'ai jamais campé sept jours. J'ai une crainte: les araignées, pas les petites blanches, mais les grosses noires...

Mathieu: Je veux y aller! J'avais peut-être un petit peu peur au début...

Françoise: Es-tu décidé à en parler là-bas si tu t'ennuies?

Mathieu: C'est pas de m'ennuyer, c'est de pas m'endormir le soir.

Julie: Je fais souvent ça, quand je vais à des classes vertes. Tu demandes à l'autre si tu peux le réveiller si t'as des problèmes. Moi, ça m'aide.

Françoise: C'est beaucoup pour toi, sept jours?

Julie: Je suis déjà allée chez ma tante une semaine...

Françoise: Mathieu, trouves-tu que c'est un bon moyen?

Mathieu: Oui.

> *Plusieurs enfants notent que ça peut être long quand on n'arrive pas à s'endormir le soir. Puis, le tour de table continue.*

Thierry: Je me sens mieux maintenant que quand je suis parti en France.

Françoise: Tu n'as pas d'inquiétude?

— Non.

Françoise: Tu n'as pas peur de te réveiller la nuit?

— Non.

Benoît: Ça va, parce que je suis déjà allé en classe verte une semaine. Avant, j'avais ce problème, mais maintenant ça va. J'avais peur que quand je reviens, mes parents soient plus là, que quand j'arrive, je retrouve une lettre: ils sont dans une tombe. Ou bien j'ouvre la porte de leur chambre et ils sont poignardés dans leur lit.

Maxime: Moi, je me réveille un peu et je m'ennuie de mon lit, mais c'est rare. Mais comme Benoît, j'ai un peu peur qu'ils soient plus là quand je reviens.

On est arrivé à Éric.

Éric: Le soir, je m'ennuie de mes parents.

Françoise: Comment ça se passe dans ta tête?

Éric: ...

Françoise: Est-ce que tu as aussi peur qu'ils ne soient plus là, comme Benoît?

Éric: Non.

Françoise: Est-ce que tu as peur d'aller coucher chez du monde, chez des amis?

Éric: Des fois.

Françoise: Es-tu déjà allé coucher chez un enfant de la classe?

Éric: Non.

Françoise: Aurais-tu envie, Éric, que Benoît parle de ça avec toi?

Éric pas très convaincu: Oui...

Françoise: Mathieu et Benoît, êtes-vous d'accord d'en parler avec Éric?

Ils sont d'accord.

Françoise: Stéphane, as-tu peur de la classe verte?

Stéphane, fermement: Non .

Françoise: Tu n'as pas peur de ne pas t'endormir?

Stéphane: Non.

Françoise: De t'ennuyer?

Stéphane: Non.

Dominique: Moi, l'année passée, pendant le voyage en France, j'avais dit que j'étais sûre que je m'ennuierais pas. Ça faisait deux jours que j'étais dans la classe à Honfleur, que j'avais vu personne de notre groupe, tout à coup quand j'ai vu Françoise, j'étais super contente, pis là je me suis mise à pleurer, pleurer, pleurer. Et je me suis aperçue que je m'ennuyais. Le lendemain, c'était fini.

Françoise: C'est vrai, on a regardé ensemble ce qui lui ferait du bien; elle a demandé d'abord «est-ce possible que je reprenne l'avion?» Ce n'était pas très possible.

Dominique: Après, je voulais plus repartir.

> *Dominique raconte l'histoire d'une petite fille de six ans qui était venue coucher chez elle, s'était levée à cinq heures du matin et, sans réveiller personne, était retournée chez elle, son oreiller sous le bras sur l'avenue Bernard. Tout le monde rit de l'histoire.*

Annie: Pour moi, c'est pas du tout difficile. Je m'ennuie pas du tout. La seule petite affaire, c'est pour la tente. J'ai peur que beaucoup de monde me choisisse et qu'après on fasse des ententes, des compromis pour arranger tout le monde et que je reste toute seule.

Françoise: Serait-il possible qu'on en parle tous ensemble, mais qu'on ne se fasse pas d'idées à l'avance. Pour qui est-ce important de savoir avec qui il couchera?

> *Un grand nombre de mains se lèvent.*

> *Le tour de table continue.*

Stéphanie: J'aime pas les maringouins mais je m'ennuie pas.

Françoise: Quand tu t'ennuies, qu'est-ce qui se passe?

Stéphanie: Je pleure.

Françoise: Tu deviens un peu agressive, puis tu pleures et puis quoi d'autre?

Françoise sourit.

Stéphanie: Je mange plus.

Vicky: Des fois je suis somnambule, alors j'ai peur de sortir de la tente et de me perdre dans le bois.

Françoise: Qu'est-ce qu'on peut faire pour quelque chose comme ça?

Olivier: Quelqu'un couche devant la porte de la tente, comme ça si elle se lève, on le sait.

Christine: Moi, j'ai peur de pas m'endormir quand ma chatte est pas avec moi ou bien j'ai peur que quand je reviens ils me disent «elle a disparu», ou bien, «on l'a vendue».

Steve: Mes tortues vont peut-être être mortes quand je reviens.

Françoise: C'est ce qu'on laisse...

Steve: Je voudrais rien laisser.

Françoise: Est-ce que tu es content de partir, toi?

Steve: Oui.

Françoise: Est-ce que c'est difficile d'aller coucher chez des copains?

Steve: Oui.

Anick: J'ai un peu peur de m'ennuyer.

Françoise: De quoi?

Anick: De mes parents, de Caroline (sa sœur).

Françoise: Tu sais qu'on va être là pour t'aider? On va se donner plein de moyens.

Patrick: Je m'ennuie... pas. C'est juste la nuit, des fois je fais des hallucinations.

Une voix: C'est quoi?

Patrick: T'imagines des trucs. Par exemple, je regarde la cage; la cage va rapetisser et les oiseaux vont grossir.

Françoise: Qu'est-ce que tu fais dans ce temps-là?

Patrick: Mon seul secours c'est mes parents.

Françoise: Penses-tu que d'autres personnes comme des amis, ou moi, ou Guy on peut faire le relais* de tes parents à la classe verte?

Patrick: Oui.

Françoise: Est-ce que ça te tente d'aller à la classe verte?

Patrick: Oh oui!

Jérôme: Moi, j'ai pas peur, mais je parle quand je dors.

Kim: Moi, j'ai peur d'être somnambule, j'ai aussi peur d'être malade, et que je doive retourner à Montréal.

Olivier: Oh, moi aussi, j'avais peur d'avoir la varicelle avant le voyage en France parce que j'avais été en contact avec quelqu'un qui l'avait. Des fois, je me réveille la nuit et je vais voir mes parents mais je m'en aperçois pas. Alors je me demande à la classe verte où je vais aller si ça arrive.

Marie-Chantal: Des fois, quand je suis chez des amis et que j'ai peur, je regarde le mur et je me dis que je suis chez moi. À la classe verte, je pourrai pas le faire, il y aura pas de mur.

Françoise résume la discussion: On avait dit qu'un des objectifs de la classe verte, c'était d'apprendre à prendre congé des parents; c'est bien de cela qu'on parle. On reprendra cette discussion, mais cette fois, au niveau des solutions à prendre pour s'aider.

27 avril

RASSEMBLEMENT

LE LAVABO

Thierry: Hier quand j'ai fait le lavabo, les serviettes étaient toutes par terre, les éponges aussi. C'est tous les jours comme ça. Il y avait aussi plein de cordes dans le lavabo.

Françoise: Avis à celles qui s'occupent des oiseaux: les cordes qui sont dans le bain des oiseaux, il faut les jeter aux ordures et ne pas les laisser dans le lavabo.

Dominique à Thierry: À la fin de la journée, il faut pas que tu t'attendes à arriver au lavabo et que ta tâche soit déjà faite.

Françoise: C'est une tâche qui est ingrate et difficile. L'autre jour, je t'ai fait une remarque parce que le coin n'était pas fait. C'est une tâche que tu as choisie et qui est aussi une tâche intéressante, parce que ça fait un coin bien propre quand tu as fini. Les enfants, j'ai remarqué que vous laissiez les choses mouillées dans le lavabo. Ça vous dégoûte de les toucher. Mais il faut les serrer et les faire sécher. Quelqu'un pourrait emporter les serviettes et les laver. On pourrait les recouper pour qu'elles soient plus petites. Thierry, c'est à toi de penser à ça. Qui les a lavées la dernière fois?

Maxime: Moi.

Françoise: Ça pourrait être quelqu'un d'autre. Est-ce que quelqu'un pourrait se joindre à Thierry pour l'aider à mettre le coin en ordre?

Anick se propose.

Après cette discussion, Thierry a retrouvé de l'intérêt pour sa tâche. Il a réorganisé le coin au complet, de façon astucieuse. Il n'a même pas recouru à l'aide d'Anick.

Pendant ce temps, Éric et Steve, tous deux devant le tableau, effacent mutuellement leur nom au tableau. Tout cela parce qu'à l'origine, Éric a écrit son nom sur l'espace déjà occupé par Steve.

LECTURE

Françoise: La bibliothèque est ouverte aujourd'hui. Est-ce qu'il y a des enfants qui n'ont pas de livre?

Annie: J'ai plus de livre, mais j'aime pas ceux de la bibliothèque.

Véronique et **Olivier** en même temps: J'en ai à prêter.

LA BANQUE

Françoise: Olivier et Stéphanie, cet après-midi, il faudrait que vous gardiez une période pour aller à la banque. Vous irez faire le dépôt mais il faut qu'on vérifie l'argent avant.

Violaine: Ceux qui ont vendu des revues et qui ont de l'argent, ils vont le chercher maintenant?

Françoise: Tu en as vendu hier et tu as l'argent?

Violaine: Oui.

Françoise: Bravo. Tu disais que tu n'arriverais pas à les vendre.

Marie-Chantal: Ma mère en vend pas. Elle veut que je vende les siennes. Moi ça me tente pas.

Françoise: Les revues de ta mère, c'est le problème de ta mère. Mais si tu veux l'aider, c'est correct.

Stéphanie: Si tu les vends pas, elle va payer plus cher à la classe verte, ta mère!

L'HOMME QUI PLANTAIT DES ARBRES

Le film d'animation de Frédéric Back a reçu un Oscar. Il a passé hier à la télévision. Beaucoup l'ont regardé. Certains aimeraient le revoir.

Charlotte: Ah oui! c'est super beau.

Françoise: J'aimerais qu'on fasse le visionnement ensemble, parce qu'il y a un texte très important. De qui est-il?

Quelqu'un: Philippe Noiret.

Un autre: Jean Giono.

Françoise: Giono a décrit la beauté de la campagne, de la nature, du travail des paysans, de la ferme. C'est superbe. Il habitait le sud de la France. Ça vous dit quelque chose, le sud de la France?

Quelqu'un: Il fait chaud. Ils parlent avec un accent.

Éric: Mon grand-père, il travaille avec Frédéric Back. Si quelqu'un veut faire un projet, je pourrais faire des contacts.

RÈGLEMENTS DE COMPTES

Après le rassemblement a lieu la rencontre des chefs d'équipes responsables de la vente des revues. Les cinq responsables sont assis sur le tapis avec Françoise. Chaque enfant dépose l'argent qu'il a recueilli et fait signer un reçu par Françoise.

Le travail est interrompu par une discussion à voix basse mais néanmoins très animée qui se déroule juste derrière Françoise. Marie-Chantal est très en colère; Christine essaye de la raisonner. Il est question du jeu des Grands Maîtres. On comprendra plus tard que Christine a organisé une partie, que Marie-Chantal s'est proposée mais qu'elle n'a pas été retenue. Christine a choisi Gabrièle comme partenaire, puis une troisième personne qui s'est désistée. Christine est alors retournée vers Marie-Chantal pour lui demander si elle voulait jouer. Marie-Chantal est furieuse, elle boude, elle est presque en larmes. Christine tente d'expliquer ce qui s'est passé. La situation empire. Christine reste décontenancée à côté de Marie-Chantal. Du regard, elle appelle Françoise au secours.

Christine: On dirait qu'elle veut rien comprendre.

Marie-Chantal explose: C'est toujours comme ça! Gabrièle, elle triche!

Gabrièle: C'est pas vrai. Puis c'est vrai, je triche, mais ça fait longtemps que j'ai pas joué aux Grands Maîtres.

Annie à Marie-Chantal: Pourquoi tu viendrais pas jouer au soccer?

Marie-Chantal ne daigne même pas répondre.

Françoise: Dis ce que tu as à dire, mais sans bouder. Dis-lui:

Christine, je me sens diminuée parce que tu viens me demander après avoir demandé aux autres. Là, c'est clair!

Christine: Comment tu veux rencontrer des personnes, si tu dis toujours non!

Françoise: Christine, pas de morale. La suite, c'est son problème.

Marie-Chantal: Ça se passe toujours sur mon dos.

> *Elle pleure maintenant. Violaine s'approche pour lui parler.*

Marie-Chantal: Ils trouvent toujours des excuses!

> *De retour aux comptes, Françoise essaye d'expliquer que le montant des ventes d'un côté doit s'équilibrer avec l'argent rentré. Ce n'est pas si facile. Thierry, sur une feuille complètement maculée de taches, de coups de crayons, de chiffres barrés, fait ses calculs. Malgré tout, il s'y retrouve! Françoise l'aide à compléter sa table à double entrée.*

> *Dans l'aventure de la vente des revues, les enfants ont pris beaucoup d'initiatives et ont aussi brassé beaucoup d'argent. Aussi incroyable que cela puisse paraître, rien ne s'est perdu et les comptes étaient équilibrés.*

> *Tandis que Marie-Chantal à l'arrière continue à marmonner, Éric, Benoît et Mathieu viennent interrompre les comptes pour régler un problème qu'ils ont dans la discussion sur la participation d'Éric à la classe verte. Ils s'étaient fixé un rendez-vous.*

Benoît: Je sais plus trop quoi faire.

Éric: Je veux pas y aller. De toute façon, je veux pas y aller.

Françoise: L'idée n'est pas de te forcer. C'est que vous en parliez. Et puis ensuite quand ta décision sera prise que tu t'impliques quand même dans la préparation, sinon tu vas perdre beaucoup de ce qui se passe dans la classe.

L'ÉVALUATION* DU TRAVAIL

Un petit groupe est assemblé autour de la table avec Françoise. C'est la rencontre d'échéances, qui a lieu une fois par semaine. Là, les enfants évaluent le travail accompli, en rendent compte, redéfinissent leurs nouvelles échéances, identifient les désirs qui les animent et les nouveaux projets qui pourraient en découler.

Françoise: Commencez par écrire vos commentaires sur les quinze derniers jours.

Violaine: Il faut évaluer ce qu'on a fait? Beh...

Françoise: Prends-le par le côté positif: qu'est-ce que j'ai aimé faire pendant ces quinze jours?

Julie: J'ai rien aimé!

Françoise: Si c'est vrai, c'est dramatique. C'est que tu es loin de ce que tu aimes; et tu les as drôlement mal choisies, tes échéances.

Julie se remet à son travail écrit d'évaluation. Tout un coup, elle demande «j'ai aimé, c'est e-r ou é?»

Annie: Tu essaies avec voir. Est-ce que c'est vu ou voir? J'ai vu ou j'ai voir.

Quelqu'un ajoute: il y en a qui le font avec battre et battu.

Françoise qui revient à l'essentiel: Si tu n'as rien aimé, tu as un problème. C'est quoi le problème?

Annie: Elle aime pas ce qu'elle fait.

Charlotte fait son évaluation écrite mais le dos tourné aux autres.

Françoise: J'aimerais que vous vous entendiez avec vous-mêmes sur ce que vous avez aimé.

Marie-Claude: En ce moment, j'aime mes dix lignes. Ça fait un peu comme mon journal de bord. Mon projet de course n'a pas vraiment marché.

Françoise: Mais si tu as seulement tes dix lignes, c'est-à-dire une demi-heure par jour, c'est pas grand chose. Dans les maths, tu voulais faire quelque chose?

Marie-Claude: Les problèmes. J'ai appris les chiffres romains. C'est bien plus amusant que les autres maths. Ça m'embarque de faire ça.

Françoise: C'est une façon différente d'écrire les nombres et ça te fascine. Les divisions, ça ne te fascine pas autant!

On passe à l'évaluation d'Annie.

Annie: J'ai aimé faire mon texte avec Julie. J'adore ça, écrire. Mais des fois, je sais pas tout le temps quoi écrire. Mais avec Julie, je sais. Et puis, je suis super contente de faire mon projet. (Il s'agit de son projet sur Dominique qui a fait le tour du monde en bateau). J'aimerais aussi faire une recherche sur le serin que je viens de recevoir. Ce sera pas dans des livres. C'est des questions que je veux poser à Michel et à Françoise. Après je vais écrire sur son tempérament, comme Benoît avait fait sur son hamster. Après, je voudrais faire un projet en gymnastique, parce que je suis meilleure en ballon. J'ai de la difficulté en gym. Puis j'ai aussi la préparation de la classe verte.

Isabelle: J'aimerais continuer mon texte, le mystère du cimetière. J'avais écouté beaucoup de films d'horreur alors ça m'a donné l'idée. J'ai aussi aimé faire mon masque. Et puis les chiffres romains. J'ai aussi lu quatre ou cinq livres.

Françoise: As-tu assez de livres? Tu peux en emprunter à Annie, à Olivier, à Christine. Tu pourrais aussi te laisser guider par les plus vieux et lire des livres plus compliqués. Et puis comme sujet à explorer, qu'est-ce qui t'intéresse? Tu n'as pas encore commencé?

Isabelle: Non, je pense toujours à mon livre puis j'oublie tout.

Françoise à Stéphanie qui peine sur son échéancier de projets: Comment fait-tu pour trouver des choses qui t'intéressent?

Stéphanie: J'aime ça faire le budget, mais j'en raffole pas. Mais je veux pas changer! Elle continue: J'aime bien l'anglais mais c'est tout.

Françoise: Qu'est-ce que tu pourrais faire?

Stéphanie: J'aime les maths, mais pas ce que je fais maintenant.

Françoise: Tu pourrais venir me voir et on regarderait si c'est vraiment le matériel qui te convient. Mais penses-y une minute. Qu'est-ce qui t'intéresse vraiment?

Stéphanie: L'argent. Comment ça se fait. Comment ça marche, les guichets automatiques. Comment ils font pour aller prendre l'argent. Comment ça se fait que quand on n'a pas sa banque on peut aller chercher de l'argent dans une autre banque.

> *La discussion à l'intérieur du petit groupe dure environ trente minutes, trente minutes durant lesquelles chaque enfant est amené à se demander ce qui l'intéresse vraiment et pour quelle raison il travaille. Françoise ne laisse passer aucun signe de désintérêt. Elle questionne continuellement les choix faits par les enfants. Certains sont portés à se donner des tâches qu'ils exécutent compulsivement, sans aucune passion. Elle remet régulièrement ces choix en discussion. Elle amène même certains enfants à diminuer leurs exigences pour qu'ils arrivent à se retrouver eux-mêmes, à savoir quels sont leurs intérêts réels.*

29 avril

RASSEMBLEMENT

LA SEMAINE DES ARBRES

Françoise: Savez-vous qu'il y a un gros problème avec les arbres?

Quelqu'un: Les pluies acides.

Françoise: Qu'est-ce que c'est, les pluies acides?

Quelqu'un: La pollution.

Françoise: Peux-tu préciser?

Olivier: La pollution se concentre dans les nuages et revient avec la pluie. Ça attaque les arbres.

Françoise: Est-ce qu'on peut empêcher ça?

Quelqu'un: Oui.

En même temps **Stéphanie**: Non.

Françoise: Il y a deux nouvelles cette semaine qui peuvent donner un certain espoir.

Quelqu'un: Mulroney est aux États-Unis et il essaie de faire des ententes.

Françoise: Qu'est-ce qui cause les pluies acides?

Ils l'ignorent.

Françoise: Ce sont toutes les aciéries au bord des Grands Lacs qui créent ça. C'est important qu'il y ait des personnes qui essayent de faire quelque chose pour notre planète. Par exemple le film *L'Homme qui plantait des arbres*, ç'en est une! Frédéric Back est un écologiste. Il s'est dit qu'il fallait faire quelque chose. Il l'a fait à sa mesure. Il y a d'autres mouvements, par exemple le bateau *Green Peace*, qui fait une expédition pour tenter de dépolluer le Saint-Laurent. Savez-vous qu'en 55, je me baignais dans le Saint-Laurent et que l'eau était presque transparente? D'ailleurs il y a un endroit au monde où l'eau était complètement polluée et où ils l'ont dépolluée. Savez-vous où ? C'est la Tamise, à Londres. Maintenant ils peuvent de nouveau s'y baigner.

> *Notons que la «semaine des arbres» s'est insérée dans la démarche de la classe parce que des enfants en avaient entendu parler et que Françoise les a encouragés à s'y intéresser. Toutes les autres offres, ou les concours sont passés au crible des intérêts des enfants ou du sens qu'ils peuvent avoir dans la démarche éducative.*

Françoise: À propos, c'est bien beau de planter des arbres, mais à l'avant de l'école, aujourd'hui, c'est dégoûtant. Ce matin, c'était tellement plein de papiers de chips! Qu'est-ce que vous diriez que lundi, on aille ramasser les papiers?

Les enfants sont tous d'accord, avec d'ailleurs de l'enthousiasme.

Françoise: Et qu'est-ce que vous diriez qu'on plante des fleurs en avant, des vivaces. Ce serait bien plus beau.

Quelqu'un: On pourrait aussi planter des arbres.

Maxime: Ce serait «L'enfant qui plantait des arbres...»

Un peu plus tard les enfants sont à leur place et font leurs horaires. Trois enfants arrivent du premier cycle. Ils demandent s'ils peuvent prendre un rendez-vous pour venir visiter la classe, afin de s'habituer pour l'année prochaine. Françoise les amène vers son bureau pour discuter. Elle leur demande leurs noms. Elle prend le temps de faire connaissance. Puis:

— Combien de temps ça vous prend, vous pensez?

Le premier: une heure.

Le deuxième: une demi-heure.

Françoise: Voulez-vous assister à un rassemblement?

— Oui.

Ces enfants sont immédiatement attirés par ce qui se trouve dans la classe et ils en oublient que leur visite n'est qu'un préambule. Ils commencent à poser des questions sur les crânes qui sont suspendus aux murs.

— C'est un crâne de quoi?

Françoise: Qu'est-ce que vous pensez?

— Un buffle.

Françoise: C'est dans la famille.

— Une vache.

Françoise: C'est ça.

Un des trois s'enhardit:

— Il y a des gens qui pensent que les vaches ont pas de cornes, mais c'est parce que les gens leur coupent les cornes.

Stéphane et Kim rient sous cape.

Peu après les trois néophytes vont observer la volière. En fait, leur adaptation est déjà commencée. Un peu plus loin Maxime est presque endormi sur son bureau.

— Tu es fatigué? Tu t'es endormi tard?

Maxime: C'est mon frère qui s'est réveillé. Je lui ai lu une histoire pour l'endormir. Après j'ai pas réussi à m'endormir avant 10 heures du soir.

Vers la fin de la journée, Françoise rappelle qu'un colloque aura lieu le lendemain et que l'un des ateliers se tiendra dans la classe. Elle souligne donc la nécessité de faire le ménage. C'est immédiatement la ruée vers les différentes tâches. Les pupitres sont passés à l'Ajax, les plantes arrosées, les oiseaux changés et nourris. Marie-Chantal balaie. Benoît enlève la poussière sur les squelettes d'animaux. Tout le monde s'est trouvé une tâche. Travail enthousiaste. Mission accomplie. Résultat impeccable. Quand on sait combien il est difficile de faire ranger sa chambre à un enfant, force est de constater qu'une tâche solitaire, en soi sans aucun intérêt, peut se transformer en une sorte de fête collective. Un happening à la Blanche-Neige...

1er mai

RASSEMBLEMENT

PLANTATION DES ARBRES

Dans le cadre de la semaine des arbres, les enfants peuvent recevoir un conifère à planter chez eux.

Françoise: Ceux qui veulent des petits arbres à planter, des conifères, vous viendrez inscrire votre nom plus tard. Pourquoi est-ce important de planter des arbres?

Kim: Pour les voir grandir.

Françoise: Oui, ça c'est par rapport à nous. Mais il y a une raison écologique.

Dominique: Dans les forêts, il y a peut-être moins d'arbres qui poussent que d'arbres qui meurent.

Françoise: Savez-vous qu'une partie de la plaine de Montréal était plantée de chênes blancs? On n'en retrouve plus ici. C'est une espèce en voie de disparition, chez nous.

Olivier: Les pluies acides détruisent les arbres.

Françoise: Que font les arbres? Pourquoi sont-ils importants?

Annie: Ils...

Françoise: Ça joue un rôle sur le plan de l'atmosphère. Qu'est-ce qui se passe dans le cycle de la plante?

Jérôme: Elle prend des choses et elle en rejette.

Françoise: C'est ça. Dans la classe, s'il y a des plantes, c'est pour faire beau; ça fait plaisir à l'œil, c'est vrai. Mais ça joue aussi un rôle dans l'atmosphère. Il y a un échange qui se fait.

Annie: Ça aide à respirer. Les feuilles font comme un filtre.

DES JEUX POUR LA CLASSE VERTE

Mathieu et Kim arrivent avec des feuilles couvertes de notes.

Mathieu: On a préparé des jeux. On veut savoir si vous êtes d'accord.

Kim commence: Il y a le soccer...

Olivier et Maxime font des farces.

Françoise: Les enfants, ça aide à quoi ça? Vous pouvez faire de l'esprit, mais ça ne nous avance pas.

Mathieu continue vaillamment: Il y a aussi le baseball, le soccer base, le basketball mobile, ...

Kim explique ou rappelle chaque jeu. Soudain, elle a besoin d'aide.

Benoît explique: Tu lances sur le board et tu attends le rebond...

Stéphanie: Tu pourrais parler en français!

Benoît: Je sais pas comment le dire autrement.

Mathieu continue la liste: Le jeu de la patate et du feu. Le cœur de sanglier. C'est un jeu que Guy (le stagiaire) nous a proposé. La souque à la corde.

Françoise: Ça, c'est un très très vieux jeu.

> *Il continue la liste. Arrive la piste d'hébertisme. Une des épreuves déclenche les commentaires dégoûtés des filles: il s'agit de ramper en-dessous d'un tronc d'arbre qui est posé au-dessus d'une mare de boue.*

Françoise à Dominique, Charlotte, Stéphanie: Allez, les miss propres! Vous vous lavez après!

> *Ils introduisent maintenant un nouveau jeu, le vieux radoteux. Une personne se cache dans le bois et radote. Quand quelqu'un approche, elle se tait et on n'a pas le droit de la toucher. Il faut attraper ce qu'elle dit pendant qu'elle parle et repérer dans son radotage des noms d'enfants. Le jeu suscite un intérêt énorme, principalement à cause de son nom. En fait, en imagination, ils sont déjà en train de jouer.*

Françoise: Comment allez vous vous y prendre pour faire voter vos jeux?

Kim: On va marquer le nom des personnes qui sont d'accord. On gardera les jeux où il y aura le plus de monde.

> *On vote d'abord pour le soccer: au moins 17 amateurs.*

Annie à Violaine et Anick: Pourquoi vous voulez pas jouer?

Françoise: Si le jeu est retenu, elles vont y jouer. Là-bas, tu ne t'en vas pas dans ta tente en disant «je ne joue pas». Mais en ce moment, elles ont le droit d'exprimer leur choix.

> *Après un moment de discussion et de vote, on s'y perd.*

Julie: L'affaire, c'est qu'on aime tous les jeux!

Il règne une atmosphère de classe verte. On y est déjà. Les enfants sont animés de plaisir. Annie fait des pressions pour qu'on choisisse la répartition dans les tentes.

Françoise: Ce n'est pas le temps. Le point n'est pas au tableau. On ne connaît pas le nombre de tentes disponibles. En plus, il y a des absents.

Il s'agit d'un point stratégique par rapport à la classe verte: qui sera avec qui?

LA SEMAINE DU SPORT HANDICAPÉ

La mère d'un enfant d'une autre classe a proposé une sensibilisation des enfants au sport pour handicapés. Il s'agissait de compétitions entre des équipes francophones internationales.

Françoise: Qui veut faire la lettre pour aller au Centre Claude-Robillard mercredi? Il faut avertir les parents et demander deux adultes pour nous accompagner.

Dominique et Charlotte se proposent.

Françoise: Les gens qu'on va voir ont toute leur intelligence et toute leur sensibilité. Ils se font regarder continuellement. Toi, Annie, tu t'es fait regarder quand tu t'es mouchée de travers, tout à l'heure. Tu n'as pas aimé ça. Mercredi, on va apprendre à les côtoyer, à les comprendre. Il y a des handicaps physiques et des handicaps intellectuels. Je tiens à ce qu'on aille là-bas pour apprendre à vivre avec eux, pour apprendre à dépasser notre première réaction, pas pour regarder. J'aurais honte de voir des réactions de moquerie ou de taquinerie. C'est nous qui allons apprendre à vivre avec eux, à manger avec eux, à ne pas nous replier avec nos petits amis mais à s'ouvrir.

Charlotte parle d'une cousine qui avait un retard mental: Elle était fine. Je l'ai connue quand j'étais toute petite, alors je n'ai jamais eu de peine à m'habituer.

Olivier: Moi, j'essaie de pas les regarder. Mais plus j'y pense, plus je regarde.

Stéphanie: Oui, ça t'attire!

Dominique: J'ai peur de partir à rire. Ça m'arrive, quand je suis gênée.

Françoise: Qu'est-ce qu'on peut faire dans ce temps-là?

Ils se le demandent.

Françoise: Ça arrive surtout quand on reste spectateur. Une des façon de dépasser cette réaction, c'est d'aller en rencontrer, d'entrer en relation avec eux et de communiquer. Hier, je suis allée au théâtre. Il y avait trois sourds-muets à côté de moi et une jeune fille faisait la traduction pour eux en langage gestuel. Elle ne regardait pas la pièce; elle tournait le dos à la scène, elle était tournée vers eux. J'ai parlé avec elle un moment. Elle m'a expliqué que c'était son travail.

Ma belle-mère est en chaise roulante. Avez-vous pensé aux endroits où quelqu'un en chaise roulante ne peut pas aller? Un enfant en chaise roulante pourrait-il venir à l'école ici?

Quelqu'un: Non.

Françoise: Pourrait-il aller en métro?

Quelqu'un: Non.

Françoise: Qu'est-ce qu'il y a comme terrain de jeux pour les enfants handicapés? Où est-ce qu'ils peuvent jouer?

Beaucoup ont fait des expériences et les racontent. Tout à coup, quelqu'un mentionne ceux qui n'ont que leur tête pour faire fonctionner un ordinateur, ceux qui écrivent avec leur bouche ou leurs pieds.

Quelqu'un: Puis nous, on trouve que c'est si difficile d'écrire!

Steve explique que son père était à un banquet avec un handicapé qui n'avait pas de bras et mangeait avec ses pieds.

Julie: Il faut avoir les pieds propres!

Françoise: Aimerais-tu mieux qu'on te fasse manger ou manger avec tes pieds?

Julie hésite, puis s'illumine...: Avec mes pieds!

Elle vient de comprendre quelque chose sur l'autonomie.

Marie-Chantal: J'ai vu à la télé une femme qui conduisait une voiture sans bras. Elle prenait un pied pour conduire, un pied pour pédaler.

Ce dernier mot en fait rire quelques-uns.

Marie-Chantal: Elle sait nager juste avec ses pieds. Elle se maquille aussi avec les pieds.

Vicky: J'ai vu une dame qui coupait les cheveux avec les pieds.

PÉRIODE DE TRAVAIL

C'est l'heure du travail individuel pour Jérôme qui demande qu'on lui fasse épeler les mots de son dictionnaire personnel. Il vit l'anxiété de la faute d'orthographe comme s'il passait au jugement dernier.

Patrick et Isabelle sont au bureau de Françoise pour leur rencontre d'échéances. Patrick demande comment s'écrit Floride. Françoise lui suggère de regarder dans l'Atlas. Il prend l'index au début et lui dit, quelque peu baveux:

— Comment veux-tu que je le trouve si je sais pas comment ça s'écrit!

Françoise, qui peut être aussi baveuse que lui si nécessaire: Je suppose que tu sais que ça commence par F.

Patrick, de mauvaise foi: Ça pourrait être P-h!.

Il finit par trouver la carte des États-Unis. Un autre enfant désigne la Floride. Françoise lui demande de retrouver la Floride sur la carte du monde affichée au mur, à une plus petite échelle. Patrick joue le gars désorienté: un vrai bébé. Puis il dit:

— Ça m'avance à quoi de chercher ça? Ça me dit pas comment ça s'écrit!

Françoise: Lis. C'est écrit.

Il finit par trouver.

Patrick, geignard: Je le trouvais pas parce que les lettres sont toutes détachées...

Françoise à Isabelle: Qu'est-ce qui t'a passionnée pendant ta semaine?

Isabelle: Mon texte; ma gym.

> *C'est un poème d'arriver à lui faire définir ses prochaines échéances. Elle répond par monosyllabes, les yeux lointains, comme si les choses se passaient dans sa tête mais que c'était trop compliqué d'en parler.*

DANS LA COUR...

> *La classe de Françoise a l'habitude de jouer à un jeu d'équipe pendant la récréation. Quand Françoise arrive sur les lieux, Marie-Chantal, habillée comme pour aller au Pôle-Nord est seule dans un coin alors que le reste de la classe joue au soccer.*

Françoise: Pourquoi ne joues-tu pas?

Marie-Chantal: Ça me tente pas.

Françoise: Regarde ce que tu fais. Tu t'isoles et après tu dis que tu es toute seule.

> *Marie-Chantal va vers le jeu et veut y participer. Un enfant lui dit:*

— Tu peux pas entrer dans le jeu maintenant. On a mis ça comme règle: il faut rentrer au début.

> *Marie-Chantal traîne les pieds jusqu'à un coin de la cour et pleure.*

Françoise qui a suivi la scène, va la chercher: Vois-tu ce qui s'est passé? Tu n'as pas fait la démarche de t'intégrer au début. Ils ont décidé d'une règle et tu ne la connaissais pas. Tu n'es pas une princesse ici. Tu fais comme tout le monde.

Marie-Chantal: Même quand je joue, j'ai jamais le ballon!

Françoise: C'est sûr! Au début tu ne l'auras pas. Il faut que tu apprennes à courir après. Thierry, ça lui a pris un an avant d'avoir le ballon. Mais il s'est accroché. Regarde comme il joue, maintenant.

À la fin de la récréation, Marie-Chantal quitte la cour en pleurnichant.

Françoise: Là, Marie-Chantal, tu ne peux pas simplement partir chez toi et faire la victime. Il faut que tu apprennes à te faire ta place. C'est ça, accepter de s'aider: accepter de se faire mal, de se commettre.

3 mai

RASSEMBLEMENT

LE PROJET DE STÉPHANE

Stéphane arrive juste à temps pour sa présentation. Ce sont des dessins. Françoise l'introduit en soulignant qu'il a développé un style nouveau récemment.

Françoise: Veux-tu expliquer un peu tes dessins?

Stéphane présente chaque dessin l'un après l'autre en expliquant ce qu'ils représentent: Ça c'est une imitation des Muppets. Ça c'est des Kamikaze: des gens qui s'en vont dans des avions et qui foncent sur un bateau de guerre.

Françoise: Les Kamikaze étaient de quel pays?

Un autre: Le Japon.

Stéphane: Ça c'est la guerre.

Le quatrième dessin est un pastel qui représente des lignes barrées de points de suture. Des sortes de cicatrices sur fond de couleurs.

Stéphane: Ça c'est une caricature d'Elvis; ça c'est des militaires japonais, américains et anglais. Ça, c'est un juge (il préside un procès entre l'URSS et les États-Unis). Ça, c'est un dessin d'horreur (il y a une croix gammée; le mot mort ressort du dessin).

> *Puis apparaît un pastel doux, avec des lignes brisées comme en a fait le frère Jérôme à une certaine époque. Stéphane révèle ensuite le premier de ses dessins nouveau style, des traits de plume multiples qui dessinent des formes en l'absence de tout contour formel.*

Stéphane: Ça c'est un palmier, ça c'est une maison dans la montagne.

> *Certains dessins comportent des bulles. Les enfants les lisent: ce sont souvent des insultes. La présentation est bien reçue. Stéphane s'enhardit, va dans une filière chercher d'autres travaux. Ce sont des dessins dans son nouveau style au trait.*

Françoise: Là, il a travaillé avec de l'encre. Travailles-tu avec une plume spéciale?

Stéphane: Une grosse plume.

Françoise: Voilà ce que j'expliquais tout à l'heure. Il travaille avec des traits comme ceux-là, il a un dessin bien à lui.

> *Stéphane est souriant, ce qui est rare en rassemblement.*

> *Annie lit une bulle où apparaît le nom d'Olivier.*

Stéphane: J'avais rêvé à quelque chose.

Annie: T'avais rêvé à Olivier?

Stéphane: J'avais rêvé qu'Olivier était au Salon du livre et qu'il disait: «Je vais conquérir les États-Unis»!

Stéphane: Ça c'est un dessin de Plume Latraverse.

> *Personne dans la classe ne connaît ce dernier.*

Françoise: Peux-tu expliquer qui c'est?

Stéphane: C'est un chanteur.

Françoise: Quel genre?

Stéphane: ...

Françoise: C'est un bonhomme assez révolté.

Quelqu'un: Contre quoi?

Françoise: La bêtise de la société. Les gens qui ont de bonnes manières, mais qui sont faux.

Stéphane montre le dessin suivant: Les toilettes de l'école.

> *Décidément, il connaît les coulisses.*

Françoise: On pourrait les exposer. Ah ça, c'est ta nouvelle série, avec les petites lignes. C'est beau.

> *À la fin de la présentation, Stéphane se fait applaudir. Quelques commentaires suivent:*

Benoît, en aparté à Maxime: C'est beau, c'est très bien, pis c'est toujours la guerre.

> *Lui qui, quelques années plus tôt, a dessiné des centaines de dessins de guerre.*

Annie: C'est bien, parce que tu présentes pas souvent des projets. J'aimerais ça que les dessins que tu fais, tu les mettes au babillard, comme ça on pourrait les voir.

> *L'idée soutenue par plusieurs est retenue.*

LE SPORT INTER-CLASSES

> *Trois enfants d'une autre classe, dont Christophe, un ancien de la classe de Françoise, viennent présenter un projet.*

Christophe: On a un projet de hockey. On veut faire des équipes de plusieurs classes. Ça aurait lieu deux fois, après l'école, dans la cour de P.G.L. (l'école secondaire la plus proche). La première fois, le mercredi 25 mai. La deuxième fois, on la déciderait avec les gens qui sont là.

Dominique: Ce serait classe contre classe?

— Non; on va faire des équipes.

Dominique: On apporte notre bâton?

— Oui.

Françoise: Demandez-vous des super-champions?

— Non.

Stéphanie: On peut avoir des bâtons en bois?

— Oui. Il faut à peu près 12 à 13 personnes.

Environ huit enfants, autant filles que gars, s'inscrivent.

Françoise: Christophe, tu t'engages à venir nous revoir. On aimerait aussi que vous reveniez nous expliquer comment vous avez préparé votre voyage au Nouveau-Brunswick.

Christophe, habitué, va directement inscrire le point au tableau pour jeudi.

ALBERT, KARL ET BUNZO ET LE CRIME DE L'EUROPE-EXPRESS

Olivier et Benoît ont un nouvel épisode à lire. Ils rappellent le dernier puis Benoît fait la lecture.

Le policier tourna le bouton et Albert se réveille tout en sueur: où suis-je? Mais, je suis au paradis des morts! Soudain, il glissa et tomba du nuage où il était assis. Non, je ne veux pas être un double mort! tout à coup, il se réveilla en sueur (pour de vrai). Karl, Bunzo, réveillez-vous! j'ai fait un cauchemar; j'ai failli me casser la bobine. Eh oui! Albert rêvait depuis qu'il s'était endormi sur le banc. Bon, allons prendre notre petit déjeûner. Ils marchèrent longtemps sans trouver de restaurant ouvert. C'est bizarre, on dirait qu'il n'y a personne dans la ville. C'est vrai, ça. Albert trouva une sucette par terre et commença à la lécher. Soudain, Albert glissa sur une pelure de banane. Il tomba et échappa sa sucette. •Merde! J'ai perdu ma sucette•. La sucette tomba dans un soupirail. Albert se précipita pour la rattraper et se coinça le nez dans les barreaux. Karl, sors-moi de là! Karl et Bunzo tirèrent, tirèrent. Soudain, Karl dit: •Mais, Albert, tu nous as menti!•
— Comment ça? •Ton nez rallonge à mesure que nous tirons. Ouais, comme Pinocchio, répliqua Bunzo. Soudain un haut-parleur diffusa un enregistrement: Attention, nous rappelons à la population qui ne s'est pas encore réfugiée dans les caves, qu'une bombe contenant un gaz toxique qui transformera cette ville en pays des bouts-de-choux va tomber sur la ville dans 5 minutes. À suivre.

Françoise: Commentaires?

Marie-Chantal: C'est drôle! surtout quand il prend une sucette par terre pis son nez qui s'allonge, puis une ville au pays des bouts-de-choux!

Vicky: C'est bien, mais Benoît, tu lis comme un robot.

Sur ces entrefaites, les trois enfants du premier cycle qui viennent visiter la classe entrent timidement. On prend le temps de les installer, de les laisser se présenter.

LES CANADIENS

Françoise aux trois visiteurs: On présente des projets. Éric nous présente son projet sur les Canadiens. (À Éric:) Qu'est-ce qui t'intéressait?

Éric: Je savais pas beaucoup de choses...

Sourire dans les rangs...

Éric rectifie: Je savais beaucoup de choses, mais pas sur le club.

Il commence la lecture de ses questions suivie des réponses qu'il a trouvées. Il a établi une liste de questions sur les soixante-dix-huit années d'existence du club Canadien et il connaît les réponses. Il parle très doucement. Françoise est venue s'asseoir derrière lui pour le soutenir. Parfois elle répète ses réponses pour qu'il soit entendu de tous. Il sait tout. Il a le nom des dix-sept entraîneurs du Canadien depuis 1910! Stéphane est penché sur son épaule et suit la lecture atten- tivement. Pour une fois, il a l'air de faire partie du groupe. Est-ce parce qu'il a présenté sa propre recherche pour la première fois, ou parce qu'il s'agit de hockey?

L'intérêt est très grand chez tout le monde; on entendrait voler une mouche. Éric sait même quel joueur a eu le plus de minutes de pénalité dans l'histoire des Canadiens.

À la fin, **Annie**: Où t'as pris les réponses?

Éric: J'ai fouillé dans le livre des Canadiens.

Quelqu'un: Ça, c'est un sujet qui a intéressé toute la classe!

Éric: Il y a un film vidéo sur les Canadiens. Je l'ai pris en fin de semaine. Il raconte la vie de Jean Béliveau, de Maurice Richard, les coupes Stanley.

Françoise: Comment ça s'appelle?

Annie: Les Canadiens.

Stéphanie: J'ai été étonnée de ce que Guy Lafleur a fait. J'ai beaucoup aimé. Il y a juste une chose: parle un peu plus fort, parce que j'ai pas tout compris.

Françoise: Je trouve intéressant que tu sois parti de tes questions et que tu aies cherché tes réponses.

Maxime: Ma mère, c'est une amie d'enfance de la femme de Guy Lafleur. Tu pourrais peut-être le rencontrer.

Dominique: C'est quoi, le record de buts des Canadiens en un match?

Éric répond à brûle-pourpoint: 16! Ils ont gagné 16 à 3 contre les Bulldogs de Québec.

Éclats de rire à cause du nom.

Dominique est impressionnée: Je pensais qu'il allait chercher pendant trois jours!

Annie: Est-ce qu'il y a déjà eu une femme entraîneur?

Éric: Je pense pas.

Françoise: Je mettrais ma main au feu que non. Elles ne sont même pas acceptées comme joueurs.

Annie: Je trouve qu'il devrait y avoir une ligue pour les femmes.

Olivier: Il y en a pas parce que les entraîneurs sont des anciens joueurs. Comme il y a pas de femmes dans les joueurs!

Annie: Jean Perron, c'est pas un ancien joueur!

Françoise: C'est vrai, il a un itinéraire différent. Il a voyagé. Il a fait des études. Il a une formation différente. Mais rien n'est impossible. Il y a bien eu une première femme qui a piloté sur une ligne d'aviation commerciale! Le hockey, c'est encore un monde très macho!

Benoît: Il y a encore beaucoup d'hommes qui pensent que les hommes doivent avoir la priorité.

Guy, le stagiaire: À l'université, depuis un mois, on fait des parties entre facultés. Dans l'équipe de biologie, il y avait une fille, elle a compté deux buts. Elle était vraiment bonne. Mais on ne savait pas que c'était une fille à cause de l'équipement. On l'a vu à la fin!

LES CHIENS, PAR VIOLAINE

Au tour de Violaine de présenter son projet. Elle va chercher son cahier. En chemin, elle remet son beau sweatshirt: il faut être présentable pour présenter. Pendant ce temps, Patrick propose de se lever et de bouger. Les trois néophytes observent la classe, spécialement les oiseaux. L'un lit les titres de la partie de soccer dans la Presse. Un autre, devant la volière demande: Il y a combien de sortes d'oiseaux?

Françoise: Je ne te le dis pas. Tu le chercheras tout seul. Ce sera bien plus drôle si tu le trouves toi-même.

Violaine commence sa lecture.

Françoise: Pourquoi tu as fait une recherche sur les chiens?

Violaine: J'aimerais bien en avoir un.

Elle a une série de questions qui commence par: combien les chiennes ont-elles de bébés? Puis combien les chiens ont-ils d'orteils? (quatre en arrière, cinq en avant). Depuis quand les chiens sont-ils domestiqués? (10 mille ans).

Kim à la fin de la lecture: J'ai pas tout compris.

Dominique: Mais tu lis plus fort que la dernière fois.

Françoise: Il s'agit juste de franchir le pas qui est dur pour toi de parler plus fort.

Marie-Chantal: J'ai compris parce que j'étais à côté d'elle. Il y avait des affaires que je savais pas, comme le chi chi hua hua qui a deux centimètres.

Françoise à Violaine: Quel chien choisirais-tu, toi?

Violaine hésite: Le chi chi hua hua.

Benoît: Moi le bulldog!

Maxime: Moi un pitbull!

Éric: Moi un berger anglais. Il est intelligent puis il adore les enfants.

«DERNIER ÉPISODE»

Vicky et Dominique ont un texte à lire.

Dominique: Si vous vous rappelez bien, Stéphanie était morte.

Un an plus tard... les enfants avaient un peu oublié la mort de Stéphanie.

Il n'y a pas eu de funérailles car ils n'ont pas retrouvé le cadavre. C'était sûrement Monsieur Chouinard qui l'avait mangé.

Incroyable mais vrai!!!

Lundi matin, la mère de Stéphanie invita tous les enfants à la Ronde de Montréal.

Elle les amena dans sa Jaguar rouge avec un téléphone cellulaire à l'intérieur. Elle alla chercher Annie en dernier. Annie entra et dit: ·Woua! Est super, ton auto, Marie-Claude!· Benoît: ·Attends de voir son téléphone!· Stéphane: ·Pis Marie-Claude, ça ne te fait pas trop de peine, la mort de Stéphanie?·

-·Un peu, mais de toute façon, j'en ai deux autres. Un de plus, un de moins!· Annie dit dans l'oreille de Kim: ·Elle prend ça à la légère, la mort de sa fille, celle-là!·. Kim: ·Elle doit essayer de nous cacher sa peine·. Annie: ·T'as bien raison!·.

Rendus à la Ronde...

À l'entrée de la Ronde, Benoît dit: ·Yé! les bracelets sont bruns, ma couleur préférée!· Annie était un peu bougonne car les bracelets n'étaient pas rose nanane.

Kim alla dans le Super Manège mais les autres n'étaient pas intéressés. Elle y alla seule. Elle entra dans son wagon, s'assit puis s'attacha et voilà, c'est parti mon kiki. Kim se sentait un peu lousse dans sa ceinture. Elle se dit qu'elle était mal attachée mais elle s'en foutait. Le manège tourna à l'envers et Kim tomba. Et d'un coup sec, elle meurt! Tout le monde se mit à manifester leur mauvaise humeur. Ex: quelqu'un est tombé; je ne reviendrai jamais ici!

Dans le journal, on ne parlait que de Kim.

Maintenant, nous sommes tannées de faire des morts, alors c'était notre dernier épisode.

Charlotte: C'est triste que vous fassiez plus d'épisodes. Est-ce que vous avez une raison de choisir Kim?

Dominique: Non.

Kim: C'est qui qui est mort?

Il y a des choses qu'on ne veut pas entendre.

Vicky: Toi, pis Stéphanie!

Kim: C'est tout?

5 mai

RASSEMBLEMENT

Les enfants arrivent peu à peu. Quelques-uns sont en train d'organiser avec Michel une rencontre d'éducation physique. Il est compliqué de trouver un temps où tous seraient libres; par chance, chacun a son horaire très bien en tête.

Françoise somme Stéphane d'aller ramasser les pelures d'oranges qu'il a jetées avec ses amis devant l'entrée de l'école. Il proteste parce qu'ils étaient trois et qu'il ne veut pas être seul à faire la tâche. Françoise lui rappelle qu'il défend des positions écologiques et qu'il ne peut pas seulement demander aux autres de les appliquer. Annie signale le début du rassemblement: on passe les points.

LA BOUFFE

Thierry et **Marie-Claude**: On a fait les groupes qui feront la bouffe à la classe verte et on a décidé les jours où ils seront de service.

Ils donnent les noms. Les premiers commentaires sont des

murmures inaudibles. Chacun essaye de se représenter l'équipe dont il fera partie.

Françoise: Il y a un groupe dont je trouve la répartition difficile. Le rapport plus vieux/plus jeunes n'est pas très équilibré.

Patrick: Ce qu'il faut savoir, c'est ce qu'on doit faire. Si moi, je suis pas d'accord de faire ça?

Les autres sont plus intéressés à ce qu'on mangera. La nourriture est un sujet de grand intérêt: ce qu'ils aiment ou pas; ce qu'ils aiment préparer ou pas; ils en parleraient à l'infini. Le choix entre la purée de pomme de terre et les patates au four est une affaire d'état. Les macaronis seront-ils — ou non — au fromage? Là est la question. Décidément, ce point est délectable. Assez vite, la discussion dégénère.

Françoise s'impatiente: Une minute! Les petites conversations privées, ou les enfants qui parlent sans lever la main, ça suffit! Qu'est-ce que ça fait pour ceux qui ont une difficulté à s'exprimer au niveau du groupe!

Quelqu'un: Ils ont pas de place.

Françoise: On dirait que pour certains, le lieu du rassemblement leur appartient au complet. Ils peuvent prendre la parole quand ils veulent. Les règles sont pour les autres.

Après les quelques secondes de silence qui suivent cet éclat, Marie-Chantal signale tout à coup que certains enfants ont été mentionnés deux fois dans les groupes, alors qu'elle n'a pas du tout été nommée. Effectivement, ils l'ont oubliée. Ce qui est frappant, par contre, c'est qu'elle le prend très bien.

La formation des groupes est à retravailler. Le groupe, penaud, est renvoyé à sa tâche.

Françoise: Il vous reste beaucoup de travail à faire!

Annie: Il y en a qui aident pas beaucoup, dans le groupe.

Françoise: On en parlera. Mais ne prends pas tout sur tes épaules. Il y a aussi Thierry et Stéphane dans ce groupe.

Stéphane: Qu'est-ce que j'ai fait?

Françoise: Ce n'est pas ce que tu as fait, c'est plutôt ce que tu ne fais pas. Annie est obligée de pousser sur toi. Même au rassemblement, c'est elle qui doit te dire: «Stéphane, lis ça!».

Stéphane: Ça me dérange pas de lire...

Françoise: Il faut plus que ça. Il faut que tu assumes ta part.

CHOCOLAT

Charlotte: Ma grand-mère est allée en République Dominicaine. Elle a rapporté une grosse grosse noix. Est-ce que quelqu'un sait ce que c'est?

Après quelques essais infructueux, **Dominique**: Ça vient de l'arbre à cacao.

Charlotte: Oui, c'est avec ça qu'on fait du chocolat. On voit différentes fèves à l'intérieur. Le blanc autour est bon à sucer. L'intérieur, le brun est très amer.

Elle fait circuler le fruit.

RETOUR SUR LA VISITE AU CENTRE CLAUDE-ROBILLARD

Françoise: Quelle est votre opinion sur la journée d'hier?

Gabrièle: Je les ai vus jouer au soccer. Si on m'avait pas dit qu'ils étaient handicapés, je l'aurais pas su.

Françoise: C'était des handicapés mentaux, mais c'est vrai que ça ne paraissait pas.

Benoît: Ils avaient pas l'air d'avoir des problèmes, sauf qu'ils avaient pas de stratégie. Ils faisaient pas de passes.

Annie: J'ai adoré le soccer. Après, j'ai parlé avec eux. Ils étaient tout à fait normaux, sauf peut-être la fille avec les longs cheveux. Le contrôle de l'ordinateur avec la tête, j'ai trouvé ça génial.

Patrick: Moi aussi! Pour les gens qui sont complètement paralysés.

Stéphane: Je les ai revus après.

Françoise: Quand?

On ne saura jamais ni où ni quand.

Françoise: Il y avait un groupe de six ou sept enfants handicapés mentaux avec leur professeur. J'ai parlé avec le professeur. À un moment donné, j'ai touché la tête d'un enfant. Il m'a sauté au cou affectueusement.

Benoît: Coup de foudre!

Françoise: Puis il a vu Anne, la mère de Violaine, et il l'a aussi embrassée.

Gabrièle: Il y en a qui mettent un casque bleu comme protection, parce qu'ils tombent facilement.

Christine: J'ai trouvé intéressant toutes les fausses jambes, à l'exposition. Et puis le fauteuil qui permet de se bercer.

Françoise: Pourquoi ont-ils inventé ça?

Gabrièle: Tu peux pas te pousser tout seul toute la journée!

Françoise: C'est pas seulement ça. Il y en a qui ne peuvent pas actionner la chaise roulante. Ce fauteuil permet une circulation du sang dans leurs membres. Qu'est-ce que ça fait d'être toujours assis dans la même position?

— ...

Françoise: Ça donne des plaies aux fesses. J'avais un copain qui avait ça. Il devait aller à l'hôpital régulièrement. Les gens handicapés doivent se débattre avec tous ces problèmes-là. Plus le problème de l'urine, quelquefois. Certains ont une sonde quand ils ne peuvent le contrôler. Avez-vous trouvé que les handicapés qu'on a vus rencontraient l'image de ce qu'on avait discuté mardi?

Plusieurs mentionnent qu'ils n'avaient pas l'air handicapés.

Marie-Claude: Non, je pensais qu'il y aurait plus de mongols.

Françoise: Maintenant, on les appelle des trisomiques. As-tu été soulagée ou déçue?

Marie-Claude: Dans un sens, j'étais soulagée, mais j'aurais aimé qu'il y en ait.

Françoise: J'ai été déçue et même un peu choquée par cette visite! Je trouve qu'on nous a placés dans la position de spectateurs toute la journée. Quand l'animateur est venu, c'était pour nous faire visiter le Centre. On n'était pas venus pour visiter une bâtisse! Quand on a eu une période de jeu à l'extérieur, on a dû jouer entre nous: il n'y avait plus d'enfants handicapés sur les lieux. Comme toujours, les handicapés sont dans une vitrine et on les regarde! J'avais senti pourtant que vous étiez prêts et que vous attendiez cette occasion avec impatience.

RASSEMBLEMENT ÉCLAIR

C'est l'après-midi. Il fait très chaud. Les enfants arrivent pour la première fois en shorts. Certains sont gênés d'avoir les jambes à découvert.

Jérôme: ... surtout quand elles sont si maigres!

Françoise: On se sent mal avec notre corps, la première fois qu'on se découvre! Je l'ai vécu cet hiver en allant en vacances au soleil. À la fin de l'été, on n'a pas du tout la même sensation, c'est quelque chose que tout le monde ressent.

Stéphanie et Isabelle reviennent du dîner en sueur. Depuis hier, elles ont fait le projet d'aller se battre au parc parce qu'elles en avaient besoin. Elles se sont battues et bien battues.

Au milieu d'un échange, **Maxime** à Stéphane: Parle donc à tout le groupe!

Stéphane: Pourquoi?

Patrick: Parce que c'est le rassemblement; puis le rassemblement, c'est pour parler à tout le groupe.

Ce mini-rassemblement a été convoqué parce que quelques enfants aimeraient organiser une partie de ballon pour toute la classe de deux heures quinze à trois heures. Mais quelques enfants s'étaient inscrits pour aller planter des arbres et ils seraient prêts à se désister. Françoise n'est pas d'accord.

Françoise: Vous vous êtes engagés. Et je ne veux pas que vous fassiez des pressions pour aller plus vite avec les arbres en disant que votre groupe est dehors. Vous vous êtes engagés, vous faites la démarche au complet.

Patrick: De toute façon, c'est vite fait. C'est juste planter pis reboucher le trou.

Françoise: C'est plus que ça. C'est un geste symbolique, qui a une signification, qui a beaucoup d'importance. Ce serait dommage de le bâcler pour aller jouer plus vite.

6 mai

RASSEMBLEMENT

Caroline, cinq ans, la petite sœur d'Anick est assise sur les genoux de Françoise. Elle restera là calmement pendant tout le rassemblement, à jouer avec les bracelets de Françoise. Dominique présente son projet, une recherche sur Guy, le moniteur de natation, qui est présent.

Dominique à Guy: C'est vrai que tu es allé aux Jeux olympiques?

Guy: Oui, en 1972, à Munich. J'avais 16 ans.

Annie: Eh! c'est jeune!

Guy: Oui, j'étais le plus jeune. Je suis resté dans l'équipe nationale jusqu'en 1976. J'ai continué à m'entraîner pour les Jeux olympiques en URSS. Mais il y a eu boycottage de ces jeux. (Il explique la situation politique). On n'a pas pu y participer. On s'était entraînés pendant quatre ans, et bang, on n'a pas participé.

Dominique: À Munich, est-ce que vous avez gagné?

Guy: Non. À Munich, on est arrivé seizièmes.

Quelqu'un: Sur combien?

Guy, en riant: La question à ne pas poser! Sur seize! J'aurais dû dire on est arrivés derniers!

Il raconte ce qui fut le pire match de sa carrière:

— J'ai touché treize fois le ballon. Savez-vous comment? Les treize fois où le ballon est sorti et où j'ai dû aller le chercher pour le ramener au centre! Ça a été mon pire match.

Dominique: Comment c'est l'entraînement pour les Jeux olympiques?

Guy: On s'entraîne quatre heures par jour, six jours par semaine. On se lève. Après le déjeuner, on va à l'entraînement. Puis on récupère. Puis on dîne et on recommence.

Dominique: Vous êtes pas tannés d'être dans l'eau?

Guy: Des fois, on devient tanné.

Dominique: Quand vous êtes dans l'eau, est-ce que vous pouvez vous reposer?

Guy: Comme gardien de but, on n'a pas le droit de s'accrocher au bord, ni de mettre les pieds au fond. D'ailleurs, c'est trop creux. (rire) Mais on est tellement habitué à être toujours dans l'eau.

Maxime: C'est comme de marcher.

Guy: Exactement.

Françoise: Est-ce que les équipes sont mixtes?

Guy: Non. Mais quand on fait du mini-polo, il y a des femmes. On a les pieds dans le fond et on peut utiliser les deux mains. C'est du water-polo adapté.

Dominique: Est-ce qu'à toutes les deux minutes les joueurs changent?

Guy: C'est l'entraîneur qui décide s'il fait jouer tout le monde ou s'il met les meilleurs éléments parce que c'est une partie très importante. Un joueur peut aussi lever la main s'il est trop fatigué et veut être remplacé.

Steve: Toi, tu étais un des bons éléments?

Guy rit, gêné: Oui, j'étais un bon élément.

Dominique: C'est drôle de dire un élément.

Françoise: Ça veut dire une partie d'un groupe, une partie de l'équipe. Aux Jeux olympiques de 1976, Guy était considéré comme un des meilleurs éléments comme gardien de but.

Guy, modestement: J'ai été considéré comme un des meilleurs gardiens de but de water polo au monde, à ce moment-là.

Benoît: As-tu des médailles?

Guy: Plein un sac! Voulez-vous que je les amène?

Steve: Oui...

Dominique: Tu as dit que tu as commencé à treize ans. À seize ans, tu étais aux Jeux olympiques. T'as été vite!

Guy: J'ai commencé à jouer au soccer puis j'ai embarqué dans la piscine. J'étais très grand, maigre, maigre, maigre. Ils m'ont mis dans les buts au water-polo. C'est comme ça que ça a commencé. J'ai passé à l'équipe élite de la ville de Montréal. J'ai été choisi comme meilleur gardien de buts. J'avais quinze ans et je suis parti faire une tournée d'Europe. Mais je n'avais pas conscience de ce que ça signifiait.

Françoise: À Munich, étais-tu conscient des attentats?

Guy: J'ai vécu tout ça, les attentats. C'était les Palestiniens contre les Juifs.

> *Les enfants sont surpris de voir que ce conflit, dont on a parlé à propos du Boeing et des otages, existait déjà. Guy raconte les détails, en particulier le moment où, ignorant de ce qui se déroulait, il s'est retrouvé dans le champ de tir alors qu'il allait à la cafétéria.*

Françoise: Tes parents ont dû être inquiets?

Guy: Plus ma mère que mon père.

Annie: Ben, les mères sont toujours plus mères-poules que les pères!

Plusieurs enfants: C'est vrai, ça!

Françoise: Est-ce qu'il y a des pères-poules?

Quelqu'un: Moins.

Dominique à Guy: C'était le fun de te rencontrer. Puis c'était très intéressant. On espère que tu vas apporter des médailles et des photos. (Aux autres) Avez-vous des commentaires?

Olivier: Je savais pas que tu avais fait tout ça.

Gabrièle: J'aime connaître la vie des personnes.

Olivier, le lecteur de romans policiers, à Gabrièle: Comme ça tu peux leur faire du chantage après!

> *Guy est remercié par tous et quitte la classe. À la fin du rassemblement, Françoise demande qui aimerait s'occuper de trouver à Caroline de quoi jouer pendant que sa sœur est à la chorale. Thierry se propose. Il lui ramène une boîte de règlettes. À son bureau, il rédige rapidement son horaire, tout en allant de temps à autres la voir sur le tapis. Un moment après, Stéphanie est assise sur le tapis et fait des constructions avec Caroline. Thierry ne tarde pas à se joindre. Plus tard, tous les trois font des colliers de perles.*

> *La présence d'un plus jeune autorise les plus grands à se livrer à une activité qu'ils n'oseraient peut-être plus choisir, mais à laquelle ils s'adonnent avec grand plaisir.*

FAIM

> *C'est la période de calme. Gabrièle s'approche de la table de Françoise et dit qu'elle a faim. Benoît a fait la même remarque un peu avant. Dominique renchérit: Je meurs de faim.*

Gabrièle: J'ai déjeuné ce matin, mais chez moi, je mange tout le temps! Quand je m'ennuie, je mange. Quand je suis fâchée, je mange.

Françoise: Quand tu t'ennuies, est-ce que tu travailles des fois?

Gabrièle: Non. Je lis, des fois. Je lis, puis je mange!

9 mai 1988

RASSEMBLEMENT

> *Marie-Chantal, rayonnante, raconte qu'elle est allée pour la première fois au chalet que ses parents viennent de louer. Elle a pris une couleuvre dans ses mains, puis une grenouille. Elle les décrit avec la plus grande précision. Visiblement, elle adore la campagne. Anick a mis du papier de ménage avec de la mélasse et du sirop d'érable dans sa cour: une fourmi est venue.*

Françoise: Vos visages ont changé de couleur. Vous avez profité du soleil?

> *Lentement mais sûrement, Thierry arrive.*

Françoise: Notre champion des retards...

MUSIQUE ET ANGLAIS

> *Lise, une éducatrice, est assise dans le cercle.*

Françoise la présente: Lise est venue pour nous parler de deux ou trois choses en rapport avec la musique et l'anglais.

Lise: L'anglais d'abord: beaucoup d'enfants de l'école font des projets intéressants. Ils ont une démarche qui leur appartient. Il y a bien des démarches possibles. J'en vois peu de la part d'enfants de votre classe. Si vous voulez vous donner des idées, vous pouvez venir voir les projets des autres.

Annie: J'aimerais faire un projet, mais je sais pas vraiment quoi faire. Est-ce que je peux te rencontrer?

Lise: Bien sûr. Il y a par exemple des enfants anglophones qui écrivent des histoires. Il y a des plus petits qui font de la lecture. Il y a des enfants qui travaillent avec des cassettes. Ils écoutent la cassette et ils suivent dans un cahier. Vous pouvez venir me voir le vendredi à partir de dix heures. La musique maintenant: Miklos Takacz m'a appelée et m'a demandé si on chante toujours à l'école et si les enfants aimeraient chanter à la Journée internationale de la musique au début octobre. Le programme est un programme de chansons du folklore international et une œuvre, *La Création* de Haydn. On chanterait à une voix, les autres voix étant assurées par la chorale de l'UQAM. Il y aura donc des voix d'adultes.

Annie: On pratiquerait combien de fois par semaine?

Lise: Une fois par semaine jusqu'à l'été. Plus souvent en septembre.

Françoise: Les temps de répétition sont quand?

Lise: Il y aura trois possibilités dans la semaine.

Annie: Est-ce qu'il faut s'inscrire maintenant?

Lise, prête à écrire: oui.

Marie-Chantal: Je suis pas sûre.

Charlotte: Si on est en sixième, cst-ce qu'on peut?

Lise: Il y a beaucoup d'enfants qui m'ont posé la question. Comme il n'y a qu'un mois de répétition en septembre, je pourrais m'organiser avec un parent pour vous rencontrer un soir au mois de septembre quand vous serez au secondaire.

Françoise: Y a-t-il d'autres questions?

> *On passe aux inscriptions. Dix filles s'inscrivent. Pendant ce temps, les souvenirs du concert d'il y a deux ans remontent à la surface. Lise quitte le rassemblement, au moment où Stéphane arrive.*

«LES GARS, ILS CHANGENT PAS BEAUCOUP»

Françoise: J'ai un commentaire à faire qui m'attriste énormément. La chorale, c'cst l'art, c'est une forme d'expression. Or, les filles sont inscrites, les gars n'y sont pas. Il y a quelque chose que je ne comprends pas. Ce serait pareil si on offrait un cours de danse.

Dominique: S'il y a un atelier de hockey, les gars y vont et les filles s'y mettent aussi. Mais s'il y a un atelier de danse, ils viendront pas. Les gars, ils changent pas beaucoup.

Patrick défensif: Je me suis pas inscrit, parce que c'est pas tellement mon genre, chanter. Si on m'avait donné le choix de faire un cours d'informatique, je l'aurais fait.

Françoise: Est-ce que pour toi l'informatique ça a un petit côté masculin?

Patrick: ...Je me suis déjà inscrit dans un cours de danse et j'ai trouvé ça super plate.

Françoise: Ça arrive souvent quand on fait une chose pour la première fois.

Charlotte: C'est les gars qui ont parti le soccer dans la cour. Nous, on s'est embarquées. Si Annie et moi, on avait démarré de la danse aérobique dans la cour, je suis sûre que les gars auraient pas embarqué.

Maxime: Les gars ont beaucoup encouragé pour que les filles jouent...

Françoise, qui saisit son message: Les gars, est-ce qu'il y aurait moyen de vous encourager?

Patrick, encore plus défensif: N'importe qui qui me forcerait, j'irais jamais!

Françoise: Il ne s'agit pas de ça, Patrick. Tu n'as rien compris de ce que Maxime a dit.

Elle reprend le commentaire de Maxime.

Patrick: J'aime pas tellement ça, chanter.

Françoise: L'as-tu déjà fait?

Patrick: Non.

Françoise: Une fille qui n'a jamais joué au soccer va dire: j'aime pas ça le soccer. Bon, les gars, j'espère que vous allez y penser.

«JE ME SOUVIENS»

Alors que la boîte de Kleenex circule dans le groupe et que tous les enfants se mouchent à leur tour, **Françoise**: Ce sont les allergies du printemps! Vous souvenez-vous? Il y a un an, on était en France. Aujourd'hui même, on arrivait à Honfleur.

Les enfants se rappellent et échangent des commentaires.

Françoise: J'ai pensé que la classe qui s'en va à Caraquet, au Nouveau-Brunswick, part la semaine prochaine. Vous rappelez-vous quand on était partis, ils nous avaient écrit une grande pancarte. Est-ce que vous ne pensez pas que ce serait gentil qu'on leur offre 25 revues, une à chaque enfant, à offrir à la famille où ils vont aller habiter? Ce serait une façon de leur offrir un souhait de bon voyage. Qui serait d'accord?

Adopté à la majorité.

Françoise: Est-ce que quelqu'un pourrait penser à une façon de les leur remettre, de leur signifier qu'on leur souhaite un bon voyage?

Benoît se propose avec Dominique.

FAIRE LE POINT

Françoise: Vos échéances sont censées être terminées. Je vais aller faire un tour pour voir où vous en êtes.

Les enfants sont assis à leur table, face à leur échéancier de projets. Ils planifient du 9 au 23 mai.

Françoise: Comment ça s'appelle, ce que vous êtes en train de faire?

Christine: Faire le point.

Françoise: Oui, faire le point. C'est une expression nautique. Votre bateau, qui contient vos projets, il faut le réaligner, savoir où vous voulez le diriger. En marine, on choisit un point positif et un point négatif et on se réoriente.

Françoise regarde par dessus l'épaule de certains enfants.

Françoise: Tout le monde doit avoir le point classe verte souligné. La classe verte, je vous l'ai fait mettre en premier parce que c'est le projet de groupe, le projet collectif. Maintenant, il faut que vous regardiez quels projets il vous reste à finir. On approche de la fin de l'année. Faites votre bilan. Feuilletez votre échéancier de projets et regardez ce qui reste en suspens. Les masques par exemple...

J'ai la mémoire d'enfants qui avaient eu des projets en début d'année qu'ils n'ont pas réalisés. Est-ce parce qu'ils ont changé d'avis ou parce qu'ils ont oublié des projets qu'ils voulaient faire?

Benoît: Je voulais apprendre l'italien.

Françoise: Revois avec toi-même si tu es au clair sur les raisons pour lesquelles tu ne l'as pas fait. Toi, Stéphane, tu voulais que ta grand-mère t'apprenne des mots d'ukrainien. Allez voir jusqu'au mois de septembre ce que vous avez oublié en route.

Un oiseau lance un chant.

Françoise: C'est le chant de quel oiseau, ça?

Christine: Le rossignol japonais!

Françoise: Quand on regarde les vieux projets, il faut se demander pourquoi on voulait les faire.

Patrick: J'ai abandonné un projet, parce que j'ai réalisé que c'était un trop gros projet.

Françoise: C'est vrai, mais tu as fait plusieurs petits projets qui font partie du gros projet d'origine.

Julie: J'avais un projet d'histoire, mais je commence à être tannée...

Françoise: Qu'est-ce qu'on fait alors?

Julie: Il faut que je fasse un dernier épisode.

Thierry: J'ai abandonné plus ou moins mon invention. J'y pense toujours, mais je sais pas quoi faire.

Françoise: As-tu essayé de chercher de l'aide?

Thierry: J'ai essayé d'essayer.

Françoise: Tu as essayé d'essayer. Ça ne va pas très loin, ça!

Thierry: Une fois, il y avait quelqu'un chez moi. Mais j'étais gêné de lui demander. C'est le mari de mon ancienne gardienne.

Olivier lui suggère une personne qui travaille sur les moteurs, le sujet de son invention. Tout le monde continue le ménage dans les échéanciers de projets.

Françoise: Il y a une chose dont je veux vous faire part, parce que c'est une caractéristique des abandons de projets. C'est la question que j'ai posée à Thierry: As-tu été chercher de l'aide? Il y a des enfants qui n'aiment pas se faire montrer des choses, se faire enseigner des choses. Est-ce qu'il y en a qui se reconnaissent dans ce que je dis?

Plusieurs mains se lèvent.

Dominique: En sport, je dis que je le sais mais je le sais pas. Chaque fois que quelqu'un me dit: veux-tu apprendre ça? je dis: j'ai pas besoin de savoir ça dans la vie.

Annie: J'aime ça apprendre, mais j'hais quand quelqu'un me le montre ou me le demande. Les choses que je connais pas, ça me dérange pas. Mais quelque chose que je connais et que quelqu'un veut m'améliorer, j'hais ça!

Voilà un commentaire qui vaut un traité de pédagogie...

Marie-Chantal: L'autre jour, au chalet, j'apprenais à ramer. Je veux pas que mon père soit là. Je veux apprendre toute seule, même si je vais au fond du lac. Si je me trompe, il va prendre ma place, pis j'apprends pas à ramer.

Celui-là aussi.

Françoise: Quels sont ceux qui se retrouvent dans ce que dit Marie-Chantal? Levez donc la main.

De nouveau, plusieurs mains se lèvent.

Marie-Claude: C'est surtout en sport. Si quelqu'un me dit: c'est pas comme ça, je le fais comme je veux, pis je le fais tout mal.

Françoise: C'est vrai, mais as-tu remarqué que tu as changé?

Marie-Claude est bien prête à le reconnaître.

Jérôme: En sport, ça me dérange pas, mais dans le travail d'école ça me dérange.

Maxime: En sport, c'est plutôt lui qui montre aux autres!

Françoise: Qu'est-ce que ça te fait de demander de l'aide dans le travail?

Jérôme: Que je suis pas bon, et je suis gêné.

Christine: Dans les matières scolaires, ça me dérange pas, mais en sport, oui.

Françoise: Conclusion: ça ne dérange pas quand on se sent très bien, ça dérange plus quand on a une moins bonne image de soi. Il faut que vous réfléchissiez à ça!

Ils continuent le travail sur leur d'échéancier.

Julie à Françoise qui lit ses échéances: Je trouve que je m'en suis pas mis assez.

Françoise: Ça, ma chouette, c'est toi qui juges.

ONZE HEURES TRENTE. AU PARC

Le groupe qui prépare un atelier sur les fourmis en vue de la classe verte, c'est-à-dire Violaine, Marie-Chantal et Anick, va dîner au parc pour observer les fourmis. Après avoir mangé leur lunch, elles commencent à ramasser des fourmis dans leur boîte de plastique. Marie-Chantal le fait sans aucun problème. C'est un jeu pour elle. Elle n'a aucune répugnance à toucher les fourmis. Anick a plus de difficulté, mais elle s'y met, surtout en découvrant qu'elle peut prendre les fourmis sur une écorce avec de la confiture. Violaine adopte assez rapidement une approche systématique: celle-là, je l'ai déjà. J'en veux des petites, maintenant.

On finit par trouver une fourmilière dans un arbre. La plus enthousiaste est toujours Marie-Chantal. À une heure, elles ont recueilli une cinquantaine de fourmis. Elles suggèrent qu'on aille jouer un moment dans la partie du parc dans laquelle il y a des balançoires. Elles y retrouvent de petits enfants avec leur mère et les enfants de la garderie. Elles jouent là une quinzaine de minutes puis, en sueur, proposent qu'on aille à l'ombre et qu'on se raconte des histoires. J'hésite. Violaine fait valoir que les autres de la classe ont leur période de travail sur la classe verte et qu'elles ont déjà fait la leur. Argument quasi incontestable. Dont acte. Elles commencent à raconter. Assez souvent, l'une d'elles commence l'histoire et déclare ensuite qu'elle ne sait pas la fin. Leur gêne suggère un contenu sexuel qu'elles n'osent peut-être pas aborder en ma présence. Tout à coup, Violaine se lance et raconte une histoire d'hôtel où il est question de chambre à coucher et du gars qui a mis «la balle dans les douze trous» puis, gênée, elle dit: je la comprends pas. C'est Stéphanie qui me l'a racontée. Elle me demande de l'expliquer, ce que je fais. Après cela, toutes les trois sont comme libérées et prêtes à retourner à l'école.

D'où il ressort qu'on se raconte différents types d'histoires à l'école: celles qui passent en rassemblement et celles qui se racontent hors de la classe, comme dans tous les territoires libres du monde où des enfants mettent des mots sur les réalités qu'ils veulent appréhender ou apprivoiser.

11 mai

RASSEMBLEMENT

Françoise: Deux ou trois minutes de nouvelles pour voir si vous avez continué à avoir les yeux et les oreilles ouverts.

Vicky: Jean Perron donne sa démission, mais Serge Savard a démenti la nouvelle.

Il y a de l'émoi dans la classe.

Annie: François Mitterrand a été élu; c'est Chirac qui a perdu.

Françoise: Qui est François Mitterrand?

Annie: Le président de la France.

Françoise: Sais-tu quelle est son allégeance politique, quelle sorte de regroupement il représente?

Olivier: Il est socialiste. Chirac est plus... nationaliste.

Françoise: Savez-vous ce que ça veut dire, socialiste?

Quelqu'un: Non.

Françoise: Lequel vous apparaît le plus sympathique?

Quelqu'un: François Mitterrand.

Françoise: Les socialistes, dit très rapidement, sont des gens qui appartiennent aux partis politiques qu'on appelle de gauche; ce sont des personnes qui veulent qu'on répartisse plus les richesses entre les gens, qu'on impose plus d'impôt aux personnes qui ont de l'argent, qui sont plus en faveur de mesures sociales.

Quelqu'un: Et Chirac alors?

Un autre: Il est encore maire de Paris.

Françoise: Vous rappelez-vous quand on est passés devant la mairie de Paris, l'an dernier?

Quelqu'un: C'était beau! Plus beau que Versailles!

LES PRISONS

Françoise: Véronique et Gabrièle ont un grand projet à présenter, qui a été long et ardu.

Julie: C'est sur la prison. On voulait en savoir plus.

Gabrièle: On a interviewé la cousine du cousin de ma mère. Elle travaille comme gardienne dans une prison.

Julie: On a rencontré aussi le père d'Annie. Il est criminaliste. C'est un avocat pour les criminels.

> *Les deux blondes aux yeux bleus ont de la misère à se répartir la parole. Conciliabule de mise au point.*
>
> *Gabrièle commence par les questions qu'elle a posées à la gardienne. Sa première question était: Y a-t-il des prisons pour enfants? Puis, les femmes sont-elles en prison avec les hommes? Tout au long de son exposé, Gabrièle pousse des soupirs à la mesure des termes qu'elle doit expliquer. Il y a «intergouvernemental», «action positive». Mais elle explique très bien.*

L'exposé continue:

Gabrièle: À quoi pensent les prisonniers quand ils entrent en prison? Elle donne la réponse de la gardienne: ils pensent à leurs mauvais coups et à ceux qu'ils vont faire, pour que le prochain soit mieux réussi. Mais quand les portes sont barrées dans les cellules, le soir, on peut les entendre pleurer.

Françoise: Pourquoi, pensez-vous?

Gabrièle: Ils s'ennuient. Ils pensent à leur femme.

> *Gabrièle fait entendre une séquence d'un enregistrement de son informatrice sur l'horaire des prisonniers. C'est difficilement audible. Gabrièle le reprend dans ses mots. Quand ils entendent que les prisonniers ont une télévision et accès à des films vidéos, Maxime s'exclame: je vais commettre un crime tout de suite!*

Dominique: Ils sont comme des esclaves! On les compte.

Gabrièle: Ben pas vraiment. Ils sont quand même gâtés; dans leur chambre, ils ont une douche, la télévision.

Dominique reprend l'horaire: À huit heures ils se lèvent, à huit heures trente ils déjeunent puis ils vont travailler. C'est quoi qu'ils font comme travail?

Gabrièle: La mécanique, la menuiserie, la couture.

Dominique: Les gens, ils profitent des prisonniers.

Benoît: Préfères-tu rester toute la journée à rien foutre?

Françoise à Dominique: Tu émets une opinion. Mais il faut considérer l'ensemble de la situation. Il faut savoir qu'ils reçoivent un salaire. Ils peuvent aussi poursuivre des études...

Gabrièle: Mais c'est assez rare.

Patrick, plus intéressé à la forme qu'au fond: Est-ce que Véronique a quelque chose à faire dans la recherche?

> *Stéphanie pose des questions pour savoir si on peut adapter l'horaire aux besoins particuliers des prisonniers.*

Françoise: Ce n'est pas un hôtel, Stéphanie!

Gabrièle continue. Elle se décourage au milieu d'une explication et demande l'aide de Françoise Puis elle reprend du poil de la bête. Arrivée au bout de sa partie, elle reçoit des félicitations. Tout le monde se lève et remue pour se dégourdir puis la présentation reprend par la partie de Véronique.

Françoise: Véronique a choisi l'autre versant, celui de la personne qui défend les criminels.

Véronique a une longue liste de questions avec leurs réponses.

Véronique: Est-ce que l'avocat choisit ses clients? Non, mais il peut refuser d'en représenter.

— Quel est le crime le plus fréquent? Les vols, les batailles, la drogue.

— Est-ce qu'il y a plus d'hommes criminels que de femmes? Oui.

— Comment est-ce que l'avocat prépare son procès? Il regarde ce que le client a fait et il regarde dans les livres de droit.

Elle continue ainsi, en en perdant presque la respiration, puis demande des commentaires.

Olivier: C'était super intéressant. Je connaissais rien là-dessus. J'ai appris beaucoup de choses.

Dominique: C'était bien, mais quand on posait des questions, vous aviez l'air découragées, comme si vous aviez pas le goût de présenter votre projet.

Gabrièle: Mais des fois, vous aviez des questions bizarres.

Françoise: C'est que le sujet était compliqué. Et c'est difficile à présenter.

Françoise leur demande si elles aimeraient continuer à travailler sur ce sujet. Elles semblent avoir encore de l'intérêt, mais aussi des hésitations.

Françoise: Aimeriez-vous rencontrer quelqu'un qui a été en prison?

Véronique: On aimerait, pis on aimerait pas. Moi, j'aurais peur.

Véronique et Gabrièle ont entretenu la classe pendant une demi-heure sur ce sujet difficile. Elles ont capté l'intérêt. On a pu sentir combien ce projet avait été ardu à explorer et combien il reste encore lourd de questions non résolues et d'émotions.

MAXIME

C'est la période de travail. **Françoise** s'approche de Maxime: Maxime, ça ne marche pas! On s'est parlé hier et il n'y a rien qui se passe aujourd'hui. Ça veut donc dire que tu n'étais pas d'accord!

Maxime: Mais non!

Françoise: Alors on va se parler des heures comme ça sans qu'il y ait d'action?

Maxime sort son cahier de textes qu'il montre à Françoise. Ils travaillent un moment ensemble. Après, Maxime, remis sur le droit chemin de la concentration, travaille seul de façon très intense pendant plus d'une heure.

LECTURE À QUATRE MAINS

Stéphanie et Violaine, couchées côte à côte sur le tapis, lisent le même livre, Le complot, *et elles se font des commentaires.*

SOUPER

Éric, Christine et Steve préparent un souper qu'ils réalisent au complet et auquel ils ont invité Mathieu et Marie-Claude. Ils viennent soumettre leur menu à Françoise.

Françoise: J'aimerais bien que vous mettiez des prix. On ne peut pas faire un menu sans avoir un budget. Où pouvez-vous l'acheter votre poulet? Où est-ce qu'il est le moins cher?

Ils font des suggestions. Tout le menu y passe.

AMOURS SECRÈTES

Benoît, tout émoustillé, raconte à des complices que le père d'Éric «sort» avec la brigadière qui fait traverser la rue aux enfants devant l'école.

— Comment le sais-tu?

— On les as vus. Quand il amène Éric à l'école et quand il vient le chercher, il va lui parler.

Le regard plein de sous-entendus de Benoît semble insinuer qu'enfin il tient LA raison — la seule vraiment plausible — pour laquelle le père d'Éric assiste ce dernier dans ses déplacements scolaires!

Benoît: Éric nous a dit que l'autre jour, son père l'a invitée au restaurant et qu'après, il l'a amenée à la maison!

Voilà un téléroman qui va être suivi assidûment dans les semaines qui viennent. Les héros sont-ils conscients que leurs faits et gestes sont observés à la loupe?

16 mai

RASSEMBLEMENT

DU SANG À LA UNE

Françoise: Puisqu'il n'y a pas de point aujourd'hui, j'aimerais qu'on revienne sur une discussion qu'on devait tenir quand Dominique et Vicky ont fini de lire leur texte. Vous vous souvenez?

Quelqu'un: Oui, Kim est morte.

Maxime: Elles ont dit: «On est tannées de tuer du monde».

Françoise: On s'est posé cette question, vous vous rappelez? Dans vos histoires, il y avait beaucoup de morts. Il y avait même des baignoires complètes de sang. Je voulais savoir ce que c'est, l'intérêt, le plaisir que vous avez à bâtir des histoires autour de ces événements. (Françoise énumère les textes en question).

Benoît: Ça met un peu d'action.

Kim: Du suspense.

Françoise: Ça prend des morts pour mettre de l'action.

Benoît la corrige: Ça prend un peu de violence pour mettre de l'action.

Quelqu'un: Comme au hockey.

Gabrièle: Ça fait sadique.

Dominique: Même si on faisait des meurtres, il y avait quand même une histoire. Sinon on fait des histoires de petites fleurs qui poussent dans le jardin.

Françoise: Ça fait un peu plus sérieux.

Dominique, défensive: Je vois pas d'autres idées à faire.

Françoise: Je ne dis pas que ça n'est pas bon. J'essaie de voir ce qui vous intéresse là dedans.

Annie: Moi, je pense pas exactement comme Dominique. J'ai pas fait de meurtre encore. Il y a peut-être de la violence, mais il y a pas besoin de meurtre pour avoir du piquant.

Charlotte: C'est pas juste les meurtres qui font de la violence. C'est aussi commencer à blesser quelqu'un gravement.

Benoît: Le meurtre, c'est la violence complète.

Christine: Dans les histoires, il y avait pas juste les meurtres qui faisaient l'histoire.

Patrick: Peut-être qu'à un certain âge, on a le goût de faire des trucs comme ça...

Françoise: Peut-être, mais pourquoi?

Patrick: Je sais pas.

Olivier: Benoît et moi, on fait des meurtres mais pas des meurtres sadiques. Ils tombent d'un nuage... (rires).

Benoît: Il y a pas de sang!

Françoise: J'essayais de comprendre! Dans les films que vous regardez, dans les émissions de télé, est-ce qu'il n'y a pas aussi ces messages-là?

> *Maxime marmonne quelque chose.*

Françoise: Maxime, parle donc au niveau de tout le monde.

Maxime: J'ai rien à dire.

Françoise: Ça ne vous dit rien, ça? Dominique, tu étais celle qui vantait les films d'horreur. Tu aimes ça?

Dominique: Oui.

Françoise: Il y a un plaisir à approcher l'horreur, la mort.

Dominique: Ça me donne des idées.

Julie: Il y a beaucoup d'affaires que c'est même pas vrai!

Gabrièle: Sherlock Holmes, j'aime ça. Les châteaux, je trouve pas ça de la violence...

Françoise: C'est le plaisir de démêler l'histoire. Dominique parlait des sortes d'histoires que vous pouvez faire; les aventures, les histoires d'horreur, les histoires policières, la petite fleur qui pousse...

Maxime: ... l'histoire un peu enfantine!

Françoise: Qu'est-ce qu'il peut y avoir d'autre comme histoires?

Maxime: Les histoires drôles!

Françoise: C'est vrai, les catastrophes d'Albert Fuger (une histoire écrite par Olivier), c'en était. Il y a aussi les histoires inventées, imaginaires.

Marie-Claude: Et les histoires vécues.

Quelqu'un: Raconter l'histoire de quelqu'un.

Maxime: La biographie.

Quelqu'un: Un rêve.

Françoise: Il y a le domaine des rêves. C'est un peu de nous, quelque chose qui se vit de façon inconsciente. Ça peut aussi être décrit.

Quelqu'un: Les livres dont vous êtes le héros.

Françoise: Et la science fiction, ça vous dit quelque chose?

Annie: C'est quelque chose qui est pas vrai.

Maxime, moqueur: Hein!

Dominique: *Opération beurre de pinotte,* il y a quelque chose de pas vrai là-dedans.

Patrick: La peur peut faire perdre les cheveux. Il y a un soldat qui est entré dans un camp ennemi pour déposer une bombe. Quand il est revenu, il avait perdu tous ses cheveux.

Christine: La science-fiction, c'est de la technologie très avancée qui un jour peut devenir vraie.

> *Ceci est une définition donnée à brûle-pourpoint par une fillette de dix ans!*

> *Les enfants se rappellent les films de science-fiction qu'ils ont vus:* Pile non comprise, Odyssée 2000, Back to the Future. *Françoise raconte un roman de science-fiction qu'elle a lu alors qu'elle avait 15 ans.*

Françoise: Il y a un grand genre d'écriture qu'on n'a pas mentionné. Thierry, tu m'en as parlé la semaine dernière.

Thierry: Je me rappelle plus.

Françoise: La poésie. Les chansonniers, par exemple, en font. La poésie, quelle est sa particularité? Est-ce qu'il y en a qui en ont déjà lu?

Annie: Des fois, il y a des rimes.

Julie: C'est comme les comptines.

Françoise: Thierry m'a dit: J'ai le goût d'écrire comme en poésie.

Julie: Avant, je faisais plein de poèmes.

Maxime, exultant, coupe la parole: Stéphanie, tu fais de la poésie. Ça rime!

Françoise: C'est pas drôle. Vous confondez la liberté avec la responsabilité. Vous imposez des choses à d'autres. Levez votre main. Vous pouvez prendre la parole à n'importe quel moment... pour autant que vous attendiez votre tour.

Dans la classe, qu'est-ce qu'on a exploré comme types d'écriture?

Steve: La bande dessinée.

Olivier: L'humour.

Gabrièle: Le policier, le meurtrier.

Steve: Les aventures.

Charlotte: Raconter ce que l'on a vécu dans une journée, un journal.

Françoise: Y en a-t-il parmi vous qui ont envie d'essayer d'autres façons d'écrire?

Maxime: On pourrait écrire des chansons.

Françoise: Oui. C'est extrêmement difficile. Luc Plamondon l'a expliqué récemment. Gilles Vigneault aussi. Vous pourriez l'essayer.

Fin du rassemblement.

Quelques instants plus tard, Benoît est en train d'écrire un poème...

RENCONTRE D'ÉCHÉANCES

Six enfants sont assis à la table avec Françoise. Françoise aide Marie-Claude et Stéphanie à démêler les questions qu'elles veulent poser à une employée de banque. Certaines s'adressent à cette personne, alors que d'autres sont d'une nature différente, comme par exemple: à quel moment le dollar a-t-il été inventé? Stéphanie écoute Françoise en suçant son pouce.

Françoise: Essayez de voir par vous-mêmes les questions qui sont pertinentes pour l'employée de banque.

Elle s'adresse maintenant à tous ceux qui sont autour de la table.

Françoise: Maintenant, regardez votre carnet. Mettez un signe à ce qui est fait. Entourez ce qui vous reste à faire. Qu'est-ce qu'il vous reste?

Maxime: J'ai fini mon projet, mais j'aime mieux attendre pour le présenter.

Françoise, toujours à Maxime: Où en es-tu dans tes projets d'art?

Maxime: J'ai fait une peinture.

Françoise: On ne l'a pas vue. Va la chercher. Mets-la dans la classe. Toi, Patrick, qu'est-ce qu'il te reste d'important?

Patrick: Présenter ma recherche sur les aimants et mon français.

Françoise: C'est pour apprendre quoi?

Patrick: L'accord du verbe avec le sujet.

Françoise: C'est important pour toi?

Patrick: Ben c'est ma mère qui m'a dit... (il essaie d'éviter le sujet). Mon projet d'astronomie est tout fini.

Françoise: J'aimerais qu'on revienne sur les fiches de français. Toi, là, qu'est-ce que tu penses?

Patrick: Ma mère pense qu'il faudrait que j'apprenne les participes passés.

Françoise: L'année prochaine, tu pourras peut-être étudier les participes passés, mais l'accord du verbe, pour le moment, c'est plus nécessaire.

Patrick: Je fais des fautes... Je fais moins de fautes dans les fiches, mais après, quand j'écris, je refais les mêmes fautes.

Françoise: C'est exactement ça. Est-ce que faire des fiches fait disparaître les fautes?

Christine: Il faut toujours faire attention...

Maxime: ... et il faut vouloir apprendre.

Françoise: Marie-Chantal, tu n'écoutes pas! Penses-tu que quand tu fais des choses que ta mère ou moi on te demande de faire, tu les fais mieux ou moins bien?

Marie-Chantal: J'aime mieux quand c'est moi qui décide.

Plusieurs approuvent.

Maxime, surpris: On a tous le même caractère!

Françoise: C'est une grande clé, ça. Il faut vous en souvenir. Parfois, vous pensez que c'est comme de la magie: je veux apprendre à écrire!, comme s'il suffisait d'appuyer sur un bouton.

> *Françoise donne l'exemple de sa nièce qui croyait que le premier jour d'école, elle apprendrait à lire et à écrire et qu'elle le saurait en rentrant à la maison.*

Françoise: Il faut apprendre. Apprendre, ça veut dire quoi?

Maxime: Vouloir.

Françoise: Pour toi, Mathieu?

Mathieu: Découvrir. Découvrir de nouvelles choses.

Françoise à Patrick: Dans tes aimants, as-tu appris?

Patrick: J'ai pas appris ma recherche, mais j'ai appris des choses.

Françoise: Toi, Marie-Chantal, tu as appris à faire du cheval. Toi, Patrick, es-tu d'accord qu'il faut apprendre ça (la grammaire) ou est-ce seulement le choix de ta mère?

> *Elle engage une discussion avec Patrick. Sur ces entrefaites, Maxime apporte son masque. C'est un gros masque brun foncé aux lèvres épaisses. Il est accueilli par des exclamations d'admiration.*

Françoise: Magnifique! Tu étais déçu parce qu'il est tellement différent des autres. Assume ta différence, mon cher ami...

Maxime: C'est toffe!

Il a l'air heureux.

Françoise à Christine et Steve: Mercredi, on mange ensemble pour travailler sur les papillons. Apportez votre lunch.

Christine: Je vais demander à ma mère de me faire un sandwich.

Françoise: Christine! tu vas préparer ton sandwich toi-même!

Christine: Je lui demanderai du jambon et...

Françoise: Tu prendras ce qu'il y a dans le frigidaire et tu ne demanderas rien à ta mère. O.K.?

Maxime parle de sa difficulté à écrire en lettres attachées.

Françoise: Toi, Mathieu, te rappelles-tu comment ça s'est passé pour toi l'an passé la calligraphie?

Mathieu: ...

Françoise: Toi, Marie-Chantal, tu n'es pas encore bien décidée.

Marie-Chantal: Ben, j'en fais!

Françoise: Pas vraiment. C'est comme ce qu'on discutait juste avant à propos des fiches de français.

Maxime: C'est dur. J'y arriverai pas.

Françoise: Steve, apporte ton échéancier de projets et montre-lui la différence entre le début de l'année et maintenant.

Steve feuillette son cahier. Il rit lui-même de ses gribouillages du mois de septembre.

Françoise: À propos, Maxime, tes interventions en rassemblement me demandaient toute ma patience.

Maxime: Elles étaient pas niaiseuses.

Françoise: Non, mais extrêmement envahissantes. C'est le contraire de toi, Mathieu. On attend tes interventions. Tu es très silencieux en rassemblement.

Maxime: Il parle pas...

Françoise: Ce serait bien, si tu essayais de faire valoir ton point de vue.

Patrick: J'aimerais améliorer mon écriture, mais avec un stylo.

Françoise: Vas-y. C'est à toi de le faire!

Maxime tousse bruyamment: Françoise, qu'est-ce que je voulais améliorer?

Françoise, ironique: Ta concentration!

Françoise, qui regarde de temps en temps le travail des enfants qui ne sont pas autour de la table s'adresse à Thierry:

— Qu'est-ce que tu fais, Thierry?

Thierry: Des formes (au compas).

Françoise: Est-ce que ça fait partie de la démarche qu'on a décidée ensemble? Regarde ton échéancier de projets.

Comme on peut le voir ici, les rencontres d'échéances, à cinq ou six enfants d'âges divers autour de la même table, permettent bien sûr de faire le point sur le travail en cours et de se réorienter, mais surtout d'intervenir en référence à la dynamique de chaque enfant. Le petit groupe permet un fonctionnement plus informel: les timides s'expriment plus facilement; les impulsifs n'ont pas à attendre leur tour de parole. En apparence, on saute du coq à l'âne, mais la cohérence est sous-jacente et elle n'échappe pas aux enfants. Ils sont même extrêmement attentifs aux apprentissages, aux blocages, aux difficultés, aux victoires de leurs voisins, au delà de la variété des sujets abordés.

PÉRIODE CALME

Quelques enfants sont restés à la table. Ils travaillent à côté de Françoise. Elle discute avec eux à voix basse, tout en gardant un œil sur le reste de la classe. Pendant la période calme, les oiseaux prennent leur place. On entend des bruissements d'ailes, des froissements de pattes sur le papier qui recouvre le sol de la volière, les bruits de graines qu'ils écrasent du bec dans la mangeoire, des chants. C'est reposant: nous voilà ramenés à une palpitation presque imperceptible de la vie, à la respiration d'une nature qui ne s'embarrasse pas des mots, parfois sans queue ni tête, d'un groupe d'humains.

Anick vient voir Françoise trois fois par problème d'arithmétique. Françoise parle avec elle de son besoin continuel de se faire rassurer. Elle dit: le calcul, j'y arrive, mais c'est savoir quoi faire...

C'est exactement là que sa confiance en elle est mise à contribution. Et elle panique...

À la fin de la demi-heure:

Françoise: Il y a des enfants qui ont utilisé la période calme pour être calmes. Il y en a d'autres qui n'ont pas arrêté de bouger. Bouger, c'est une autre façon de ne pas se permettre de rester calme. Une demi-heure, ça fait du bien de rester éloigné des autres et du mouvement.

RASSEMBLEMENT SPÉCIAL SUR LA CLASSE VERTE: RÉPARTITION DANS LES TENTES

Les enfants reviennent du dîner et s'installent rapidement. On en est à la deuxième étape du processus. Il y a quelques jours, ils ont fait un premier tour de table désignant les enfants avec lesquels ils voulaient être. Ils devaient y réfléchir. Le temps est venu d'un deuxième tour de table. Éric est assis à son bureau. Il lit un journal. Quelqu'un l'appelle.

Éric: J'y vais pas...

Françoise: Si on discute des tentes, à quoi faut-il faire attention dans le choix des personnes avec qui on va coucher?

Julie: On essaie de ne pas en laisser tout seul. Et on se demande si tout le monde est heureux.

Françoise: Vous nommez les personnes auxquelles vous avez pensé en faisant attention d'intégrer tout le monde. Je vous rappelle qu'il y a peu de tentes à quatre places.

Le tour de table commence. Plusieurs se sont déjà concertés. Ils se nomment mutuellement. Par contre, il reste quelques situations problématiques.

Françoise: Il y a des groupes où certains ajustements sont à faire.

Thierry, ému: Il y a quelque chose que j'ai pas aimé. Cette fois, il y a personne qui m'a nommé. La dernière fois, c'était pas comme ça.

Dominique: Ceux qui ont pas été nommés vont voir les personnes qu'ils ont nommées.

Françoise: Est-ce que c'est clair? Ceux qui ont des problèmes, vous allez vers ceux que vous avez nommés. Stéphane, tu discutes avec Patrick puisque tu l'as choisi. On se donne cinq minutes.

> *Le scénario des changements de bureaux se reproduit. Les enfants sont tous debout sur le tapis et discutent. Françoise rappelle à Steve, Patrick et Mathieu que le problème de Stéphane leur appartient puisque Stéphane a nommé l'un d'entre eux.*

Patrick tente d'éluder le problème: S'il y a une tente seule, je la prends!

Françoise: Il n'y en a pas.

Steve: On arrivera jamais à s'endormir dans une tente à quatre.

Françoise: Ça n'est pas vraiment ça le problème.

> *Françoise fait la même démarche auprès d'Olivier, Jérôme et Benoît pour leur signaler qu'ils ont été choisis par des plus jeunes: Anick, Violaine, Thierry.*
>
> *Les trois grands rechignent à faire des compromis. On revient au rassemblement.*

Françoise: Il y a des enfants qui sont malheureux parce qu'il y a des groupes qui n'arrivent pas à trouver de solution. Y a-t-il des suggestions?

Mathieu: On veut pas être quatre.

Dominique: Vous pouvez faire deux tentes à deux et changer.

Marie-Chantal: Ils peuvent faire deux soirs dans une tente, deux soirs dans une autre.

Patrick: Mais tu changes tout le temps. T'as pas ta tente!

Françoise: Il ne faut pas se conter des blagues. Le vrai problème n'est pas de déménager. Il faut que chaque groupe remette en question ses choix et trouve des solutions pour tout le monde. Il n'y aura pas de miracle. On n'ira pas chercher d'autres enfants dans l'école pour changer les groupes. Il faut trouver des solutions qui partent de nous.

Patrick: J'aimerais faire un dernier tour de table.

Maxime: Qu'est-ce que ça donnera?

Patrick: Il y aura peut-être d'autres idées.

Violaine: Ce que j'aime pas, c'est qu'en premier, Benoît et Jérôme voulaient être avec moi, puis après, ils sont partis avec Olivier.

Patrick, qui fait une volte-face spectaculaire: Moi, ça me dérangerait pas de me mettre avec Stéphane.

Françoise: Tu demanderais à changer après un ou deux soirs?

Patrick: Non.

Françoise: Est-ce qu'il y en a d'autres qui sont prêts à bouger?

> *Entre temps, les trois grands gars ont fait des pressions sur Anick pour qu'elle renonce à vouloir camper avec des plus grands.*

Françoise l'aide à résister aux pressions: Anick, tu as le droit d'exprimer ton besoin. Qu'est-ce que tu souhaites?

Anick: J'aime mieux être avec un plus vieux.

Françoise: Alors, qui bouge?

Julie: J'ai bougé un peu parce que Marie-Chantal était souvent seule.

Françoise: C'est vrai et Marie-Chantal est contente.

Quelqu'un: Kim et Gabrièle, vous êtes tout le temps ensemble et vous vous êtes mises les deux dans la même tente.

Kim: C'est comme si on avait pas le droit d'être ensemble.

Annie: Je suis super-amie avec Dominique, mais on s'est pas mises ensemble. Je serais pas très fière si on s'étaient mises toutes seules. On a accepté Isabelle et Maxime.

Dominique: Je voulais être avec Vicky et Annie, mais je trouvais que ça faisait bébé de rester les grandes ensemble. Isabelle avait pas été choisie. On l'a prise avec nous.

Gabrièle: Je suis d'accord qu'Olivier vienne pour trois jours puisqu'il m'a nommée.

Benoît: Mais Olivier n'a pas nommé Kim, c'est ça le problème!

Charlotte: Marie-Claude et moi, on s'est dit que Christine oserait pas venir nous demander; on lui a demandé nous-mêmes.

Christine: J'ai trouvé ça le fun de me faire choisir. J'ai senti que la porte était ouverte.

Kim: Si quelqu'un veut venir avec nous, notre porte est aussi ouverte.

Quelqu'un: On se sentirait un peu mal à l'aise. On se sentirait pas vraiment accueilli.

Françoise: Pour aujourd'hui on en reste là. On ne considère aucun groupe comme définitif tant qu'on n'a pas réglé tous les problèmes. Tout le monde doit avoir une place et tout le monde doit se sentir heureux.

Kim ricane.

Françoise: Kim, ce n'est pas le temps de rire. Les gens sont en train de te dire des choses très importantes. Est-ce que tu les entends?

Patrick: On va dormir là-dessus.

Maxime: On dit que la nuit porte conseil.

17 mai

L'EXAMEN DU MINISTÈRE

Françoise: J'ai quelque chose à vous proposer à propos des examens des enfants de sixième. Tous les enfants de sixième année de la province passent cet examen de français aujourd'hui. Savez-vous comment ça se passe dans les écoles où les enfants sont habitués aux examens?

Gabrièle: On reçoit des feuilles d'examens.

Julie: Tu as une feuille, puis ils écartent les bureaux pour qu'on regarde pas sur la feuille du voisin.

Françoise: Un examen, c'est une épreuve pour voir si tu...

Quelqu'un: ... as bien appris.

Françoise: Est-ce que ça montre vraiment si tu as bien appris? Ou plutôt, est-ce que c'est la seule façon de montrer qu'on a bien appris?

Quelqu'un: Non, il y en a qui ont des crampes parce qu'ils ont peur.

Dominique qui est en cinquième: J'aurais le goût de le faire, pour le fun.

Stéphanie: On pourrait le faire et comme ça on pourrait voir si les sixièmes font vraiment moins de fautes.

Olivier: Ça, ça ferait vraiment comme à l'École!

Françoise: Je vous propose qu'on soit capables de rester en période calme pendant les deux heures de l'examen, pour les aider à se concentrer, parce qu'ici, on n'a pas de local spécial.

> *Les deux heures qui suivent se passeront dans un silence quasi religieux. Plusieurs enfants plus jeunes consacreront d'ailleurs ce temps à faire la rédaction d'examen pour le plaisir.*

LES RENDEZ-VOUS D'ÉVALUATION

Françoise distribue aux enfants la feuille qui fixe à leurs parents et à eux-mêmes un rendez-vous d'évaluation.

Françoise: Cette évaluation est la quatrième. Elle a comme objectif de faire le point sur l'année. On va voir ce qui s'est passé, comment vous avez vécu votre année. Quels sont les progrès que vous avez faits et ceux qui restent à faire. On va la préparer ensemble. Vous aurez à réfléchir tout seuls puis on en parlera. Réalisez-vous que c'est la fin de l'année?

Quelqu'un: Oui, j'ai hâte aux vacances.

Et ils commencent à énumérer leurs projets de vacances.

25 mai

RASSEMBLEMENT

Alors que les enfants arrivent peu à peu, quelqu'un raconte l'histoire du jardinier qui se met tout nu dans son jardin pour faire rougir ses tomates. Quelqu'un remarque qu'il n'y a vraiment pas de quoi rougir. De fil en aiguille, ils se parlent de nudité. L'un raconte qu'il se promène tout nu dans la maison. D'autres disent qu'ils sont un peu gênés ou que ça dépend qui est là.

Quelqu'un: Moi, je mets une serviette, même devant mon hamster.

Françoise fait un tour d'horizon sur les projets individuels ou à deux, afin de s'assurer qu'ils ne restent pas en panne, vu l'imminence de la fin de l'année. Un tour de table fait ressortir la multitude de projets prêts à être présentés.

Françoise: Allez à vos places. Prenez vos échéanciers de projets et votre horaire. J'aimerais vous parler à tous ensemble de vos projets.

En passant, Marie-Chantal rappelle discrètement à Françoise qu'elle a eu son anniversaire en fin de semaine. Françoise signale qu'elle ne l'a pas oublié.

Maxime a entendu: On va faire la bascule à Marie-Chantal.

Benoît: Elle a dix ans; elle est grande pour son âge.

Maxime, mimant un adulte attendri: Déjà deux chiffres!

Françoise: Regardez ce qui est terminé. Entourez ce qui n'est pas fini. Ensuite, faites votre évaluation du travail qui a été fait. Thierry, centre-toi sur ton travail. Dans deux minutes, tu vas poser trois questions. J'aimerais que vous notiez vos commentaires sur vous-mêmes.

Après quelques minutes, **Françoise**: Quel est notre principal objectif jusqu'au 10 juin.

Dominique: La classe verte.

Françoise: Finir la préparation de la classe verte. Voulez-vous le détailler, chacun pour vous. Il faut tout marquer. Gardez-vous trois ou quatre lignes. Les grenouilles, vous avez du travail à faire. Benoît et Dominique, il faut préparer votre liste de vêtements. Vous avez aussi l'emplacement des tentes à déterminer et la liste de ceux qui sont dedans. Ceux de la nourriture, il faut que vos menus soient écrits au propre. Ceux qui ont des activités à faire faire aux enfants dans leurs ateliers, il faut que ce soit prêt et photocopié.

Christine mentionne qu'il faut prévoir un temps pour l'atelier de préparation de matériel pour les papillons.

Françoise: Quels sont ceux qui veulent faire de la chasse aux papillons?

Plusieurs mains se lèvent.

Françoise: La semaine prochaine, Christine et Steve vont faire un atelier. Mais personne ne vous trouvera votre matériel. Il faut que vous arriviez à l'atelier avec le manche à balai, le cintre, le tulle. Si vous ne trouvez pas de tulle, allez voir Christine assez tôt. On pourra aller en acheter si nécessaire. Ça vous coûtera environ un dollar. Les grenouilles, vous avez peut-être besoin de petits filets. Vous pouvez aussi vous servir de vieilles passoires. Il faudra aussi fabriquer des étaloirs et des boîtes pour ramasser les papillons.

Françoise, regardant au-dessus de l'épaule d'un enfant: Cintre, comment ça s'écrit? Et tulle? Tulle ou mousseline, comme dit joliment Christine. Ça vous fait penser à quel mot?

— Mousse.

Françoise: C'est ça, ça sonne léger, vaporeux.

Retour au bilan des projets.

Françoise: Certains enfants m'ont dit: je finirai ce projet pendant l'été et je le présenterai en septembre. Ça peut être correct, mais il y a un danger. Lequel?

— On y pense plus pendant l'été et en septembre on a rien fait.

Françoise: Et puis ça devient du vieux; on a perdu le goût. Il y en a qui sont au clair. Leurs yeux brillent quand ils en parlent. Là, il n'y a pas de danger mais il y en a qui sont moins sûrs.

Ceux d'entre vous qui avez fait un gros investissement dans la lecture, ne le laissez pas tomber. Empruntez des livres. Préparez votre été en lecture. Ceux qui ont des contrats d'écriture et de lecture, marquez-les.

Françoise à Maxime: C'est beau! les épreuves de l'écriture cursive sont passées. Une étape de faite.

— Ceux qui avaient un objectif comme «ne plus avoir peur des problèmes raisonnés», pensez-y. Ça fait encore partie de vous, ça. S'il y a des enfants qui manquent de projets pour cet été, on a parlé dans les rencontres individuelles de dresser une liste des enfants de la classe avec les temps où vous serez en vacances et les temps où vous serez en ville.

Christine: Ça me tenterait d'inviter quelqu'un à ma campagne.

Françoise: Est-ce qu'il y en a qui auraient envie de se faire inviter?

Maxime: Moi.

Thierry: Moi.

Françoise: Jérôme m'a dit qu'il passait du temps en ville.

Olivier: Moi, je suis là tout le mois d'août.

Il y a manifestement de l'intérêt.

Françoise: Qui veut faire ce projet: établir une liste avec les dates et les numéros de téléphone?

Quelqu'un se propose.

Annie: J'aimerais qu'on se fasse un livre d'or à la classe verte.

Maxime: J'aimerais faire un autre masque.

Françoise: Es-tu capable de le faire en une semaine? Regarde tes autres projets pour voir si tu as le temps. Je vais regarder vos échéanciers, maintenant. Je veux voir si c'est bien détaillé. Je vais être exigeante.

Je vais passer avec deux bâtons (en riant). Ceux qui n'ont pas fait ça correctement, je les tape sur les fesses.

On entend des ah et des oh. Plusieurs se tortillent de plaisir. Ils adorent les punitions corporelles symboliques.

LAMPE DE POCHE

Le bilan des projets fini, on se retrouve en rassemblement.

Steve a en mains une lampe de poche artisanale.

Steve: J'ai fait une lampe de poche. (Il la montre) Tu coupes un rouleau de carton, tu prends des attaches parisiennes, un trombone, deux ampoules (c'est dur à trouver; c'est des 2,5 volts) du fil de cuivre, un gobelet de yogourt. Je l'ai arrangée avec ma mère hier soir. Je veux l'amener à la classe verte.

Il fait une démonstration de sa lampe de poche qui fonctionne très bien.

Françoise: Serais-tu d'accord de le montrer à des enfants qui aimeraient en fabriquer une?

Plusieurs sont intéressés.

Françoise: Peux-tu faire une liste du matériel nécessaire? Tu la distribueras à ceux qui veulent faire l'atelier. Ceux qui auront leur matériel pourront le faire avec toi la semaine prochaine.

Steve: O.K.

Les enfants se dispersent pour vaquer aux préparatifs de la classe verte.

REPRISE EN MAIN

Il est dix heures quinze. C'est le brouhaha.

Françoise: Il faut que je vous fasse la morale. Est-ce que vous pensez qu'on peut partir comme ça en classe verte avec des choses mal préparées? Je sens chez certains une lassitude. Ils sont tannés. Je peux le comprendre; ça fait un mois qu'on prépare la classe verte. Il faut vous aider pour y arriver. C'est beaucoup plus facile de dire: «on paie 80$ pour un moniteur d'équitation, un moniteur de ceci, un moniteur de cela». On a fait le choix d'être nos propres organisateurs. Pourquoi?

Charlotte: Pour se prendre en mains. Pour faire nos choses nous-mêmes.

Françoise: Qu'est-ce que vous réclamez à grands cris?

Stéphanie: On veut le faire nous-mêmes!

Françoise: Et comment ça va se produire? Ça se produira si chacun y met...

Maxime: ... du cœur.

Annie: De l'effort.

Françoise: Au-delà même du temps de préparation qu'on s'est donné, je me suis rendu compte que je poussais ici, que je poussais là. J'en venais à me demander si c'était moi seulement qui voulais aller en classe verte. Je vois aussi des enfants qui jouent le même rôle que moi. Ils doivent pousser sur l'un, tirer l'autre. Il faut qu'on soit efficaces. Il nous reste deux semaines. Anick, pour toi, qu'est-ce que ça veut dire?

Anick: Il faut se prendre en mains.

Françoise: Sois plus précise. Qu'est-ce que tu as à faire?

Anick: Lire, prendre des notes sur les fourmis.

26 mai

LES PROJETS D'ÉDUCATION PHYSIQUE

Plusieurs enfants de la classe sont au gymnase avec d'autres enfants de l'école.

Michel, l'éducateur physique: J'aimerais qu'on regarde ensemble les projets qui se déroulent en ce moment, parce qu'il y en a de nouveaux. Ensuite je demanderai qui a besoin d'aide, pour que je puisse planifier mon temps.

Il y a un projet de back, un à la poutre, un aux anneaux et trapèzes, un en danse. Tous les sous-groupes se dirigent vers leur territoire et commencent le travail de réchauffement. Anick, fidèle à elle-même, dit qu'elle fait un projet de danse, mais qu'elle ne sait pas comment danser.

Michel: N'y pense pas. Danse.

— Oui, mais ils (les autres) nous regardent...

Deux filles montent et descendent aux espaliers. Une autre, seule, saute sur le cheval sautoir. Plusieurs font des balancements à la poutre. Quelqu'un s'exerce aux barres parallèles. Michel est en discussion avec Violaine et Anick, pour les aider à organiser leur session de danse.

Plus tard, **Michel**: Les enfants pour le back, j'ai le temps de vous aider. Êtes-vous bien réchauffées?

Kim monte la première sur la trempoline et saute avec ardeur. Elle bondit une dizaine de fois et quand elle a un bon élan, elle fait une pirouette arrière. Michel la rattrape par le dos de son T-shirt. Au troisième et au quatrième essai, elle réussit à retomber sur ses pieds seule.

Michel: Parle-moi donc de ta hauteur...

Kim: Je sais pas.

Michel: C'était haut, pas haut?

Un bon moment lui est consacré. Elle fait une douzaine de pirouettes. Puis c'est le tour de Vicky. Celles qui attendent en bas regardent tout en se réchauffant par des sauts ou des étirements sur place. Une grande fille fait une pirouette contre le mur, assistée d'une compagne.

Michel: Annie, c'est toute une différence avec l'autre fois!

Il connaît non seulement les enfants mais leur cheminement, leurs progrès.

Christine et Éric arrivent dans le gymnase. Ils viennent chercher «deux jeux de pigeon complets». Michel se fait continuellement interrompre et il n'en est pas irrité. Une minuscule petite fille fait des sauts sur la poutre, à un mètre du sol. Après un moment, elle court demander à Michel une idée nouvelle à réaliser. Il lui fait des suggestions. Elle repart en courant et reprend son entraînement. Au trapèze, un échange aigre-doux se déroule entre Kim et Mélanie. Michel fait venir Kim et la reprend sur sa façon de parler à Mélanie. Dans son coin, Anick reste plantée comme un piquet devant le tapis, alors qu'elle est censée danser. Une enfant demande un rassemblement parce qu'elle a absolument besoin d'un matelas et qu'aucun n'est disponible. Un arrangement est pris. Le problème se résout facilement, mais il a supposé plusieurs concessions. Michel profite de l'interruption pour parler à Mélanie.

Michel: Tu papillonnes. Je te vois à droite, à gauche. Sais-tu encore quel est ton projet? Kim et Vicky, vous êtes peut-être trop avancées au back. Vous occupez les anneaux, maintenant, mais c'est le projet de Dominique. Il faut que vous réfléchissiez à ce que vous voulez faire.

Anick et Violaine font de la gymnastique sur leur tapis. Je leur demande:

— Vous ne dansez pas? Elles me regardent d'un air étonné.

Violaine: On veut faire des mouvements sur de la musique, mais la musique nous dérange!

Elles font une démonstration de leur séquence de mouvements: des pirouettes, mais avec une symétrie. Elles partent par exemple de l'extérieur du tapis, face à face, et se rencontrent au centre, ou l'inverse. En fait, c'est cette chorégraphie qu'elles appellent de la danse. La musique n'a pas vraiment d'importance pour elles.

27 mai

RASSEMBLEMENT

Françoise: C'était la fête de Marie-Chantal...

Quelqu'un: On lui donne la bascule.

Ce qui est fait sur le champ. Marie-Chantal est aux anges.

Françoise: J'ai une nouvelle à vous apprendre. Cela concerne Guy, notre ancien stagiaire qui nous accompagne à la classe verte. Sa maman est morte.

C'est la surprise générale dans la classe.

Quelqu'un: Tu lui as parlé? Qu'est-ce qu'il t'a dit?

Dominique: Il était triste?

Françoise: Oui, il était très triste.

Quelqu'un: Qu'est-ce que tu lui as dit?

Françoise: Je lui ai demandé comment il vivait ça. Comment son père prenait ça. Il m'a répondu: «On est bien déboussolés. Je ne comprends pas trop...»

Quelqu'un: De quoi elle est morte?

Françoise: D'un infarctus, une crise cardiaque. Elle a eu un malaise il y a une quinzaine de jours. Elle est entrée à l'hôpital. Son état était stationnaire, mais elle n'a pas réussi à reprendre le dessus. Aimeriez-vous qu'on fasse quelque chose? On pourrait lui écrire. Ceux qui veulent le faire pourraient prendre un temps pour cela.

Quelqu'un: Est-ce qu'il va revenir?

Françoise: Oui, justement, il va revenir. Je lui ai dit qu'il devait se sentir libre de ne pas venir à la classe verte mais il m'a assuré qu'il comptait être là.

Les enfants sont très contents de cette nouvelle.

Quelqu'un: Mais qu'est-ce qu'on va faire quand il va venir?

Annie: Qu'est-ce qu'on va lui dire?

Julie: On fera comme si de rien n'était.

Soulagement dans la classe: plusieurs trouvent que c'est la meilleure idée.

Dominique: Il faut pas lui faire de la peine, il faut pas lui en reparler.

Françoise: Oui, mais vous le savez, et lui sait que vous le savez.

Quelqu'un: On va lui écrire.

— Ou lui faire un dessin, parce qu'on saura pas quoi écrire.

Françoise: Ça pourrait être intéressant que vous disiez quelque chose aussi.

Quelqu'un: Oui, il doit être triste.

Annie raconte la mort de son grand-père et plus particulièrement l'enterrement. Sa tristesse monte, au fur et à mesure de son récit. Elle explique qu'elle a vraiment réalisé qu'il était mort au moment où on l'a mis en terre. L'émotion est grande. Maxime fait une farce sur les vers de terre. Plusieurs enfants racontent à leur tour la mort de leurs grands-parents ou arrière-grands-parents.

Annie: Moi, mon grand-père, je l'ai connu. Je ferme les yeux et je le vois. En plus, c'était mon parrain. Mais ma sœur et mon frère, ils s'en souviendront jamais, ils l'ont pas assez connu. C'est triste.

Françoise: Mais toi, tu l'as, le souvenir. Ce sera à toi de leur en parler.

Vicky: Mon grand-père était bien. Je le revois un jour, puis tout à coup, il est mort. Je comprends pas...

Dominique: Moi, j'en ai pas eu d'expérience comme ça.

Stéphanie raconte à son tour la mort de sa petite cousine survenue il y a quelques mois.

Stéphanie: À chaque fois que je vais chez elle, je suis triste. Je pense toujours qu'elle va revenir. Et sa mère est tellement triste...

Stéphanie et Annie partagent une même émotion. Elles regardent Françoise avec des larmes dans les yeux.

Stéphanie: Je m'ennuie de ma cousine. J'y repense souvent. Je trouve ça injuste, la mort.

Dominique: Moi j'ai pas d'expérience de la mort. Ce que j'aime pas, c'est quand je vais mourir. Ça me fait rien de mourir, mais j'ai peur qu'ils m'enterrent et que je sois pas morte.

Plusieurs enfants mentionnent que cela les préoccupe aussi.

Annie: Le soir où mon grand-père a été enterré, j'ai fait un rêve. J'étais dans un grand couloir noir et il y avait une lumière au bout, avec mon grand-père entouré d'une grande lumière blanche. Il m'appelait et disait: Viens, viens. J'ai pas aimé ça.

Isabelle raconte elle aussi un rêve, trop complexe pour être compréhensible par les autres. Mais tout le monde écoute. On se parle à vingt-cinq comme si on était deux.

Maxime: Moi, mes grands-parents, c'est correct, ils sont vieux. Quand mon hamster est mort, vous le savez, je pleurais. Je peux pas penser que mon père va mourir.

Tous les enfants réagissent très fortement. Plusieurs disent: «Moi non plus».

Quelqu'un: J'espère que je serai assez vieux.

Isabelle: Le père de ma mère est mort; ma mère avait quinze ans.

Quelqu'un: Ma mère avait cinq ans.

Françoise: Écoutez, vous voyez, la nature est au printemps, elle éclate, elle redémarre. La vie contient la mort. Elle contient la mort ET la vie.

Maxime: Ouais. Tu veux dire qu'on va tous mourir.

Annie: Ce qui m'achale le plus, c'est que je me demande si je vais revenir dans une autre vie. Est-ce que j'aurai les mêmes cheveux?

Quelqu'un: Moi, je serai un crocodile.

> *Mathieu regarde sa montre. Il fait penser au film* Les fraises sauvages *de Bergman, avec le thème du temps comme symbole de la mort.*

Françoise: Il y a toutes sortes d'hypothèses sur ce sujet. Il faudra qu'on en reparle.

CONFIRMATION

Mathieu à Françoise: Je suis arrivé tard, parce que j'ai eu ma confirmation hier et j'avais une fête.

Françoise: Et tu n'en as pas parlé?

Mathieu: Je pensais pas que ça vous intéressait.

Françoise: Mathieu!

Mathieu: Je suis confirmé parce que mes parents m'ont fait baptiser. Maintenant, j'accepte d'aller à l'église moi-même.

Stéphanie: Crois-tu en Dieu?

Mathieu: Oui.

Annie: Je crois en Dieu, mais je pratique pas. Je vais à la messe des fois.

Dominique: Moi, je me suis jamais posé la question. Je le sais pas.

Stéphanie: Mes parents, ils sont même pas mariés et ils m'ont pas fait baptiser.

Maxime: Mes parents se sont mariés devant le juge, parce que mon père a déjà été marié.

Stéphanie: Je pourrais pas me marier à l'église, parce que je suis pas baptisée.

Plusieurs filles: On aimerait ça, se marier à l'église. C'est beau.

Jérôme: Moi, je me fais confirmer samedi.

LA MATERNELLE

Deux enfants de la classe, Julie et Benoît vont, comme tous les vendredis matin, animer les activités d'une classe de maternelle au gymnase. Ils se préparent le lundi, pendant la récréation, avec Hélène, l'éducatrice de cette classe. Ils ont développé un mode de fonctionnement où alternent une semaine d'activités qu'ils structurent et une semaine où les enfants choisissent ce qu'ils feront. Aujourd'hui, un groupe d'enfants de la maternelle va visiter les classes du premier cycle, en préparation de leur passage l'an prochain. Benoît se charge de ce groupe et va le conduire dans les différentes classes. Julie participe au rassemblement où ils vont choisir leurs activités. Elle les emmène ensuite au gymase. Julie se place sur la trempoline. Les enfants viennent un à un. Elle les minute pour que chacun ait sa juste part. À l'autre bout du gymnase, Sébastien joue à la ringuette avec Benoît. Plus tard, c'est Julie qui prend la relève avec un Sébastien infatigable. Vers la fin de la période, il s'arrête. Il veut être au clair, regarder la vérité* en face. Il lance à Julie: J'aimerais savoir quelque chose. Est-ce que tu nous laisses des chances?

Julie: Non. Je joue «normal».

Sébastien: Alors ça veut dire qu'on est bons.

Le projet avec la maternelle n'a pas toujours été facile pour Julie et Benoît. D'abord, ils devaient consacrer une récréation à le préparer. Les récréations sont sacrées pour deux sportifs.

D'autre part, ils n'étaient pas très au clair sur le rôle qu'ils avaient à jouer auprès des enfants. Benoît avait tendance à devenir rigide dans le respect de la discipline, il comprenait mal que les enfants ne l'écoutent pas quand il parlait. Par contre, ils ont aussi découvert que les enfants les aimaient et les admiraient.

DE RETOUR DANS LA CLASSE

DIALOGUE FRANÇOISE - ANICK

Françoise: Te rappelles-tu, Anick, le jour où on revenait du centre Claude-Robillard? Tu m'as dit: ce qui est triste, c'est que je pourrai jamais venir à l'école à bicyclette, parce que mes parents voudront pas. Et qu'est-ce que je vois aujourd'hui? Tu es venue à l'école à bicyclette! Comment t'y es-tu prise?

Anick: J'ai promis à ma mère qu'elle pourrait me confisquer ma bicyclette si je traversais pas les carrefours à pied.

Françoise: Cette détermination-là, Anick, il faut que tu la mettes dans tes projets, dans celui des fourmis par exemple. Tu as réussi quelque chose d'important!

IMITATION

Françoise est sur le tapis. Gabrièle en a profité pour prendre sa place à la table; elle met le châle noir de Françoise sur ses épaules, ses lunettes et commence une imitation. Justement, Stéphanie était en train de régler un problème avec Mathieu en élevant la voix de façon très agressive. Gabrièle prend la relève et parle à Mathieu comme Françoise pourrait le faire. Elle place Mathieu devant ses responsabilités et lui demande de se prendre en mains. Son imitation est très bonne; on voit qu'elle a très bien saisi le type d'intervention propre à Françoise. Mathieu en est presque gêné; il ne sait pas s'il ose rire. Gabrièle conclut sa diatribe par un «fichtre de fichtre», l'exclamation propre à Françoise dans les grandes occasions.

ÉCRITURE

Mathieu, Stéphanie et Charlotte font des commentaires sur mon écriture, décidément illisible pour eux.

Stéphanie: À quoi ça sert d'écrire comme ça, si personne peut le lire?

— À aller vite; j'arrive à me relire, c'est l'essentiel.

Mathieu: Mais après, tu dois le refaire au propre... ou bien tu dois le dactylographier. Allez-vous gagner beaucoup d'argent, Françoise et toi, avec votre livre?

Il est déçu d'apprendre qu'on ne gagne pas d'argent en écrivant des livres, à moins d'être sur la liste des best sellers ou de faire des livres de recettes.

Stéphanie: Alors ça sert à quoi d'écrire?

— À communiquer des idées et à engager la discussion avec des personnes.

Mathieu parcourt d'un coup d'œil évaluateur les deux pouces d'épaisseur de mon classeur de notes et a l'air de trouver que c'est beaucoup de lignes pour si peu!

LES PIGEONS

Christine et Steve ont fait une boîte en bois pour la classe verte dans l'atelier de menuiserie. Ils ont intégré Éric parce que leur souper a lieu ce soir et qu'ils se serrent les coudes. L'atelier est un petit local avec un balcon envahi de pigeons. Sur le balcon, ils découvrent des œufs dans un nid et décident de faire un incubateur. Ils reviennent dans la classe avec deux œufs dans leurs mains, qu'ils protègent comme pour les couver. Ils trouvent rapidement une boîte, des brindilles, des plumes de pigeons. Ils recherchent une ampoule pour chauffer le nid. Christine dit avec enthousiasme: on va l'élever!

Cette adoption, qui est partie d'une impulsion, gonfle en quelques minutes et, soudain, prend toute la place. Il s'est développé une belle connivence entre eux trois. À un moment donné, un cynique leur dit: Attention! s'ils naissent, vous allez être pognés avec l'enfant!

À trois heures, Christine a un cours de piano; elle a essaie de «confier» (refiler serait plus exact) la boîte à sa mère qui devrait, de surcroît, trouver une ampoule et installer la couveuse dès son arrivée à la maison. Cette dernière s'objecte fermement. Christine est prête à se défiler pour laisser sa mère régler le problème. Françoise la confronte.

Françoise: Comment vas-tu régler ton problème? Quelle est ta décision?

Christine: J'ai plus grand choix... je vais garder les deux œufs.

Françoise: D'accord, on peut les garder comme spécimens dans la classe.

Christine: Et on pourrait en ouvrir un. Il y a des enfants qui ont dit: Vous les avez enlevés du nid! J'irais bien les remettre, mais on peut pas parce qu'ils ont déjà notre senteur.

La classe verte est déjà commencée!

LA MORT

Autour de la table de Françoise règne un silence inhabituel. Six enfants et elle-même sont en train d'écrire. Ils font des cartes de condoléances pour Guy. Les enfants dessinent en général sur le premier feuillet et écrivent leur message sur le deuxième. Ils travaillent avec une concentration toute particulière. Ils sont... recueillis. Thierry a dessiné un paysage avec des nuages à l'intérieur desquels il a tracé des lignes pour écrire son message. On voit un cerf-volant qui s'envole et au sol, un oiseau qui tient dans son bec le fil cassé du cerf-volant.

Thierry: Le fil s'est cassé; le cerf-volant part.

En le disant, il découvre le sens de son dessin et décide de l'écrire dans les nuages. «C'est comme un cerf-volant qui brise sa corde et qui s'en va».

Thierry: J'ai plus assez de place. Je voulais ajouter: «et qui s'en va peut-être à une autre place».

Steve a écrit un poème:

> Ça arrive, ça passe et ça meurt
> C'est gentil, c'est doux et c'est beau.
> Ne sois pas triste, ça va passer.
> Dans pas trop longtemps, tu n'y penseras plus.
> Je te souhaite du bonheur*.

Dominique:

> Salut Guy,
> j'espère que tu ne vas pas trop mal.
> Moi ça va. S'il m'était arrivé la même chose qu'à toi,
> je réagirais pas très bien.
> Je te souhaite de rester heureux.
> Bonne chance.
> Dominique.

Quelques enfants ont opté pour des messages plus formels. Françoise a écrit sa carte en même temps que les enfants et fait également un dessin. Marie Chantal désespère de son oiseau. Patrick, qui vient de terminer un dessin à la plume, un paysage superbe qui a coupé le souffle de plusieurs, s'offre spontanément à l'aider. Thierry en profite pour apprendre en même temps. C'est un geste nouveau de la part de Patrick.

Françoise: Ça va faire plaisir à Guy de recevoir ça.

Quelqu'un: Tu crois?

Françoise: J'en suis sûre.

Il y a un air de doute autour de la table.

Françoise: Qu'est-ce qui nous console quand on a de la peine?

Marie-Chantal: Des personnes qui nous aiment.

Dominique: Des personnes qui pensent à nous.

Françoise: Toi Thierry, qu'est-ce que tu fais quand tu as de la peine?

Thierry: Je prends ma tortue puis je lui parle.

Steve: Moi je dis, encore une vie qui vient de se gaspiller!

Françoise: Pourquoi tu dis ça?

Steve: Parce que c'est pas drôle de mourir.

Françoise: Toi, Patrick, est-ce que ça t'arrive d'être triste?

Patrick: Je sais pas.

Violaine: Moi, quand je pense à mon grand-père.

Marie-Chantal: Moi, je prends la photo de mon grand-père et je commence à lui parler.

Françoise: Et toi Anick?

Anick: Je sais pas.

Quelqu'un: Quand mes parents se parlent au téléphone, ils arrêtent pas de se chicaner.

Un autre: Un jour, mes parents, ils se sont chicanés. Ma mère voulait partir de son côté. Mon père voulait partir de son côté. J'aurais eu juste mon frère pour s'occuper de moi. Depuis ce temps-là, j'ai toujours peur qu'ils s'en aillent quand ils se chicanent.

Violaine: Moi, quand ça arrive, je me cache en-dessous d'un oreiller et j'entends plus rien.

Françoise: Toi Éric, as-tu de la peine des fois?

Éric: Quand on doit partir camper et puis qu'on n'y va pas parce que j'ai pas été fin. Je vais me cacher dans ma chambre.

Steve: Moi, je dis «maudits voisins d'en haut», parce qu'ils font du tapage au-dessus. Je mets toujours la faute sur les autres!

Marie-Chantal: J'aimerais avoir un petit animal. Je pourrais m'en occuper; comme... un chat.

Françoise: Crois-tu que tu es fiable?

Marie-Chantal: Oui. Je lui donnerais à manger.

Françoise: Pour un animal, celui qui le nourrit, c'est celui qui est le plus proche de lui.

Violaine se creuse la tête au moment de commencer à écrire sa carte.

Thierry: Force pas, Violaine; je me suis vraiment pas forcé et c'est venu tout seul.

Françoise: Thierry, tu viens de dire quelque chose de très important pour toi. Il faut te le rappeler dans d'autres moments.

Patrick se met à compter les cartes déjà écrites pour voir qui en a fait. Comme il est très porté à émettre des jugements, Françoise l'attrape au vol.

Françoise: Attention, Patrick! qu'est-ce que tu vas dire après?

Patrick: Ben...

Françoise: Penses-y deux minutes...

Il a compris.

Marie-Chantal a terminé son oiseau. Elle a aussi dessiné un arc-en-ciel et sur l'autre page, un ballon avec un fil. Elle est contente. Stéphane a fait une peinture à la gouache. C'est nouveau, c'est beau, expressif, libre... Françoise doit cependant l'encourager à l'envoyer.

Violaine lit sa lettre:

Cher Guy, si j'étais à ta place, j'aurais autant de peine que toi. Ça m'est arrivé quand mon hamster est mort.
J'espère que tu n'es pas trop triste.

Thierry: Je me demande qui va porter les cartes à Guy.

Il sait fort bien que Julie s'est offerte la veille. Quelques minutes plus tard, il répète la même question.

Françoise: Thierry, veux-tu dire les choses clairement. Qu'est-ce que tu veux me demander?

Thierry: Rien...

Françoise: Thierry, veux-tu dire ce que tu as à dire?

Thierry: J'aimerais porter les cartes à Guy.

Françoise: Voilà. C'est important que tu le dises et que nous, on sache à quoi s'en tenir. On va en parler avec Julie.

Cette dernière n'y tient pas autant que Thierry. L'affaire est arrangée.

Françoise: Crois-tu que ton père serait d'accord de te conduire?

Thierry, très heureux: Je vais lui demander.

V. Le projet collectif
«Au risque de se perdre»

30 mai

RASSEMBLEMENT

Éric se fait féliciter parce qu'il s'est coupé les cheveux.

Éric: C'est mon père qui me les coupe.

Maxime: Il coupe bien!

RÈGLEMENTS DE LA CLASSE VERTE

Benoît et Dominique doivent animer une discussion sur les règlements à adopter en classe verte. Ils sont censés avoir préparé la discussion.

Françoise: Benoît et Dominique, que voulez-vous discuter?

Benoît: Des règlements autour du secteur des tentes. Est-ce qu'on court dans le terrain des tentes? Est-ce qu'on a le droit de jouer dans le terrain des tentes?

Françoise: Est-ce qu'il y a des suggestions, des commentaires?

Après un moment, tout le monde semble d'accord qu'il est légitime d'avoir un règlement. Tout à coup, Stéphane s'objecte.

Stéphane: On les voit, les piquets.

Sous-entendu: on ne risque rien.

Maxime, agacé: Il y a un très grand terrain. C'est juste le terrain des tentes où on peut pas courir!

Françoise: C'est un règlement pour s'empêcher d'avoir des accidents, de se prendre dans les fils. Y a-t-il autre chose à propos des tentes?

Olivier: Le soir...

Françoise: On s'est entendus l'autre jour sur le coucher.

Annie, comme une bombe: Neuf heures on se prépare. Neuf heures trente on ne sort plus mais on peut parler. Neuf heures quarante-cinq, on peut lire. Dix heures: couvre-feu.

Dominique: On va se lever tôt le matin, à sept heures pour ceux qui font le déjeuner, à huit heures moins quart pour les autres.

Maxime: J'ai pas de cadran!

Françoise: Tu verras, Maxime, que tu n'auras pas besoin de cadran.

Stéphanie: En camping, parce qu'il y a de la lumière, on se lève plus tôt.

Maxime, ronchonneur: S'il pleut, j'ai le goût de rester couché.

Françoise: Au lieu de chialer, fais une proposition. Tu peux dire: s'il pleut, on peut dormir un peu plus longtemps. On n'est pas une armée ici.

Dominique: On ne sait pas, nous autres, quel jour le groupe des oiseaux présente ses projets, ni les autres groupes.

Françoise: Le groupe des papillons veut en faire tous les jours. Les autres groupes ont besoin de trois jours. Les cabanes ce sera un mardi, puisque vous avez demandé un parent pour un mardi. Quel est l'horaire, Benoît?

> *Benoît reste muet.*

Françoise: Tu l'as écrit dans ton cahier, ouvre-le.

> *Benoît cherche mais ne trouve pas.*

Françoise: Vous reviendrez demain avec ça.

Cette remarque a suffi pour que Benoît le retrouve.

Benoît: Huit heures quinze, on mange. Huit heures quarante-cinq, vaisselle et ménage dans les tentes. On sort les sacs de couchage. On replie son linge. Neuf heures trente, rassemblement.

Françoise: Qu'est-ce qu'on fait en rassemblement?

Annie: On choisit les activités de la matinée.

Benoît: Dix heures, activité pendant environ une heure trente. Après, ceux qui font la cuisine coupent leur activité et viennent à la cuisine à dix heures trente. Douze heures, on dîne. On a un temps libre jusqu'à une heure trente. Là, je sais pas ce qu'on fait.

Françoise: Les jeux, la baignade, la collation. Puis il y a de nouveau un temps libre.

Quelqu'un: Le souper a lieu à quelle heure?

Benoît: Le souper est à six heures trente. Après le souper, il peut y avoir une autre période de jeux.

Françoise: Ensuite, on peut se rencontrer pour un grand jeu ou une soirée. Il faut l'inscrire, cet horaire. Il est approximatif évidemment. On n'aura pas de cloches!

Benoît imite la cloche: Allez, ça sonne, l'activité est finie!

Françoise: Benoît et Dominique, y a-t-il d'autres contraintes ou règlements?

Dominique: À table... on attend tout le monde pour commencer à manger.

Benoît: C'est pas une course.

Françoise: Ni un self-service.

Dominique: Le monde se jette pas sur la nourriture. On gueule pas tout le temps.

Françoise: On aimerait avoir un lieu qui soit agréable, où on puisse se parler.

Benoît: Tu prends une quantité raisonnable. Tu prends pas dix-neuf carottes s'il y en a vingt sur le plat.

Françoise: Gardez-vous les mêmes places à la table ou est-ce que vous bougez?

Quelqu'un: On bouge.

Maxime: Quand on a fini, est-ce qu'on doit rester à table?

Benoît: Ce serait mieux de rester.

Stéphane: Tu peux rester ou tu peux t'en aller.

Annie: C'est gênant pour celui qui mange pas vite. Tu es tout seul devant ta petite assiette!

Julie, le plus sérieusement du monde: Il faut garder ses bonnes habitudes.

Annie: Est-ce qu'on mange après ou en même temps, quand on fait le service?

Françoise: Bonne question. On mange un peu après, avec un petit décalage. C'est presque en même temps. C'est donc d'autant plus important qu'on reste à table jusqu'à ce que tout le monde ait fini.

Annie: On va pas se sentir tout seul.

Benoît: On se lève pas, on demande aux gens du service.

Annie: Mais on dit pas: je veux un jus d'orange!

Françoise: La manière de demander est importante.

Jérôme: On va pas à la toilette pendant qu'on bouffe.

Maxime: Ça dépend... (rire).

Dominique: J'aimerais qu'on vote, ceux qui veulent pas qu'on reste à table quand on a fini.

> *Stéphane et Violaine lèvent la main.*

Françoise à Stéphane: Il faudra que tu te plies à ce règlement. La majorité l'a choisi. Mais tu verras, ce n'est pas si terrible que ça.

Benoît: On vide les assiettes avant de les empiler. On laisse pas un tas de lasagne avant de mettre les autres assiettes par dessus.

Stéphane: Ça va plus vite que chacun lave son assiette.

Françoise: Pas à vingt-cinq. C'est compliqué. Et il y en a qui lavent mal.

Il y a maintenant du brouhaha. Tout le monde parle en même temps.

Françoise: Vous n'avez pas l'air de vous rendre compte qu'on doit faire ces discussions sur la classe verte. Si on ne les fait pas, ce sera difficile de vivre en groupe. On n'aura pas de cadre. Il faut que Dominique et Benoît se préparent un peu plus. Il nous reste quinze jours pour finir toute la préparation et en plus faire le ménage de la classe. Je ne partirai pas avec des choses aussi peu claires. Vous me connaissez assez pour savoir que j'aime que les choses soient bien organisées et qu'on ait pris le temps de les décider ensemble. J'aime que les choses soient bien faites afin que tout le monde soit heureux. Il y en a quatre ou cinq qui savent ce que c'est la classe verte. Mais il y en a beaucoup d'autres qui ne le savent pas encore. C'est ce qui fait que je bouscule certains groupes. Vous êtes un peu insouciants; vous prenez les choses à la légère. Pourtant, il y en a parmi vous qui aiment aussi que les choses soient bien organisées.

Plusieurs approuvent ce dernier commentaire.

À LA TABLE

Anick, Thierry, Marie-Chantal et Françoise comparent leur manière respective de calligraphier la lettre q.

Marie-Chantal, en riant: Il me sort un g.

Françoise: Ça n'est pas drôle. Ça veut dire que tu n'es pas dans ton écriture! Tant que tu ne seras pas dans ton crayon, ton écriture n'évoluera pas.

Marie-Chantal rit de nouveau.

Françoise: N'es-tu pas inquiète qu'il te sorte un g? Tu commandes un q et il sort un g. C'est grave. C'est que tu n'es pas là. C'est ça, l'attention. Il faut que tu sois présente, parce que...

Thierry: ... tes commandes sont pas directes.

Marie-Chantal rit encore plus.

Thierry: Au moins, elle est capable de rire d'elle!

Françoise: Ça, c'est vrai!

Maxime, de son bureau, à Marie-Chantal: Parle pas si fort!

Plus tard, le même **Maxime**, de sa voix tonitruante: Françoise, je l'ai fini.

Marie-Chantal sursaute et regarde Françoise

Françoise à Marie-Chantal: Vas-y! Dis-lui: Maxime, parle pas si fort!

Marie-Chantal reste muette, mais Maxime a saisi le message. Il a un sourire entendu. Pendant ce temps, à la table, on calligraphie toujours.

Françoise: Marie-Chantal, je veux bien que tu rigoles, mais il y a quelque chose d'insouciant dans ta manière de rire. Veux-tu me descendre tes barres de p, de q! On dirait que tu as peur d'écrire!

Marie-Chantal est couchée sur la table.

Françoise: Tu ne peux pas écrire comme ça. Quand on veut avoir du tonus, il faut être bien droit (elle met sa main dans le dos de Marie-Chantal, au niveau de la taille). Il faut que ton corps commande à ta tête.

Maxime s'approche de la table. Il dit qu'il ne comprend rien à un problème. Françoise n'a pas l'intention de le laisser s'en tirer par la voie facile.

Françoise: Dis-moi quels mots tu ne comprends pas.

Maxime commence à lire le problème.

Françoise: Inutile de me le lire, je le connais par cœur. Dis-moi ce que tu ne comprends pas.

Maxime: Additionne.

Françoise: Additionner, tu ne sais pas ce que c'est?

Maxime: Oui. Il continue: chiffres romains.

Françoise: Chiffres romains, tu ne sais pas ce que c'est?

Maxime: Oui.

Françoise: Est-ce que tu sais quoi faire?

Maxime, à contrecœur: Oui.

> *Il s'en va, fâché.*

Françoise: Reviens ici!

Maxime: Non, j'ai décidé de partir.

> *Et il sort.*

Au tour de **Violaine**: Je dois téléphoner à ma mère.

Françoise: Où?

Violaine: Au Montreal Children Hospital. J'ai pas le numéro.

Françoise: Ça, ce n'est pas grave, ça se trouve. Sais-tu où?

Violaine: Oui, dans un bottin.

Françoise: Alors, qu'est-ce que tu attends? À moins que le problème ne soit pas là. Qu'est-ce qui t'empêche de faire cette démarche?

Violaine: Ils parlent en anglais. J'ai peur...

Françoise: Tu vois! Tu ne me dis pas les vraies choses. Va chercher le bottin.

> *Violaine revient avec le bottin. Elle s'assied à côté de Françoise*

Violaine: Comment on cherche là-dedans?

Plusieurs enfants en même temps: Comme dans le dictionnaire.

> *Numéro de téléphone en mains, Violaine part téléphoner, mais elle part perdante: Ils me comprendront pas!*

Françoise: Essaie!

> *Violaine revient quelques minutes plus tard: Ils m'ont fermé la ligne au nez.*

Françoise: Tu as dû prendre ta petite voix de Violaine timide.

Annie s'offre à l'accompagner. Elle revient, toute excitée. Son récit est une véritable description du processus bureaucratique.

Annie: Ils ont d'abord demandé à quel étage. Ensuite, ils nous ont transférées à tous les étages. À la fin, quand on est arrivées au bon étage, la mère de Violaine était en train de faire la ronde des malades.

Violaine: Tout à l'heure, on va la rappeler.

Annie: Mais cette fois, on sait l'étage.

Christine arrive, enchantée: Je vais demain à l'anniversaire de Marie-Chantal et en fin de semaine, ça se peut que j'aille à l'anniversaire de Thierry à son chalet!

Une solitaire qui établit de plus en plus des relations avec des enfants de son âge.

PRÉSENTATIONS

Patrick: Notre nom est au tableau pour les présentations, mais on n'a pas le goût de présenter notre histoire, parce qu'on pense que vous vous en souvenez pas...

Annie le dément sur le champ en faisant un résumé qui leur cloue le bec.

Françoise: Vous voyez! Spontanément, Annie pouvait même se rappeler le nom de vos personnages. Quand ça fait longtemps qu'on n'a pas présenté des choses, la panique nous reprend. C'est normal, cette émotion. Lancez-vous, vous avez eu la réponse des autres enfants. Ils sont prêts à vous écouter.

Mathieu: On sait pas si c'est bon...

Françoise: Est-ce qu'il ne faut présenter que des choses bonnes? Moi, je ne ferais jamais de colère, si je ne présentais que le meilleur aspect de moi-même.

Ils ont le temps d'y réfléchir. Maxime est le premier sur la liste.

LES CLOCHARDS

Maxime a déjà parlé de son projet à la classe il y a quelque temps, à un moment où il avait besoin de suggestions. Entre temps, il a persévéré dans son désir de rencontrer un clochard, mais cela s'est avéré plus compliqué qu'il ne le pensait. Il était entré dans ce projet avec sa curiorité et toute sa candeur. Au fur et à mesure qu'il découvrait le monde des «itinérants», il a vu monter sa timidité et sa gêne. Il a découvert, au delà du mythe attirant, des individus difficiles à approcher et une réalité sociale différente de celle avec laquelle il est familier. Il a dû réajuster son projet.

Maxime: Je vais présenter ma recherche sur les clochards. C'est court, parce que l'enregistrement a raté. Je voulais rencontrer un clochard. Mais c'était difficile parce qu'ils demandaient toujours de l'argent ou ils étaient saoûls. Alors avec mon père, on a rencontré la directrice de l'Accueil Bonneau, dans le Vieux Montréal. Ils reçoivent à peu près 500 clochards pour les repas le soir. J'ai posé toutes les questions que j'avais écrites.

Maxime rappelle ses questions et donne les réponses:

— La plupart ont été renvoyés de leur travail.
— Beaucoup ont eu des problèmes d'alcoolisme.
— Ils sont très méfiants.
— Ils ont rarement des animaux.
— Ils ont toujours quelqu'un qu'ils ont aimé: un frère, une sœur ou un neveu, mais ils n'osent pas reprendre contact avec eux.
— Ils reçoivent 480,00$ par mois. Une chambre à louer leur coûte 240,00$ par mois.
— Les gens qui viennent à l'Accueil Bonneau ont à 80% un logement.

Il est écouté religieusement.

Maxime: Avez-vous des questions?

Benoît: As-tu vu des femmes clochards?

Maxime: Non.

Dominique: J'en ai vu une qui fouillait dans les poubelles.

Gabrièle: J'en ai vu une avec des sacs de poubelle. Elle mangeait des vieux biscuits.

Marie-Chantal: Un clochard qui a pas de maison et qui sait pas où manger, qu'est-ce qu'il fait s'il est nouveau?

Maxime: Il demande à d'autres clochards. Il regarde où ils vont. Il y en a qui décident d'être clochards, de ne pas travailler. Mais il y en a qui ont pas choisi. C'est des gens abandonnés, qui ont des gros problèmes...

Françoise: Tu m'en as parlé. Des gens qui ont des problèmes psychologiques.

Benoît: Ils ont eu un choc!

Françoise: Et leur famille ne veut plus s'occuper d'eux. Ils n'ont pas d'autre solution que d'être clochards.

Annie: Ils reçoivent 450,00$ par mois. De qui?

Maxime: Du Bien-Être social.

Annie: Je suis surprise. C'est déjà beaucoup... c'est mieux que rien.

Françoise: Parmi les clochards, il y en a qui ne le savent pas et qui ne reçoivent rien. J'ai travaillé dans un milieu très pauvre. J'ai connu un couple qui avait un enfant de quatre ans. Il n'était pas déclaré au gouvernement. Ils ne recevaient pas les allocations familiales parce qu'ils n'étaient pas à l'aise de les demander. Ils se sentaient coupables de ne pas avoir déclaré l'enfant. La catégorie de clochards dont parle Maxime, c'est celle qui reçoit le Bien-Etre social.

Annie: Les clochards qui aiment pas les choses mal organisées!

Charlotte: Ma mère a travaillé dans un camp pour des enfants très pauvres. Leurs parents pouvaient pas les garder.

Patrick: J'ai une tante qui travaille dans un centre où il y a des enfants qui ont pas de parents ou des parents qui peuvent pas s'occuper d'eux ou qui les battent. Ils sont là même les fins de semaine.

Françoise: Il y a différents services dans notre société. Les clochards ont celui-là. Dans le temps, il y avait des mendiants. C'est l'ancienne façon. En Afrique, j'en ai vu beaucoup; en Turquie aussi. Mais pas au Japon ni en URSS. En Turquie, je ne l'oublierai jamais, j'ai vu un grabataire sur le trottoir. Il était sur une sorte de brouette. La famille le déposait là le matin et venait le rechercher le soir. Ces sociétés-là n'ont pas le système qu'on a ici pour soutenir des gens qui n'ont aucun moyen de subsistance.

Dominique: Il y en a qui quêtent de l'argent et qui vont s'acheter de la bière... ou de la drogue.

Julie: Près de chez nous, il y a un monsieur aveugle qui joue de l'accordéon.

Françoise: Oui, je le connais! Il est beau! Il est toujours là, au coin de Parc et Saint-Viateur.

Patrick: Près de chez moi, il y a des poubelles. Il y a plein de clochards qui viennent fouiller.

Maxime: Avez-vous des commentaires?

Marie-Chantal: Je savais pas qu'ils avaient 450,00$.

Éric: Je savais quasiment rien sur les clochards.

Christine: C'était court, mais j'ai appris beaucoup.

Dominique: Moi, j'aime beaucoup les clochards.

Françoise: Tu as une photo de clochard à côté de ton bureau, je l'ai remarquée. Peux-tu expliquer ton attachement?

Dominique: C'est cool. Ils me font cramper.

Françoise: Toi, tu es le genre de personne qui t'habilles bien, tu fais attention à tes couleurs... Qu'est-ce qui t'attire?

Dominique: Je les comprends pas. Je serais gênée d'être sur le trottoir comme ça.

Françoise: Maxime, tu as dit que tu avais envie de continuer ce projet.

Maxime: Je veux rencontrer un clochard pour de vrai.

Benoît: Ce serait intéressant de l'amener chez toi et de voir ses réactions.

Françoise: Tu ne peux pas te servir de quelqu'un comme ça!

Éric coupe la discussion: C'est la récré!

Françoise: Ça, c'est anti-climat, Éric.

2 juin

RASSEMBLEMENT

Françoise: Je suis sûre que vous avez des nouvelles.

Steve: Les Canadiens ont un nouvel entraîneur.

Benoît: Hier, les Indiens de Kanawake ont bloqué la route parce que les policiers les empêchent de vendre des cigarettes sans permis.

Françoise: Sans taxe.

Benoît: C'est pareil ce matin.

Françoise: Ce n'est pas un groupe de personnes qui fonctionnent comme nous. Est-ce qu'ils ont un premier ministre, comme nous?

Olivier: Ils ont un chef de tribu.

Françoise: J'ai apporté La Presse si vous voulez regarder tout ça. Ce serait intéressant que vous suiviez les nouvelles de Kanawake. On ne réalise pas toujours qu'il y a sur le territoire proche, des Indiens, des autochtones qui vivent différemment de nous.

Charlotte: Ils ont pas nécessairement les mêmes maisons que nous. Tu vois des petites filles devant les maisons qui se promènent pieds nus.

Françoise: J'ai toujours eu en tête l'idée qu'on fasse un jour quelque chose avec des Amérindiens. On pourrait apprendre à les découvrir.

Benoît: Leur culture.

Françoise: C'est ça. On ne sait pas vraiment comment ils vivent. C'est pareil avec les Inuit.

Patrick: Pas seulement lcs Inuit. Près de chez nous, il y a plein d'immigrants indiens. Ils arrêtent pas de nous regarder.

Françoise: Leur as-tu parlé, Patrick?

Patrick: Non, ils parlent en anglais!

Françoise: Pourquoi penses-tu qu'ils te regardent?

Isabelle: Ils jouent pas pareil que toi et ils veulent voir comment tu joues.

Patrick: On mettait de l'herbe dans notre cour. Tout le monde nous regardait. Il y avait une petite fille, entre autres. Elle disait toujours Allo.

Françoise: Ça, Patrick, c'est important; c'est un signe qu'elle fait là. Est-ce qu'il y en a qui ont déjà vécu l'expérience d'être dans un autre pays? Vous souvenez-vous les premiers jours où vous êtes arrivés en France? Toi, Patrick, si tu faisais un signe par rapport à ces enfants-là, ils seraient probablement très heureux.

Benoît: Ils se sentent un peu ignorés.

Françoise: C'est dur d'immigrer..

Stéphanie: Moi, j'ai une autre nouvelle. Ma tante a accouché. C'est une fille. Elle pèse dix livres.

Maxime: Comment elle s'appelle?

Stéphanie: Dibika.

> *Plusieurs enfants font des commentaires sur la nouveauté du prénom.*

Stéphanie: Elle avait le bras mal placé. Ça a déchiré quand elle est sortie.

Quelqu'un: Est-ce que ça fait mal?

Françoise: C'est la mère qui a été déchirée. On dit qu'au moment de l'accouchement, les tissus sont tellement tendus qu'on ne sent pas vraiment la douleur.

FOURMIS

Marie-Chantal: À l'atelier de fourmis, on a juste des garçons qui se sont inscrits.

Françoise: Vous êtes déçues des inscriptions que vous avez reçues. Il faut l'expliquer, Marie-Chantal. Ce n'est pas seulement le fait que vous avez des garçons, c'est aussi le fait de ne pas avoir de monde qui vous a déçues. Explique-le au complet. Toi Anick, comment l'as-tu vécu?

Anick: Il y a beaucoup de monde dans les autres ateliers. Il y a cinq personnes dans le nôtre.

Violaine: Moi, c'est la même chose. On se demande si c'est parce que c'est nous autres.

Vicky: C'est pas parce que vous êtes plus jeunes.

Patrick: Peut-être que pour inciter les gens à venir, il faudrait dire les choses qui vont arriver à votre atelier.

Françoise: Préparez-vous pour demain en suivant la suggestion de Patrick. Entendez-vous sur ce que vous voulez dire et présentez-le au groupe demain.

Christine: Les papillons et les grenouilles, on sait qu'on va les attraper. Les fourmis, on sait pas.

Olivier: On pense peut-être que ça va être moins bien organisé parce que vous êtes plus jeunes.

Charlotte: Le nom «observation d'oiseaux», ça dit ce qu'on va faire. Fourmis, ça ne le dit pas.

Françoise: Vous êtes d'accord?

Elles le sont.

3 juin

RASSEMBLEMENT

Kim à Françoise: J'ai lu ton article dans le journal.

> *Le journal local a fait un compte rendu du colloque qui s'est déroulé à l'école récemment et a repris l'essentiel de ce qui a été dit dans une table-ronde à laquelle Françoise participait.*

Kim: Moi je suis d'accord pour la demi-journée de congé.

> *Les éducateurs de l'école proposent entre autres d'allonger le temps scolaire tous les jours pour permettre une demi-journée de travail entre enseignants.*

Gabrièle: Moi aussi, je suis d'accord.

> *En fait, c'est une initiative qui suscite l'enthousiasme.*

Françoise: Vous êtes d'accord, vous autres... Kim, as-tu lu les autres choses que je dis?

Kim: J'ai tout lu, mais c'est difficile à se rappeler.

Françoise: Christine est absente. Elle a mal à la gorge.

Maxime, méprisant: Moi, quand j'ai mal à la gorge, je viens à l'école.

Françoise: Maxime, c'est extrêmement déplaisant quand tu fais ça. Il y a des gens que tu blesses. Si tu as des difficultés avec quelqu'un, tu peux en parler ouvertement.

Maxime, agressif: J'ai pas dit que Christine est conne.

Olivier: Ça ressemble...

Françoise: C'est la façon dont tu fais tes commentaires. Tu joues au crack, au gars fort. Si c'est un certain enfant qui fait une remarque en rassemblement, tu sur-réagis, alors qu'avec d'autres, tu laisses passer.

Maxime: J'avoue que je réagis super vite et super fort.

CONFLIT

Thierry: L'autre jour, à cinq heures, on jouait, puis Maxime et quelqu'un d'autre arrêtaient pas de me dire des affaires. J'aime vraiment pas ça. Des fois, Maxime, tu nous donnes des coups.

Maxime: Des coups!

Marie-Claude: Je l'ai jamais vu donner des coups.

Thierry: T'arrêtes pas de nous baver. On te le dit et tu continues.

Françoise: Y en a-t-il d'autres?

Thierry: Des fois Benoît, mais c'est plus rare. Une fois Jérôme.

Stéphanie: Les coups, c'est vrai. Quand j'ai le ballon, tu me l'arraches.

Maxime: Ça commence à exagérer!

Annie à Thierry: À quoi ça sert de présenter ça en rassemblement.? Penses-tu que ça va intéresser Patrick ou Marie-Chantal? Tu as juste à parler à Maxime, à Benoît ou à Jérôme, même à Françoise si tu veux.

Françoise: Tu remballes ça un peu vite. Tu pourrais le laisser exposer son point de vue.

> *Le rassemblement est interrompu. Une dizaine d'enfants quittent pour la chorale.*

GESTION DE CONFLIT

> *Françoise parle à Maxime, seule à seul.*

Françoise: Regarde comment tu procèdes: tu n'écoutes même pas Thierry exposer son point. Tu l'attaques.

Maxime, très fâché: Il a pas besoin d'amener ça en rassemblement.

Françoise: Mais c'est le seul lieu où il peut le faire. Il n'est pas capable de te parler. Il l'a dit. Toi tu lui renvoies le problème juste à lui. Mais si tu es imparlable, c'est ton problème aussi.

Maxime: Il a pas à le faire en rassemblement.

Françoise: Je te dis que s'il l'amène au rassemblement, c'est parce qu'il ne peut pas faire autrement.

Maxime n'en démord pas.

Françoise: Quand tu n'avais pas le même statut dans la classe que maintenant, quand tu étais moins sûr de toi, tu te servais aussi du rassemblement pour la même raison. Est-ce qu'on te remballait? Qu'est-ce qu'on faisait? Est-ce que ça te rappelle quelque chose?

Maxime est trop en colère pour se rappeler quoi que ce soit.

Maxime: Il a qu'à être moins chialeux, être intégré dans le groupe.

Françoise: C'est vrai, mais tu peux l'aider en lui parlant au lieu de le condamner. Tu n'arrêtes pas de répéter qu'aller chercher l'appui du monde comme ça, c'est effrayant! Ça fait déjà deux ou trois semaines que tu as cette attitude. Te rappelles-tu comment tu étais dans la classe au début de l'année? Te rappelles-tu avoir amené une situation semblable en rassemblement?

Maxime: Oui, l'affaire de Stéphane, c'est moi qui l'avais amenée.

Françoise: Exactement.

Maxime: Mais je l'avais amenée parce que Stéphane, on pouvait pas lui parler.

Françoise: Et bien c'est exactement la même chose. Ce que Thierry te dit, c'est qu'il ne peut pas te parler.

Maxime est ébranlé.

Françoise: Rappelle-toi combien de fois tu es venu chialer vers moi avant que tu ne te prennes en main. Toi, tu trouves Thierry chialeux. Lui, il t'approche. Il trouve que tu dois faire un bout de chemin. Va le chercher, on va parler les trois ensemble.

Thierry arrive.

Françoise à Maxime: Maintenant dis à Thierry ce que tu lui reproches.

Maxime: Il frustre quand on dit une toute petite affaire. On en dit à plein de monde, et ils frustrent pas.

Thierry: Quand tu vois Christine, Marie-Chantal ou moi, tu nous baves.

Françoise à Thierry: Mais défends-toi, aussi. Il faut que tu apprennes à résister. Lui, c'est un gars qui pousse.

Thierry: Quand on lui dit quelque chose, il dit «ta gueule» et il commence à nous bûcher.

Françoise: Laisse-le aller. S'il va jusque-là, on en reparlera. Ce sera à travailler sérieusement.

Maxime: À chaque rassemblement, il est en retard.

Françoise: C'est vrai, mais si j'étais là à te descendre tout le temps, si je te disais: «Maxime, ton écriture, c'est effrayant». C'est vrai que ce sont ses faiblesses. C'est vrai, Thierry, qu'il faudra que tu développes un peu de muscle. Maxime, serais-tu prêt à donner des moyens à Thierry? Tu es bon là-dedans.

Maxime: C'est juste ça que j'essaie de faire!

Françoise: Tu le fais par la force! Tu pousses! Ce n'est pas de cela que je parle.

Françoise: Thierry, as-tu le goût de l'apprendre?

Thierry: Je suis bien comme ça.

Maxime: C'est pas correct. Il faut que tu apprennes à être agressif au jeu. Il faut que tu saches faire des passes; il faut avoir une défensive quand on joue.

Françoise: Serais-tu capable de lui donner des trucs pour cela? Toi, Thierry, as-tu remarqué que tu as peur du contact physique?

Thierry: Je sais pas.

Françoise: Comprends-tu ce que je veux dire? Dans le jeu, il y a un contact un peu dur, des fois. Il faut que tu tombes, que tu te fasses toucher.

Thierry à Maxime: Toi tu joues avec le ballon et tu pousses les autres!

Maxime: Ça marche!

Françoise à Thierry: Regarde Mathieu. Il a fait un chemin extra-ordinaire. Maxime, accepterais-tu de lui apprendre certaines stratégies une période par jour?

Maxime: Ça me ferait pratiquer aussi.

Thierry: À deux, il y aura rien à faire...

Françoise: C'est pas grave. Tu pratiques à lui enlever le ballon, à l'affronter, à le tasser. C'est entendu, dix minutes par jour?

Thierry: Tout de suite?

Françoise: Oui. Mais je veux que ce soit clair. On en reparle quand les dix minutes seront terminées. Thierry, tu règles tes affaires toi-même. Tu ne remontes pas pour me dire «y a ci, y a ça qui n'a pas marché»!

> *Ils partent tous les deux, apaisés. Françoise reste pensive. Elle décide alors de parler à Annie et à Dominique. Elle estime qu'elles flattent le côté «macho» chez les garçons.*

> *Maxime et Thierry reviennent de leur pratique.*

Françoise: Ça a bien été?

Maxime: Oui.

Françoise: Alors vous recommencerez lundi?

Les deux ensemble: Oui.

> *À la table, les enfants travaillent. Ils ne sont pas là pour se faire corriger, mais pour recevoir un soutien particulier dans le travail. Ils savent que Françoise les regarde et qu'elle est disponible. Elle explique maintenant à Isabelle comment elle peut utiliser un livre de verbes pour améliorer son orthographe. Elle lui explique le passé simple, temps qu'elle a utilisé dans son histoire. Puis elle s'adresse à Mathieu: Ton opération est juste, mais ton chemin est beaucoup trop long pour arriver au résultat. Je vais te montrer un chemin plus rapide. Maxime s'ajoute au groupe. Il dit à Benoît et Julie qui reviennent des maternelles: C'est une drôle d'heure, pour arriver à l'école... Françoise lui jette un coup d'œil éloquent. Un groupe d'enfants*

revient de la chorale; ils sont enthousiastes. Ils racontent qu'ils chantent en différentes langues. Ils en font la démonstration.

Maxime: Une chance que j'y suis pas allé.

Stéphanie: Encore un commentaire négatif...

Patrick est maintenant assis à la table. Il dessine.

Françoise à Maxime: Te rappelles-tu Patrick? Il était très négatif au rassemblement. Il n'est pas devenu super positif, mais il est beaucoup moins négatif.

Patrick, qui sent l'attention sur lui, commence à se plaindre de Steve en son absence.

Françoise: Ça ne s'adresse pas à moi. Veux-tu aller le dire à Steve?

Steve arrive justement. Patrick reste muet.

Françoise: Allez, grouille. Dis-lui.

Patrick: ...

Françoise: Tu vois, tu t'accommodes. Alors ne viens pas chialer après.

Patrick: J'ai plus rien à dire.

Françoise: Parce qu'il est arrivé, tu n'as plus rien à dire. C'est un phénomène important dans la communication. Il y a des gens qui se font de la place comme ça, en chialant par derrière. Et il y a en a d'autres qui s'expliquent en parlant. Bien sûr, il y a le ton de la voix, la façon de parler: il faut exprimer ce que tu as à dire clairement.

Steve se demande bien ce qui se passe.

Françoise: Tu peux le dire: •Steve, ça fait une demi-heure que je t'attends. Arrête de manger ton chocolat et viens ici•. Maxime, lui, est clair dans sa communication. Il est trop clair! (rires)

Françoise: Dominique, viens ici une minute avec Annie.

Elles sont maintenant seules les trois à la table.

Françoise: Je trouve qu'il y a des problèmes que nous devrions discuter: c'est ce que j'essaie de travailler avec Maxime.

Dominique: Je comprends pas.

Françoise: Je vais t'expliquer.

Dominique: Thierry invente les trois quarts de ce qu'il dit.

Françoise: Ce n'est pas vrai.

Annie: Il invente pas.

Françoise: Avez-vous senti que Thierry a des difficultés à apporter des points au rassemblement?

— Oui.

Françoise: Si, dès qu'il ouvre la bouche en rassemblement, tu le rabats...

Dominique la coupe: Il parle pour rien dire.

Françoise: Non, il disait quelque chose de très important!

Dominique l'imite de façon méprisante.

Françoise: Regarde le ton que tu prends. Ce matin, il avait de la difficulté à s'exprimer au rassemblement. Est-ce une raison pour se moquer? Je veux questionner votre attitude à vous. Je trouve que vous soutenez par votre attitude celle de Maxime. C'est comme si vous lui disiez: vas-y, pousse. Quand vous allez avoir vingt ans, vous en rencontrerez des hommes qui représentent l'extrême de ce modèle. Est-ce avec ce type d'homme que vous voudriez vivre? Ces attitudes, chez les gars, et ces attitudes, chez les filles, existent dans la société. Il y a une partie des attitudes des hommes qui est due aux attitudes des femmes et vice versa. Toi, Dominique, soutiens-tu des gars qui ne sont pas proches de leur sensibilité et qui ne jouent qu'aux héros? Ces choix-là se préparent dès maintenant. Peut-être que c'est ton choix. Peut-être que tu admires les gars qui se montrent «cracks». Les autres, tu les méprises un peu.

Dominique rit.

Françoise: C'est très important de prendre conscience de cela. Il y a une partie des attitudes des gars à l'égard desquelles il faut qu'on réagisse. Sinon on va continuer les mêmes patterns.

Annie et Dominique décrivent maintenant des hommes méprisants qui paradent avec leur voiture. Elles se sont approprié le message.

Françoise leur signale maintenant Maxime et Mathieu qui sont en train de se parler dans un coin de la classe. C'est Mathieu qui a la parole. Comme de coutume, il parle avec retenue.

Françoise: Vous voyez, Maxime apprécie aussi la douceur. Il l'a dit, d'ailleurs, qu'il voulait travailler son agressivité. C'est important que vous ne souteniez pas seulement le pattern «héros».

La discussion est devenue très amicale, complice. Dominique parle maintenant des filles qui se pensent bonnes et qui se «montrent».

Françoise: Tu trouves cela chez les femmes aussi, par exemple chez les femmes qui embarquent dans le système de valeurs des hommes, c'est-à-dire du rendement à tout prix.

Dominique: Des «machonnes».

Françoise: Tu ne changes pas le monde, si tu es prise plus qu'à plein temps par ton ambition, par ton rendement et que tu oublies de penser à toi...

Dominique est demandée au sketch. Cela interrompt la conversation.

Françoise à Patrick: Tu as entendu la discussion. Qu'en penses-tu?

Patrick se protège: J'ai entendu vaguement.

Françoise: As-tu une image de ce qu'est un gars macho?

Patrick: C'est un gars plein de tatoos avec plein de blondes, drogué.

Françoise: C'est plus que ça.

Annie: Tu peux être hyper macho et bien habillé.

Françoise: En complet cravate. Ce n'est pas seulement une image, un costume. C'est une attitude. En vois-tu dans l'école? En connais-tu?

Patrick: Non.

Françoise: Il va falloir que tu ouvres les yeux, Patrick.

Patrick se défile comme une anguille.

Françoise: Tu ne veux pas te prononcer. Trouves-tu qu'il y a des filles mémères?

Patrick: Oui. Voyant arriver Stéphanie, il dit: La voilà, elle arrive!

Françoise: Je ne sais pas quels sont tes critères. Ce n'est pas le meilleur exemple!

Annie: Les filles mémères font des petits chichis.

Patrick, qui se réfugie dans son exercice de français: Qu'est-ce que je marque ici?

Françoise: Ce que tu veux!

Patrick: Qu'est-ce que j'ai dit de faux?

Françoise: Rien de faux, mais c'est le genre de question à laquelle tu peux répondre toi-même.

Françoise est interrompue. Elle quitte la classe. La conversation continue entre Patrick et Annie. Annie explique la problématique en cours en donnant des exemples de réactions au handball. Patrick est beaucoup plus réceptif aux commentaires d'Annie qu'à ceux de Françoise.

Plus tard, **Annie**, quittant la table: T'as pas le goût d'aller jouer? (c'est la récréation).

Patrick: Des fois, c'est plus important de discuter.

Françoise est revenue. Quelques enfants parlent autour de la table des coups et blessures inhérents à la vie active.

Françoise à Marie-Chantal: Est-ce que tu te cognes souvent?

Marie-Chantal: Tout le temps! Demande à mes jambes!

Françoise: Tu devrais en parler à Michel. Il aurait des choses intéressantes à te dire là-dessus. Olivier se cognait beaucoup, l'an passé. Sais-tu ce que j'ai réalisé? Quand tu joues, tu as la crainte de te faire mal.

Marie-Chantal: Je me suis déjà fait mal en sport. C'est pour ça que j'ai la peur.

Françoise: Mais sais-tu qu'un corps, c'est fort? Toi Patrick, tu as aussi des peurs quand tu joues avec d'autres.

Patrick: Ça se peut.

6 juin

COUTURE

> *Christine et Steve ont préparé un atelier de fabrication de filets à papillons. Les enfants ont fixé le cercle de métal à leur manche à balai. Ils en sont maintenant à l'étape où ils doivent coudre le tulle qui servira de filet. La couture est un problème sérieux pour certains. Enfiler le fil dans l'aiguille prend près d'une demi-heure à Maxime et Olivier. Maxime alterne les colères et les clowneries. Faire un nœud au bout de son fil lui cause la même difficulté. Il quitte la classe, revient en faisant des folies.*

Françoise: Tu fuis une difficulté que tu as. Accroche-toi. Vous n'apporterez pas vos filets chez vous pour les faire terminer par votre mère! Est-ce que quelqu'un pourrait aider un peu Maxime, maintenant?

Kim: Moi.

Maxime: Oh non. Pas elle!

Françoise: Connais-tu l'expression «À cheval donné on ne regarde pas la bride»?

Il réfléchit un instant et reprend sa couture, avec l'aide de Kim.

Françoise: Et l'année prochaine, on fera de la couture!

SKETCH

Le sketch tant attendu a lieu. C'est une fois de plus une histoire de famille inspirée d'une série télévisée, Monroe. Le sketch commence avec Stéphane debout sur une table, vêtu d'une longue robe. On comprend peu après qu'il s'agit d'une robe d'ecclésiastique.

Stéphane: Nous sommes réunis ici pour célébrer la mort d'un bébé.

On voit en effet un paquet déposé sur une table et qui représente le bébé en question. Les parents, les grands frères et soeurs sont assis sur des chaises. Le prêtre incite les participants à chanter. Il lance une phrase qui est reprise par l'assemblée.

Stéphane: Bébé est mort du sida...

La famille: Bébé est mort du sida...

Stéphane: Stationnement interdit dans l'anus...

La famille: Stationnement interdit dans l'anus...

Stéphane donne ensuite une bénédiction et tout le monde quitte les lieux. Un peu plus tard, Benoît, le père, est assis à la table d'un bar. Il regarde des danseuses en mini-jupes très suggestives se trémousser sur un podium. Kim, son épouse outragée, arrive et s'exclame: Qu'est-ce que tu as à regarder ces filles! Moi aussi je suis capable de danser! Elle chasse les deux danseuses de la scène et prend leur place. Elle fait un numéro de French cancan sur une musique chantée par les autres. Ensuite elle ramène son mari à la maison.

L'épouse: D'accord, je n'ai plus un corps de vingt ans! Mais trouves-tu que je dansais bien?

Le mari esquive la réponse.

Entre temps, le patron du bar a transformé Monroe — Jérôme — en Mac Croquette. Il va passer le reste du sketch à glousser et à interrompre les scènes. Futé, ce Jérôme: ça lui évite d'avoir à parler! La suite permet surtout aux filles de parader avec des bas à résille, des mini-jupes réduites à leur plus simple expression et des talons hauts.

En fait, ce qu'ils appellent un sketch ressemble à une sorte de jeu symbolique, mais dans un cadre adapté à des enfants plus âgés. Les filles jouent à la «pépée».

7 juin

RITES DE PASSAGE

Les cinq enfants de sixième année ont été invités, comme c'est la tradition, à souper et coucher chez Françoise hier soir. Ils arrivent ce matin avec elle, un peu en retard. La principale préoccupation des autres: l'heure à laquelle les sixièmes se sont couchés.

Mathieu: À onze heures, mais on s'est endormis à deux heures.

RASSEMBLEMENT

La conversation évolue insensiblement vers la classe verte. On parle d'abord des échasses.

Françoise: J'en ai deux paires. On pourrait regarder si certains parents seraient prêts à en fabriquer quelques paires.

Dominique et Benoît présentent ensuite la liste des vêtements à emporter, une liste de leur crû, quelque peu surchargée.

Patrick: Est-ce qu'il y a des laveuses pour laver nos vêtements?

Françoise: Patrick, on est en camping! Ceux qui sont très sensibles au froid, particulièrement à la tête, prenez quelque chose comme un kangourou. Vous pouvez le porter la nuit. Ou même une tuque.

Rires.

Françoise: C'est très sérieux! Le camping est une des activités où il faut changer de vêtements rapidement. Il peut faire très froid le matin et le soir. Comment fait-on pour avoir des vêtements chauds le matin?

Patrick: Tu le mets dans ton sac de couchage et il se réchauffe pendant la nuit.

> *La discussion qui suit est à la fois un rappel, pour ceux qui ont déjà fait l'expérience et un travail de réflexion et d'anticipation pour tout le monde. Cela aide les inquiets à se familiariser avec une situation nouvelle et les prépare à régler les problèmes matériels qu'ils vont rencontrer.*

Françoise: Y a-t-il d'autres lois de camping?

Kim: Quand il pleut, il faut pas toucher la tente, sinon c'est plus imperméable.

Françoise: Très important! Et comment entre-t-on dans une tente?

Patrick: Par la fermeture.

Rires.

Benoît: On s'assied dedans. On défait ses souliers et on les laisse dehors. On écrase pas le bord du bas.

Françoise: En camping, c'est important d'avoir de l'ordre...

Annie: ... sinon on perd toutes nos affaires.

Françoise: Dimanche, on arrive vers trois heures. On monte les tentes. Qu'est-ce que vous faites après?

Kim: On étend les matelas, les sacs de couchage.

Françoise: Vous mettez tout de suite votre pyjama et un chandail dans le sac de couchage. La paire de bottes va entre les deux toiles de tente pour le matin. Après ça, on installe la documentation dans la grande salle de la cabane à sucre.

Sylvain, le petit frère d'Isabelle, en visite, est assis, depuis le début du rassemblement, entre les jambes de sa sœur.

Françoise: Sylvain, qu'est-ce que tu choisirais comme activité en classe verte? Il y a les fourmis, les grenouilles, les papillons.

Sylvain: Les fourmis.

Un baume pour Anick, Violaine et Marie-Chantal qui sont restées sur l'impression que leur atelier était sous-estimé.

Françoise: Mathieu et Kim, vous avez encore des jeux à préparer. Michel peut vous prêter des chandails pour identifier les équipes.

Peu après, les enfants travaillent dans leurs équipes de classe verte. Maxime est dispersé.

Françoise: Si tu arrives à t'organiser par toi-même, tu seras un gars magnifique; si tu continues à te faire porter, tu vas être... fatigant.

8 juin

RASSEMBLEMENT

Patrick qui s'occupe de l'astronomie et de la météo avec Jérôme arrive, d'un pas élastique, perdu dans ses pensées, comme le stéréotype vivant du vieux savant. Quelqu'un saisit cet instantané expressif:

— Bonjour, monsieur le météorologiste!

Un autre enchaîne: Bonjour Alcide...

Françoise: Le papa de Charlotte a déjà fini une paire d'échasses. Y en a-t-il qui y ont pensé?

Beaucoup l'avaient oublié.

Françoise: Ce serait très bien si on en avait. Plus on a de paires, plus c'est intéressant. Une fois sur place, vous allez aimer ça.

Les enfants sont un peu affalés.

Françoise: Redressez vos dos. J'ai entendu aux nouvelles que huit personnes sur dix souffrent de maux de dos, ce qui veut dire qu'on ne fait pas assez d'exercice. C'est vrai pour les adultes. Ce n'est pas votre cas, mais il faut s'entraîner à conserver un dos solide. Notre dos doit nous supporter pendant toute notre vie.

Les enfants évoquent les accidents, notamment en traîne sauvage qui ont endommagé les dos de leurs parents ou les leurs.

Gabrièle: J'aimerais qu'on passe les points.

Après quelques ultimes interventions sur les accidents, on obtempère.

NOURRITURE

Annie: Demain, on va faire les achats pour la classe verte avec Bernard. On aimerait savoir — c'est la dernière consultation — si vous prenez un, deux ou trois hamburgers chacun.

Les réponses oscillent entre un, un et demi et deux. Les hot dogs ont une moyenne un peu plus élevée. Les enfants ne peuvent s'empêcher d'anticiper avec quelle garniture ils les dégusteront. Ça y est. C'est fait: tout le monde salive!

Annie: Ceux qui n'ont pas donné les feuilles d'inscription pour des plats à préparer à leurs parents, on a décidé que leurs parents ne feraient rien, parce qu'on s'est débrouillés sans eux.

Françoise: Vous m'avez mentionné votre déception hier, vous les responsables de la nourriture. Vous avez pris conscience du fait qu'il y a toujours des gens qui retardent un mouvement, qui participent moins, qui sont lourds.

Annie: C'est plate.

Françoise: Essayez tous de réaliser cela pour ne pas devenir ce type de personnes.

VALSE-HÉSITATION

Anick: Moi puis Violaine on a fait un projet en danse. On voulait pas le présenter à toute la classe parce qu'on est un peu gênées.

Françoise: Et quoi encore? Ce n'est pas votre seule raison. Dites-le. C'est important qu'ils le sachent.

Anick: On a peur que les enfants rient.

Violaine: On a décidé d'inviter des enfants de la classe et des enfants de la maternelle.

Françoise: Elles ont choisi des enfants qui risquent moins de rire de leur danse.

Kim: Pourquoi vous le présentez pas à un petit groupe? Si ça va bien, vous le présentez à tout le monde.

Maxime: Ceux qu'elles invitent pas, peut-être qu'ils voudraient y aller.

Françoise: Seriez-vous prêtes à changer d'avis?

Violaine: Ça dépend qui c'est.

Isabelle: Quand tu présentes un texte, tu es gênée. C'est pareil. Il faut le présenter quand même.

Dominique: L'idée des petits groupes, c'est pas une bonne idée. Vous choisissez les gens... je comprends... mais je suis pas d'accord. Les autres, ceux qui sont pas invités, ils se sentent mal.

Charlotte: Ceux qui sont pas invités, ils se sentent rejetés.

Stéphanie: Vous avez peur qu'on rie de vous, mais ça dépend comment on rit. Des fois on rit, mais on se moque pas.

Françoise: Peut-être que les personnes qu'elles ont choisies sont celles avec lesquelles elles se sentent plus à l'aise. C'est normal dans un groupe qu'il y ait des personnes avec qui on se sent plus en confiance.

Annie: Moi, je suis pas d'accord, mais c'est pas parce que je suis pas d'accord que vous allez pas le faire. Mais si vous le présentez seulement à quelques personnes, vous vous dégênerez pas autant.

Ce serait dur de le présenter à la classe, mais après, ce serait plus facile pour une prochaine fois.

Françoise: Toi Mathieu, qu'est-ce que tu en penses?

Mathieu: J'aimerais le voir...

Françoise: Accepteriez-vous la suggestion de le présenter à un petit groupe, puis aux autres si tout va bien? Ou alors de le présenter à tout le monde?

Violaine: On aura pas la place...

Françoise: Ça, ce n'est pas l'argument de fond. Tu sais bien qu'il y a toute la place qu'il faut.

Anick: Moi, je serais d'accord de le faire petit groupe par petit groupe et que tout le monde puisse le voir.

Françoise: C'est une suggestion intéressante.

Annie: On peut savoir qui vous avez choisi?

Françoise: Ce choix est important. Il vous dit avec qui elles se sentent bien. Les autres, questionnez-vous sur la raison pour laquelle vous n'y êtes pas. (À Anick et Violaine) Bravo de revenir sur votre décision.

Elles se font applaudir.

APPARITION

Dominique, la petite fille qui «n'habite pas sur la terre» mais qui habite le projet d'Annie se présente. Elle ressemble à une apparition dans l'encadrement de la porte, dans sa belle robe blanche à pois rouges, les cheveux bouclés, les yeux brillants. Tout le monde s'arrête, intrigué.

Dominique: C'est aujourd'hui que mon père vient, un petit peu après le dîner.

Françoise: Il est arrivé?

Domnique: Non. Il va arriver à midi. On va le chercher à l'aéroport. Il vient de Toronto. Il va venir directement à l'école. Il va aller dans ma classe, puis il viendra ici.

Rendez-vous est pris.

ÉVALUATION

Françoise: Maintenant, prenez vos échéanciers de projets et ouvrez-les à la dernière page d'échéances. Prenez une page vierge et le crayon que vous préférez. Vous avez terminé une année scolaire. Votre carnet est le témoin de ce que vous avez fait. J'aimerais que vous regardiez si vous êtes contents de vous, si vous avez réalisé ce que vous vouliez, si vous avez rencontré des surprises. Faites une évaluation de votre année. Je ne veux pas seulement un petit commentaire. On se tait pour pouvoir se concentrer. Cette évaluation va nous servir pour l'année prochaine. Quand vous avez terminé cette partie, vous regardez la classe, vous pensez à la classe et vous vous dites ce qui vous a plu et ce qui ne vous a pas plu. Vous l'écrivez.

> *Les enfants feuillettent leur échéancier et se mettent à écrire dans le plus grand silence. Certains appellent Françoise pour lui dire qu'ils ne savent pas quoi écrire. Elle les restitue dans leur démarche et assez rapidement tous sont au travail.*

Après un moment, **Françoise**: Une des choses que vous avez apprises, je peux vous le dire en regardant ce que vous écrivez, c'est à mieux vous connaître et à parler de vous un peu plus que vous ne le faisiez au début de l'année.

«HEUREUX QUI, COMME ULYSSE...» OU LE PÈRE DE DOMINIQUE

> *À une heure, Françoise aperçoit de loin un homme de grande stature qui donne la main à Dominique. La mère de Dominique est là également. Françoise suggère à Annie d'aller se présenter et de s'assurer qu'il se sent libre de ne pas venir dans la classe s'il est fatigué ou a d'autres projets. Annie revient, atterrée.*

Annie: Il parle seulement anglais! Et puis il a l'air très fatigué; il a trois cernes sous les yeux!

À une heure quarante-cinq, le rassemblement commence. Les points défilent, mais les enfants sont dans l'attente du visiteur. À deux heures, Françoise pense qu'il ne viendra pas.

Françoise: Annie, peux-tu nous parler du contact que tu as eu avec le père de Dominique?

Annie raconte sa surprise de découvrir qu'il était anglophone et explique qu'il ne viendra peut-être pas. À deux heures quinze, Il arrive, tenant par la main une Dominique radieuse. D'emblée, il impressionne: c'est un homme athlétique, bronzé par la vie au grand air, avec des mains immenses de travailleur manuel. Les enfants lui font une place sur le banc. Dominique s'assied à côté de lui et lui tient le bras tout en se penchant contre son épaule. La mère de Dominique s'assied un peu en retrait.

Dominique: Il parle anglais.

Françoise: Pas de problème. On va traduire. Il y a plusieurs enfants ici qui parlent anglais.

Après de rapides présentations, **Benoît** lance la première question: Quand vous étiez petit, est-ce que vous rêviez d'aller en bateau à voile?

— Peut-être que j'avais déjà ce goût-là, mais je ne l'ai pas fait avant d'avoir 21 ans. C'est à ce moment-là que j'ai vraiment su que j'aimais la voile et le bateau.

Benoît traduit immédiatement la réponse avec aisance, lui qui d'habitude parle peu au rassemblement. La conversation est engagée, même si le père de Dominique est encore un peu intimidé.

Patrick: Est-ce que ça vous énervait d'avoir un bébé quand vous étiez en bateau?

— Dominique a une mère formidable qui s'est occupée d'elle sur le bateau. Dominique est née à Hong Kong. À un mois, elle est repartie sur la mer.

Quelqu'un: Qu'est-ce que vous faisiez avec elle? Où vous la mettiez?

La mère de Dominique: J'avais un couffin en osier. Je le calais dans une couchette avec un filet par dessus. Durant les tempêtes, je ne pouvais pas m'occuper d'elle. Il fallait que je sois sur le pont pour m'occuper des voiles.

> *Le père reprend la parole et parle de Dominique bébé. Cette dernière le regarde avec fierté. On peut voir à son expression qu'elle vit un moment de grande émotion. Il raconte ensuite la vie sur un bateau. Sa gêne a disparu. Les enfants sont suspendus à ses lèvres. Plusieurs comprennent un mot au passage et demandent: «Traduis ça!» Marie-Chantal, qui est bilingue, se propose pour relayer Benoît. Puis Jérôme se lance à son tour. Après un moment, ils sont trois à assurer la traduction à tour de rôle, très harmonieusement.*

Quelqu'un: Avez-vous eu des tempêtes?

— Oui.

> *Il évoque la mer déchaînée, les vagues immenses.*

— J'aime quand il y a beaucoup de vent.

— Vous n'avez pas peur?

— Non.

— Avez-vous déjà chaviré?

— Non. Les bateaux à voile comme le mien ne chavirent pas.

— Quel est l'accident le plus grave que vous ayez eu?

— Un typhon dans le Pacifique. Le mât principal s'est cassé. (Il donne des détails sur l'accident).

— Avez-vous rencontré un iceberg?

— Non, je ne me tiens pas dans les mers froides.

— Comment est-ce que vous gagnez de l'argent?

— Je loue mon bateau à des groupes de touristes.

— Qu'est-ce que vous faites, sur un bateau?

Il décrit toutes les tâches matérielles qui doivent être faites, telles entretenir la mécanique, vernir les planchers, refaire la peinture pour maintenir le bateau en bon ordre de fonctionnement. Maintenant que la conversation coule et que le visiteur est devenu loquace, quelqu'un repose la question du début:

— Comment ça se fait que vous avez eu le goût de faire ça?

— Je ne sais pas, mais mon grand-père était capitaine de bateau. C'est peut-être ça...

Dominique s'est peu à peu mise à traduire.

— Qu'est-ce que vous faisiez avant?

— J'ai été étudiant jusqu'à 21 ans. Après, je suis allé sur la mer. Ça fait maintenant douze ans que je navigue.

— Est-ce que vous allez rester longtemps à Montréal?

— Une semaine. Après, je vais chercher un bateau que je convoie du Connecticut au Maine. De là, j'en amène un autre en Floride.

— Et Dominique?

— Elle va venir me retrouver dans le Maine, puis en Floride.

— Préférez-vous la mer ou la terre?

— De 21 ans à 25 ans, je préférais vraiment la mer. Là, ça fait douze ans que je suis en mer. J'ai envie de prendre le temps de me bercer sur mon rocking chair; mais je sais que j'appartiendrai toujours à la mer.

Quelqu'un pose la même question à Dominique.

Dominique: Je sais pas. J'aime beaucoup la nuit sur la mer, puis les poissons. Mais j'aime beaucoup la terre, parce que j'ai des amis que je revois tous les jours.

Au tour de **la mère de Dominique**: Moi, je ne peux pas répondre. J'aime autant l'un que l'autre. Je retournerai en mer. Mais pour le moment, il va falloir que je sois capable de faire un peu de mer avec la terre.

Ces trois déclarations sonnent comme une conclusion après une demi-heure d'échanges ininterrompus.

Françoise: On pourrait s'arrêter là. Est-ce que quelqu'un pourrait remercier le père de Dominique d'être venu nous trouver?

Jérôme le fait. Les trois visiteurs, visiblement très heureux, quittent la classe.

Les enfants sont sous l'effet d'une véritable fascination. Quelques-uns et quelques-unes s'exclament: il est beau!

Françoise: Y en a-t-il parmi vous qui ont déjà rêvé ou qui rêvent de faire cela?

Plusieurs mains se lèvent.

Stéphanie: J'aimerais, mais j'aurais peur...

Françoise: Tu vois, Annie, quand on commence un projet, sait-on comment il finira?

Annie: Je suis tellement contente!

Françoise: Ce n'est peut-être même pas fini...

9 juin

GRAND MÉNAGE

Françoise a un rendez-vous d'urgence chez le dentiste. Elle n'est donc pas dans la classe. Je la remplace. Les enfants savent ce qu'ils ont à faire: les peintres de la commission scolaire referont le plancher et la peinture des murs pendant la classe verte. Il faut donc vider entièrement la classe. Pour cela, il est nécessaire au préalable de débarrasser tous les rayons de l'atelier, de les laver, afin d'y placer le matériel de la classe. En quelques minutes, les enfants se répartissent les tâches. Ils ont à peine commencé que le père d'Éric arrive. Françoise lui a demandé de transporter toutes les plantes vertes dans son jardin pour la durée de l'été. Quatre enfants l'aident à descendre la cinquantaine de plantes du deuxième étage jusque dans sa camionnette.

Une heure après le début du nettoyage, l'atelier est sens dessus dessous. Il y a beaucoup d'eau par terre. Stéphane transporte les bacs d'eau avec du savon du lavabo de la classe à l'atelier et retour. Marie-Chantal, Anick et Violaine nettoient de fond en comble l'armoire qui contient la peinture. Gabrièle et Kim, elles, se sont attaquées au coin de peinture qui a besoin d'un sérieux nettoyage.

Mathieu tient son chiffon du bout des doigts. Il a l'air extrêmement malheureux d'avoir à faire du ménage, mais comme il n'est pas le gars à se défiler, il le fait en demandant régulièrement: «À quelle heure Françoise arrive?» Plusieurs garçons grattent les tables avec des ciseaux pour essayer de décoller des restes de peinture ou de colle. En regardant ce chantier, on peut se demander si l'état de l'atelier n'est pas pire qu'avant de commencer. Il y a maintenant beaucoup de déchets par terre. Stéphane propose d'aller chercher l'aspirateur chez le concierge. Il revient avec un énorme appareil industriel. Avec un engin de ce format, il peut faire le ménage sans déchoir.

Une heure plus tard, c'est un vrai miracle. Tous les rayons ont été lavés et essuyés. Le matériel d'atelier a été classé et rangé. Quelques enfants qui n'avaient plus rien à faire ont commencé à préparer le déménagement de la classe. Plusieurs boîtes de livres sont prêtes. Maxime a vidé très soigneusement les cases qui contiennent les nids d'oiseaux, les crânes d'animaux disséqués et le petit musée marin. Françoise arrive à dix heures trente, en courant. Elle jette un œil sur le travail accompli et n'en revient pas. Elle fait le tour des enfants qui veulent lui montrer ce qu'ils ont fait.

Plus tard, en rassemblement, **Françoise**: Savez-vous, les enfants, arriver et trouver tout le ménage fait, c'est comme recevoir un cadeau. C'est extraordinaire.

Ils sont visiblement fiers de leur exploit.

ANICK

*Hier après-midi, Violaine et Anick ont présenté au groupe de
maternelle la danse qu'elles avaient préparée. Le spectacle
s'est bien déroulé, même si Anick n'en était pas vraiment
satisfaite. C'est aujourd'hui qu'elles doivent le présenter à un
premier groupe de la classe avant de décider si elles le mon-
treront à d'autres. Le moment venu, Anick éclate en pleurs.
Elle a le teint blême. Elle est tellement mal qu'il est même
inutile de discuter avec elle pour le moment. Plus tard, alors
qu'elle s'est calmée, Françoise lui parle en particulier. Anick,
encore bouleversée, explique son insatisfaction et sa peur de
présenter quelque chose qui n'est pas parfait.*

Françoise: Écoute, Anick. Hier, tu as présenté ton spectacle à la
maternelle. Ça, c'est déjà un grand pas de fait. Ne l'oublie pas.
Aujourd'hui, ça a été beaucoup plus difficile pour toi. Oublie-le
pour le moment. Inutile de ruminer. C'est un problème qui reste
à travailler, on le reprendra en septembre. Ce n'est pas grave. Tu
danses pour le plaisir. S'il n'y a plus de plaisir, ça n'est pas intéressant de pousser à tout prix. Tu auras d'autres occasions de te
reprendre l'an prochain. Je vais en reparler avec tes parents pour
qu'ils comprennent ce qui s'est passé. Mais il est surtout très
important que toi tu comprennes ce qui t'est arrivé et que tu ne
le prennes pas au tragique. Ce n'est pas grave du tout. Et ça ne
s'arrêtera pas là.

10 juin

RASSEMBLEMENT

Délestée de son contenu, la classe est devenue un grand volume dénudé, défraîchi, dans lequel la voix résonne. Tout le monde s'assied sur le plancher à l'apparence, il faut le dire, assez pitoyable.

Thierry, déprimé: J'aime pas ça. C'est triste, la classe vide.

Après une litanie de complaintes de quelques enfants, Françoise lance un jeu, manifestement pour remonter le moral et ranimer l'esprit de groupe qui en a pris un méchant coup avec le départ du tapis. On passe ensuite au ménage.

LA CHAISE PÉDAGOGIQUE

Françoise: C'est le jour du nettoyage des meubles. On va commencer par laver les chaises.

Elle place une chaise au centre du cercle et dit, ironique, comme s'il s'agissait d'un jeu: Regardez bien et dites-moi combien il y a de côtés à une chaise.

Les réponses vont de 4 à 27 en passant par 5, 7, 8, 9, 10.

Françoise: Thierry, combien en as-tu trouvé?

— 5.

— Veux-tu venir nous les montrer?

Il fait sa démonstration.

Françoise: Maintenant, quelqu'un peut-il me montrer toutes les façons possibles de bouger la chaise?

Steve s'essaie.

Françoise: Maintenant, une façon différente, qui nous montre des côtés qu'on ne voit pas d'habitude.

La chaise trouve une nouvelle position.

Françoise: Vous apercevez-vous qu'en tournant la chaise on ne voit pas les mêmes côtés? Pourquoi pensez-vous que je fais ça?

Charlotte: Parce qu'on ne lave pas tout!

Françoise: Oui. Regardez la crasse qui s'est accumulée sur les bords cachés!

Gabrièle, riant de Françoise: C'est une pédagogue!

PRÉPARATIFS

Maxime et Julie montrent à Françoise la peinture à l'huile qu'ils ont apportée pour la donner à la classe, à la demande de Françoise Ces peintures sont superbes. Maxime a peint trois animaux en mouvement. Ils sont flous dans leurs contours, mais très expressifs. Julie a, elle aussi, représenté un animal, en arrêt au pied de deux montagnes. Les enfants sont émerveillés et se promènent avec les tableaux pour leur trouver une place dans la classe vide. Plus tard, les enfants rassemblent le matériel dont ils auront besoin à la classe verte. Ils le placent dans des boîtes de carton. Ils se déplacent partout. C'est le stade de la fourmilière. Il est impossible de savoir ce que chacun fait et si le travail est efficace. C'est là qu'il faut compter sur les bonnes habitudes acquises antérieurement!

RASSEMBLEMENT AD HOC

Il est dix heures quinze. Il devient impossible de comprendre qui fait quoi; la classe est un tohu-bohu. Il y a du matériel partout.

Françoise: Maintenant, j'aimerais que chacun d'entre vous ferme les yeux. (Ils sont surpris). Fermez les yeux et pensez à vos responsabilités. Vous participez à un groupe.

Patrick interrompt: Et si on a le goût de penser à autre chose?

Françoise rit: Patrick, je t'interdis de penser à autre chose!

Patrick, le plus sérieusement du monde: C'est salaud!

Françoise: Vous deviez faire des boîtes contenant tout le matériel nécessaire pour votre activité. Repassez dans votre tête tout ce matériel. Concentrez-vous. Pensez à vos feuilles d'activités, à vos feuilles d'horaire, aux grands cartons que vous avez préparés. Essayez de ne rien oublier. Je vous demande maintenant s'il y a des choses qui ne sont pas dans les boîtes. Le père de Thierry les emmène cet après-midi.

Patrick: On peut ouvrir les yeux?

Il est soulagé par la réponse affirmative.

Françoise: Je n'ai pas suivi vos préparatifs dans leur moindre détail. C'est votre responsabilité. Si là-bas vous me dites «il me manque ceci ou cela», ce sera trop tard. On va donc faire un tour de table et chacun va mentionner ce qui n'a pas encore été mis dans les boîtes.

Le tour de table révèle que cette opération était indispensable. En quelques minutes, c'est un véritable charivari.

Françoise: On a eu une belle connivence pour faire le ménage, le nettoyage. On va essayer de l'avoir pour rassembler notre matériel. Ce n'est pas facile, mais c'est indispensable.

Lentement, mais sûrement, tous les éléments manquants sont rassemblés. On a même le temps, avant de partir, de revenir à l'essentiel.

«EARLY BIRDS»

Françoise: Il y a deux semaines, j'avais promis au groupe qui prépare l'atelier sur les oiseaux d'aller avec eux sur le Mont-Royal faire de l'observation. Nous y sommes allés ce matin à six heures quarante-cinq. Cela nous a permis de pratiquer notre technique, d'utiliser les jumelles, d'apprendre à repérer les oiseaux. Il faisait froid.

Maxime: On a vu un merle d'Amérique qui déterrait un ver...

Charlotte: Et des étourneaux mâles et femelles, des hirondelles bicolores, des grands corbeaux, un tr...

Françoise: Troglodyte familier. Quelle est sa caractéristique?

Charlotte: Il est drôle! Il est petit et il chante très fort!

Françoise: Un de ceux qui vous a impressionnés, aussi, c'est le pluvier kildir.

Charlotte: C'était super beau.

Stéphanie: À la campagne, j'ai vu un carouge à épaulettes.

Gabrièle: À propos, nous, on voulait disséquer une grenouille. On a demandé le matériel à Thierry, plusieurs fois, mais il le retrouve pas.

Thierry: Je peux peut-être le retrouver...

Françoise: Non, on ne peut plus compter dessus. On va faire appel aux autres enfants.

Il s'avère que plusieurs possèdent des couteaux X-actos, très utiles pour les dissections.

Le rassemblement se termine par une question de Patrick. Le savant Patrick sait qu'on arrivera à trois heures à la classe verte, qu'il faut une heure pour s'y rendre, mais il n'arrive pas à savoir à quelle heure il doit partir de chez lui dimanche. La mathématique affective a ses raisons que la raison ignore...

VI. Le temps des métamorphoses

En classe verte, le dimanche 12 juin, Sainte-Julienne, quatre heures

Les parents et les enfants sont arrivés, ont monté les tentes. Ceux parmi les grands qui connaissent les lieux parce qu'ils y sont venus deux ans auparavant les font visiter. Il fait très chaud. Parents et enfants vont se baigner dans l'étang proche. Plus tard, un pique-nique réunit tout le monde devant la cabane à sucre dont les deux parties serviront de cuisine et de salle pour les soirées. Sept paires d'échasses sont arrivées. Les enfants les plus braves ou les initiés s'exercent déjà. En expert, Jérôme fait la démonstration de la marche arrière. Olivier apprend rapidement. Maxime, Violaine et Gabrièle font des essais hésitants. Un groupe d'enfants est déjà parti explorer la forêt environnante. À sept heures, les parents quittent, certains à regret ou avec nostalgie: ils laissent leur enfant pendant sept longs jours...

Les préparatifs du coucher durent longtemps. Plusieurs enfants ressortent de leur tente. Ils prennent beaucoup de temps à s'endormir. Comme ils se réveillent également de bonne heure le lendemain matin, certains n'auront dormi que cinq heures.

Françoise: S'ils sont tous réveillés très tôt, on avancera le déjeuner; cela ne sert à rien de résister à cette force-là. C'est demain que les habitudes de vie vont se prendre. Les retours sur ce qui s'est passé vont être importants. Les consignes établies en classe s'installeront au fil des jours.

Lundi

Après le petit déjeuner et le ménage des tentes, les premières activités ont commencé. Il y a eu un atelier de papillons et un atelier de grenouilles. L'après-midi, les enfants qui souffraient de la chaleur et avaient été abondamment piqués par les maringouins sont allés se baigner au lac. Ils sont revenus enchantés.

RASSEMBLEMENT

CINQ HEURES TRENTE

Françoise: Je sens un peu de fatigue chez vous. La nuit a été courte; pour moi aussi.

Cette déclaration est approuvée par plusieurs.

Quelqu'un ajoute: J'ai faim!

Celle-ci a encore plus de succès.

Françoise: On va bientôt aller souper. J'aimerais qu'on fasse un petit retour sur la journée et sur les choses qu'on a faites. J'aimerais vous poser la question suivante: y a t-il des gens, enfants ou adultes que vous avez découverts sous un autre jour?

Dominique: C'est super d'attraper des grenouilles avec Julie et Stéphane.

Annie: J'ai adoré ma journée. Marie-Chantal, elle est pas pareille qu'à l'école. Elle est super cool.

Maxime: Elle rit tout le temps.

Annie: Christine aussi. J'adore le groupe dans notre tente.

Christine: Moi aussi j'aime notre tente. J'ai découvert Stéphane. À l'école, on peut pas lui parler, on peut rien faire avec lui. Ici, dans l'eau, on peut s'amuser avec lui.

Kim: Avant, je voulais juste être avec Gabrièle. Maintenant, je suis contente d'être avec d'autres.

Jérôme: C'est le fun, mais j'ai pas découvert quelqu'un de spécial.

Marie-Chantal: Je nageais, puis Charlotte s'est mise à me pousser. J'ai aimé ça. Je pensais pas que Charlotte jouerait avec moi!

Charlotte: J'ai découvert que Christine c'est bien une fille comme les autres, pas comme on pensait au début de l'année.

Julie: J'ai aimé faire mon atelier sur les grenouilles. Moi puis Gabrièle on avait un peu peur, mais ça a bien été.

Françoise: Ça fait plaisir, quand on prépare des choses, de voir que cela plaît.

Isabelle: Je savais pas que les ouaouarons mangeaient leurs enfants!

Françoise: Oui, ils mangent parfois leurs œufs.

Gabrièle: À la fin de la baignade, j'ai découvert Christine. Je me sens pas vraiment fatiguée.

Annie: J'aimerais entendre tout le monde.

Françoise: C'est une bonne idée. Toi, Patrick, as-tu eu une bonne journée?

Patrick: J'ai aimé la baignade et l'atelier des papillons, mais je l'ai relâché, celui que j'ai attrapé.

Françoise: Raconte!

Patrick: J'ai attrapé un monarque; il était gros et je savais pas quoi faire avec; je l'ai relâché.

Anick: J'ai aimé l'atelier de grenouilles et me baigner. Je savais pas que Gabrièle était gentille.

Steve: J'ai aimé la baignade.

Françoise: J'aimerais entendre Olivier, Mathieu, Thierry.

Olivier: J'ai tout aimé, même si j'étais un peu cuit. Il faisait tellement chaud.

Françoise: Toi, Mathieu?

Mathieu: J'ai capturé quatre papillons seulement.

Françoise: Ça demande de la pratique; tu verras à la fin de la semaine...

Violaine s'est endormie sur le sol.

Françoise: De sept heures quinze à huit heures quinze, on fera un des jeux organisés par Kim et Mathieu. Ensuite, on ira dans les tentes. Vous avez demandé à avoir du temps dans les tentes pour des jeux calmes. On va le faire, et à neuf heures quinze, ce sera le couvre-feu. Je vous rappelle que l'ordre est important dans une tente. Après le souper, mettez votre tente en état pour la nuit. Autre chose: on a des ennemis mortels qui nous poursuivent!

Quelqu'un: Qui?

Maxime: Les pingouins!

Quelqu'un: De Pittsburgh!

Françoise: Ceux qui ont besoin de se faire mettre de la crème sur leurs piqûres, vous viendrez après le souper. Même chose pour ceux qui ont eu un peu trop de soleil. Il faut que vous soyez bien pour la nuit. Ce soir je serai extrêmement sévère parce que vous avez besoin de sommeil. Il y en a qui n'ont dormi que cinq heures; ce n'est pas suffisant. Demain matin, ceux qui vont faire le déjeuner, vous vous levez en silence. Si on n'est pas de service, on ne va pas dans la cuisine.

L'équipe du souper signale qu'il est temps qu'elle aille préparer le repas et cela met fin au rassemblement.

MARIE-CHANTAL

Après le souper, la classe joue au ballon. Marie-Chantal reçoit le ballon. Stéphane arrive par derrière et le lui arrache.

Quelqu'un: Pour une fois qu'elle a le ballon, laisse-le lui!

Maxime à Marie-Chantal: Puis commence pas à pleurer...

Marie-Chantal, fermement: Maxime, je te fais remarquer que j'ai pas pleuré de la journée!

Elle se fait applaudir par tout le monde.

— Bravo Marie-Chantal!

— Tu l'as remis en place! T'as bien fait!

— Continue!

Elle est fière.

COUCHER

Même si les enfants sont épuisés, ils ne s'endorment pas tous facilement. Marie-Chantal a reçu de sa mère un petit billet à ouvrir chaque soir. En lisant celui de ce soir, elle fond en larmes. Julie et Stéphanie qui partagent la même tente ont besoin de toute leur énergie pour se défendre contre cette émotion. Elles ne peuvent pas vraiment l'aider.

Françoise: Marie-Chantal, c'est normal d'avoir un petit peu d'ennui. As-tu eu du plaisir aujourd'hui?

— Oui, beaucoup.

Françoise: En plus, tu as sauvé ton équipe. Tu as compté un but.

Patrick, qui a été beaucoup dérangé par Stéphane dans leur tente à deux ne veut pas dormir avec lui. Après discussion avec Stéphane, Françoise installe Patrick dans sa tente et l'avertit qu'elle le ramènera dans la sienne au moment où elle se couchera. Il est enchanté. Françoise passe beaucoup de temps à faire le tour des tentes, à masser le dos des enfants et à leur parler, à raconter des histoires à celles qui ont de la difficulté à s'endormir. Vers dix heures, c'est le silence. On peut espérer que tout le monde dort ou est sur le point de le faire. Pourtant, plusieurs vont se réveiller et vont venir rejoindre Françoise dans la cabane à sucre, comme elle leur a enjoint de le faire s'ils étaient inquiets. À onze heures, Anick arrive, en larmes, pieds nus. Elle a traversé le petit bois sans lampe de poche. Un vrai exploit pour lequel on la félicite! Elle reste un moment, se calme, boit un peu de jus et retourne se coucher. Guy est encore occupé à en calmer quelques-uns. À minuit et

*demi, ce sera le tour de Gabrièle qui s'est réveillée en sursaut,
est allée à la tente de Françoise qu'elle n'a pas trouvée mais
a trouvé Patrick à sa place! Elle est d'abord tout endormie,
comme coincée dans son cauchemar, puis elle se détend et se
met à rire. Françoise la raccompagne à sa tente.*

*Bernard, un parent qui est responsable de la cuisine pendant
les deux premiers jours de la classe verte est très satisfait des
équipes de cuisine et de vaisselle. Il commente le travail des
enfants ainsi que leur personnalité. Il en imagine certains à
l'âge adulte.*

Bernard: Ils sont chanceux de pouvoir prendre conscience de ce
qu'ils vivent à l'âge qu'ils ont. J'en ai rencontré tellement, des amis
qui avaient ces petits problèmes-là quand ils étaient enfants; mais
leurs petits problèmes sont devenus gros et ils envahissent ta vie
à l'âge adulte!

Françoise: Ce que tu viens de dire est très important pour moi.
Je pourrais même dire que c'est la seule chose qui m'intéresse
dans ce métier: essayer que ces petites choses se travaillent au fur
et à mesure pour ne pas les laisser envahir ta vie et les traîner
jusqu'à l'âge adulte: c'est leur apprendre à vivre.

On parle ensuite des filles qui ont pleuré ce soir.

Françoise: Quand je les ai aidées à se recoucher, j'imaginais leur
visage dimanche prochain, quand elles reverront leurs parents.
Elles auront passé à travers ces émotions, elles auront eu ces
victoires-là, ces petites victoires qui sont si importantes. C'est pour
ça que je tiens à venir sept jours. Trois jours, ce n'est pas assez
pour vraiment vivre cette expérience.

Mardi

RASSEMBLEMENT AUTOUR DES TENTES

Françoise: Bonne fête Maxime!

Il est applaudi.

Maxime: Je suis né à huit heures et demie!

Quelqu'un: Ça y est, tu es né.

Les signes du zodiaque y passent, puis ceux de l'horoscope chinois: une occasion de parler de soi et de comparer des traits de caractère en riant.

Françoise: Est-ce que le coucher s'est bien passé hier soir?

On entend à la fois des oui et des non.

Françoise: Est-ce que les grenouilles vous ont autant dérangés?

— Non, elles avaient mal à la gorge.

Françoise: Il y en a qui vivent des choses qui sont parfois difficiles. Il faut s'en parler pour s'aider. Y en a-t-il qui ont eu des difficultés?

Steve: Moi, j'ai des allergies, puis il fait chaud, et pis je m'ennuie un petit peu.

Françoise: C'est important de le mentionner. On le ressent, puis après on passe à travers.

Olivier: J'étais au milieu d'une conversation avec Benoît, puis il s'est tourné vers Jérôme et ils ont commencé à parler en anglais.

Benoît, fâché: Ça fait des mois qu'on se fait critiquer pour ça!

Jérôme: On a le droit!

Françoise: Est-ce une question de droit? Est-ce que Olivier a parlé de vous en empêcher? Il se sent en dehors, exclu.

Olivier: Vous pouvez parler anglais, mais pas au milieu d'une conversation.

Benoît: Pour moi, quand je parle anglais, la conversation est terminée.

Olivier: Mais pas pour moi.

Françoise: Acceptes-tu sa remarque, Benoît?

Benoît: Oui.

Marie-Chantal: Hier soir, je me suis ennuyée, mais ce matin, ça allait bien. J'ai autre chose à dire. J'ai apporté des jeux intéressants. Je suis d'accord de les prêter, mais celles qui me les empruntent, j'aimerais jouer avec. Sinon, je suis comme un insecte qui sèche dans la tente!

Stéphanie: J'ai super bien dormi, sauf que Marie-Chantal parle tout fort le matin dans la tente. J'aimerais que tu parles moins fort.

Françoise: Ça va servir aux autres aussi.

Julie: Marie-Chantal, tu peux pas faire toutes les activités! Hier tu chialais parce que tu jouais pas au monopoly, mais tu faisais autre chose à ce moment-là!

Françoise: C'est une difficulté, ça. Ceux qui étaient à la cuisine, hier, avaient chaud. Ils auraient aussi aimé être ailleurs. On ne peut pas tout faire. Il faut prendre cela avec humour, en rigoler.

Anick: Hier soir, les moustiques sifflaient dans mes oreilles.

Françoise lui suggère de raconter son équipée à travers le petit bois. Anick reste silencieuse.

Françoise: Elle est venue nu-pieds, sans lampe de poche à travers le bois jusqu'à la cabane. Elle pleurait. C'est normal, mais elle aura besoin de dormir aujourd'hui parce qu'elle n'a pas encore assez récupéré.

Julie: Les grenouilles m'énervent plus.

Stéphanie: Moi, je fais une chanson avec!

Isabelle: J'arrivais pas à m'endormir. J'ai dormi d'abord jusqu'à onze heures et demie puis je me suis réveillée et je suis allée voir Françoise.

Les récits se succèdent.

Françoise: Venez nous voir à la cabane, si je ne suis pas dans ma tente. Vous savez qu'au souper je ne mange pas avec vous. Je mange plus tard. J'ai besoin d'un temps à moi, mais je suis toujours disponible. Ne vous gênez surtout pas. Je suis là pour vous.

La conversation évolue ensuite sur les risques qu'il y a à coucher à plusieurs dans une tente. Certains reçoivent des coups de poing à la place des moustiques à qui ils étaient destinés.

Annie qui va toujours à l'essentiel: Ce matin, Stéphane était un peu triste.

Stéphane reste muet.

Françoise: C'est vrai, il était déçu de se retrouver seul pour s'endormir dans la tente. Serais-tu prêt à faire certains compromis pour que Patrick s'endorme dans votre tente?

Silence.

Françoise: Ce matin, tu étais en effet un peu triste. Tu t'ennuyais. Il y avait un peu de vide. Il y en a peut-être qui pourraient t'aider. Qu'est-ce que tu en penses?

Stéphane en bougonnant: Je sais pas c'est quoi aider.

Françoise: Laisse-toi faire. De qui aimerais-tu recevoir une finesse? C'est un peu ce que Bernard vous a dit hier soir quand il distribuait la crème glacée: j'en donne à ceux qui me font une finesse! Y en a-t-il avec qui tu es un peu plus à l'aise?

Silence.

Françoise: Si Olivier, Benoît ou Mathieu bougeaient un peu par rapport à toi, est-ce que ça t'aiderait?

Stéphane: Ouais.

Françoise aux trois qu'elle vient de mentionner: Vous pourriez faire un pas dans sa direction, lui demander de jouer à un jeu de société par exemple.

Les enfants parlent ensuite de leurs rêves, de leurs voisins qui parlent en dormant. Le langage hermétique du sommeil fait rire tout le monde.

Françoise: Vous êtes des drôles, même en dormant! Pour ce matin, on a des activités prévues. On pourrait, quand ces activités seront terminées, se rafraîchir très rapidement dans le petit étang. Vous pourriez d'ailleurs venir manger en maillot de bain.

Tout d'un coup on entend un chant.

Françoise: Ah! la cigale! C'est signe de quoi?

— De beau temps.

Françoise: De chaleur et de beau temps. Aujourd'hui, on commence la fourmilière et les oiseaux. Les papillons peuvent reprendre. J'en ai d'ailleurs vu beaucoup ce matin.

Il y a beaucoup de résistance chez les enfants, particulièrement chez ceux qui doivent amorcer un atelier.

Maxime bougonne: Les oiseaux, ça doit se faire le matin de bonne heure.

Françoise: Oui, mais vous avez des choses à expliquer sur les jumelles et sur ce qu'on peut observer chez un oiseau pour qu'on puisse partir tôt demain.

Maxime continue à ronchonner dans son coin.

Françoise: Qui veut aller chercher une reine de fourmis?

Ils sont amorphes. Quelques mains se lèvent.

Françoise: Tout le monde s'inscrit à une activité.

Un bon moment passe à évaluer les différents choix possibles. En fait, presque tout le monde aimerait aller aux grenouilles.

Françoise: Je comprends très bien votre choix: avec les grenouilles, on a les deux pieds dans l'eau! Mais on a préparé du matériel pour d'autres activités. Ça vaut la peine de les faire. Une dernière remarque. Je vous entends souvent dire «j'ai faim, j'ai soif, j'ai chaud». Vous ressentez certains malaises; moi aussi je le ressens. Vous avez vu, j'ai enflé d'un peu partout à cause des mouches noires. Ça arrive à tout le monde; on le montre un peu, ça nous fait du bien de nous plaindre un petit peu. Mais si on se plaint trop, ça devient lourd. Alors, il vaut la peine d'essayer de se contrôler par rapport à ça.

Les enfants partent à leurs activités. Stéphanie et Isabelle font une face longue comme un jour sans pain.

Françoise en riant: Vous deux, là, je vous donne deux minutes pour changer d'attitude!

Guy est parti avec l'équipe des fourmis. Françoise accompagne celle des oiseaux. Les grenouilles, qui ont déjà commencé hier sont suffisamment expertes pour se débrouiller seules avec leurs nouveaux inscrits. Peu après, l'équipe des oiseaux va dans la grange observer des hirondelles. Un nid est fixé à une poutre. Deux hirondelles sont perchées à proximité. Quand les enfants ont réussi à bien ajuster leurs jumelles, Françoise les aide à observer les oiseaux.

Françoise: De quelle couleur est le plumage?

Quelqu'un: Rouge.

Françoise: Rouille. Et leur col?

Quelqu'un: Jaune.

Françoise: Plus exactement beige.

Ils découvrent ensuite quatre oisillons morts. Ils sont minuscules. Ils ont été jetés en bas du nid par la mère. Françoise explique aux enfants que le nid est ainsi fait qu'ils ne pourraient tomber par eux-mêmes. Elle mentionne que lorsque les petits ne sont pas viables, il arrive souvent que les mères les sacrifient.

ASTRONOMIE

Pierre, le père de Julie est arrivé. Il installe un télescope perfectionné, de grand format, qu'il a fabriqué lui-même. Il aide également Jérôme à installer le sien. Un atelier d'astronomie est prévu ce soir, organisé par Jérôme et Patrick, les spécialistes. Après le souper et la toilette, les enfants inscrits à l'astronomie, y compris des plus jeunes déjà en pyjama, vont observer les étoiles dans la nuit. Les résultats sont décevants, parce que le ciel s'est malheureusement couvert en partie. Ils apprennent tout de même à observer la voie lactée, à écouter parler

*quelqu'un qui appelle les étoiles par leur nom, à rester immo-
biles dans le noir...*

LES PARENTS RELAIS

*Marie-Chantal est dans la cuisine. À la suite d'un incident
avec un autre enfant, elle se met à pleurer, puis à gémir.*

Bernard: Écoute, Marie-Chantal, je vais te montrer quelque chose.
Quand tu as une peine à l'intérieur, tu peux la faire sortir au lieu
de la garder en dedans et de pleurer. Comme ça. Ha!

*Il pousse le cri du ventre des arts martiaux à plusieurs reprises,
pour bien lui montrer où ce cri prend naissance.*

— À toi, essaie. Ha!

*Marie-Chantal se lance d'abord timidement, mais avec un
sourire. Elle est enchantée de recevoir autant d'intérêt de la
part de Bernard, et devant tout un groupe de surcroît. Les
autres encouragent ses tentatives en le faisant avec elle.*

Bernard: C'est ça! Maintenant, tu vas te rappeler cela pendant le
reste de la classe verte. Au moment où tu sens que tu vas pleurer,
pense à moi et fais Ha! pour sortir ta peine. D'accord?

— Oui.

— Tu vas essayer de ne plus pleurer?

Elle hésite.

— Tu me le promets?

— Et si je tombe et que je me fais très mal?

— Là, c'est différent. Tu as le droit de pleurer si tu as très mal. Ça
soulage. Mais si quelqu'un te chicane, tu essaies de ne pas
pleurer?

Marie-Chantal: Oui.

Bernard au reste du groupe: Vous autres, vous allez l'encourager.
Quand elle est sur le point de pleurer, aidez-la, rappelez-lui.

*Marie-Chantal vient de rencontrer un éducateur et d'avoir sa
minute de gloire.*

Plus tard...

Bernard à Françoise: En deux jours, j'ai établi passablement de contacts avec des filles, mais les gars, eux, ne sont pas facilement rejoignables!

Guy approuve cette remarque.

Françoise: Merci, messieurs, de me le dire! C'est parfois un vrai problème pour moi. Mais je suis une femme; je pouvais espérer qu'ils seraient moins sur la défensive avec vous.

Bernard: Ils sont très sympathiques, dynamiques, drôles, mais ils ne se mouillent pas. C'est un peu le modèle du gars fort, qui n'a pas d'émotions.

Françoise: Pourtant, ils en vivent des choses, mais pour les atteindre sous leur carapace, ce n'est pas du gâteau! Il faudra en parler entre parents. Je trouve que c'est vraiment crucial.

Mercredi

RASSEMBLEMENT

Depuis hier, Guy a appris plusieurs chansons aux enfants. Ils commencent le rassemblement en en chantant quelques-unes. Ils ont de la difficulté à s'arrêter.

Françoise: On a plusieurs points à régler. Vous pourrez chanter de nouveau plus tard.

Pierre, le père de Julie, qui relaie Bernard: Je demande au groupe de la cuisine d'être là à dix-heures quarante-cinq. Je pourrai aussi passer un diaporama du ciel et des étoiles, si vous êtes intéressés à l'astronomie.

C'est un intérêt unanime.

Françoise: On pourrait le voir ce soir, dans la grange, tout le monde en pyjama. Maintenant, une petite question: vos hot dogs, les aimez-vous grillés ou bouillis?

Résultat: deux bouillis, les autres grillés.

Françoise: Je voudrais qu'on revienne rapidement sur nos couchers. Si on mettait une note par rapport aux consignes qu'on s'est données, quel soir a été le plus en rapport avec nos décisions?

Les réponsent varient entre lundi et mardi.

Stéphanie: Hier. J'ai dormi tout de suite.

Julie: Mardi. Hier, j'ai eu de la misère.

Olivier: Hier, j'ai dormi comme une bûche.

Françoise à un groupe de cinq: Je n'ai pas beaucoup apprécié que votre groupe demande de changer de tente, mais qu'ensuite vous ne respectiez pas le changement que vous aviez annoncé au rassemblement. Vous voulez tout avoir, mais vous ne donnez rien. À la vaisselle, j'en vois aussi qui vivent sur le dos des autres. Comment appelle-t-on cela chez les insectes?

Quelqu'un: Des cigales?

Françoise: Des parasites. Leur mode de vie est de vivre sur d'autres organismes vivants. Ils n'ont pas leur propre vie.

Pierre: Comme les poux, les pucerons.

Benoît: C'est comme si je passais mon temps à boire le lait de ma mère.

Françoise: C'est ça. On essaie d'y faire attention. Je vais d'ailleurs vous le répéter: attention, ne fais pas le parasite! La première règle d'autonomie*, c'est quoi?

Maxime: Pas être paresseux.

Françoise: Quel est le premier réflexe du bébé?

Steve: Brailler.

Gabrièle: Aller chercher son lait.

Françoise: C'est ça, être assez actif, assez agressif pour aller chercher ce qu'il lui faut.

Françoise: Le groupe des cabanes, vous allez commencer aujourd'hui. Comment vous sentez-vous par rapport à votre activité?

Vicky: Ça me tente pas vraiment.

Françoise: Pourquoi?

Vicky: Ça va être ennuyant.

Gabrièle: Moi et Dominique, on avait peur que tout le monde nous laisse sécher ou nous niaise tout le temps aux grenouilles. Maintenant, c'est le groupe le plus populaire.

Annie: Vous présentez pas votre atelier puis vous dites que ça va être plate! C'est comme si la bouffe disait: ça va pas être bon, on le présente pas.

Françoise: Les fourmis, qu'est-ce que vous avez à faire?

Christine: Trouver la reine.

Françoise: Les grenouilles?

Gabrièle: Pas grand chose. On en a trouvé beaucoup de sortes.

Françoise: Peut-être que vous pourriez prendre un jour de congé, parce que vous avez déjà ramassé beaucoup de matériel. Et les oiseaux?

Charlotte: On pourrait regarder les oisillons morts.

Françoise: Les papillons?

Christine: Il y a un piège à papillons de nuit à monter.

Françoise: Il me semble que les papillons, vous éprouvez une petite difficulté.

Christine: Il y a pas de papillons!

Françoise: Là, tu exagères. Je pense à autre chose.

Annie: Vous savez beaucoup d'affaires sur les papillons, mais vous nous les montrez pas. Vous nous montrez comment étaler puis vous partez jouer aux échasses.

Françoise: Christine, prends-tu un peu la critique?

Christine: Oui.

Françoise: Il faut aller au bout et montrer aux autres ce que l'on sait.

Gabrièle: Moi, j'aime quand le monde écoute. C'est super le fun quand ils sont intéressés.

Steve: Maxime et Kim arrêtaient pas de niaiser.

Françoise: C'est une difficulté qu'ils ont, de se contrôler.

Maxime: On avait rien à faire.

Steve: Comment tu veux qu'on t'explique si tu niaises?

Françoise: Kim, prends-tu la critique?

Kim: Oui.

Françoise: J'ai aussi vu des enfants qui ont des problèmes à tuer les papillons.

Patrick: Ils meurent pas avec l'alcool. Ça les endort seulement.

Françoise: Christine, peux-tu leur montrer comment les tuer au thorax?

Christine: Oui.

Françoise: Alors, les cabanes, qu'est-ce qu'on fait? Quelle est votre décision?

Vicky: On pourrait commencer aujourd'hui.

Françoise: Vous retrouvez un peu d'énergie?

— Oui.

Françoise: Qui peut vous aider?

Vicky: Guy.

Françoise: Lui avez-vous demandé?

— Ben... non.

Françoise: Alors mouillez-vous; soyez un peu agressifs.

Guy: Je signale au groupe des papillons qu'il y a un livre extraordinaire à la cabane. Vous pourriez reconnaître votre papillon et écrire son nom à côté.

Marie-Chantal: Je voudrais faire d'autres activités que d'être responsable des fourmis.

Françoise: C'est compréhensible, Marie-Chantal. Demain, tu auras le temps. Le travail de ton groupe sera bien avancé. D'ailleurs, pour les fourmis, je suggère que tout le monde vienne. Ça ira très rapidement.

En fait, plusieurs enfants se proposent, ce qui règle le problème.

Françoise: Vous trouvez difficile d'être responsables de votre atelier. C'est un travail, mais c'est important de communiquer ce que vous avez appris aux autres. D'ailleurs, vous appréciez quand on vous le fait.

MUSIQUE

Le groupe des oiseaux est dans la grange avec Françoise. Ils ajustent leurs jumelles et observent les hirondelles. C'est un bon jour. Elles volent d'une poutre à l'autre et se prêtent à l'observation. Les enfants sont émerveillés. Un piano est installé dans cette partie de la grange. Une fille s'avance et va jouer un morceau tandis que les autres restent assis à écouter et à suivre les oiseaux des yeux. Musique d'oiseaux et musique humaine se rejoignent. Olivier joue à son tour. Il y a une belle atmosphère de joie et de découverte. Madame Thibodeau, propriétaire de la ferme et du terrain depuis probablement une cinquantaine d'années arrive avec sa petite-fille de trois ans. Celle-ci est attirée par les grands enfants. Madame Thibodeau explique que les hirondelles ont l'habitude d'attraper les insectes au vol, de les mâcher et de les rapporter ensuite à leurs petits.

Jeudi

RASSEMBLEMENT

Françoise: Combien d'entre vous ont eu des petits moments d'ennui et sont passés à travers?

On entend plusieurs moi moi et des mains se lèvent.

Julie: Moi, c'était hier. J'avais le goût de partir.

Françoise: Et puis?

Julie: J'ai vu que je manquerais tout plein d'affaires.

Françoise: Et toi Vicky? Comment ça s'est passé quand tu t'es ennuyée?

Vicky: Je mangeais pas.

Françoise: On n'a plus faim... Comment as-tu fait pour passer à travers?

Vicky: J'ai arrêté d'y penser.

Julie: J'ai pleuré. Puis après, ça allait mieux.

Françoise: Pleurer, ça fait du bien. Est-ce que parler ça peut faire du bien?

Plusieurs oui confirment cette affirmation.

Françoise: J'ai vu des enfants qui allaient parler à d'autres. C'est un très bon moyen pour passer à travers un moment d'ennui. Toi, Steve, as-tu eu une petite crise d'ennui?

Steve: Oui.

Benoît: Il l'a dit à la vaisselle, ce matin, mais il l'a dit comme si ça lui faisait rien.

Françoise: Parfois, on dit des choses importantes en faisant comme si ça ne nous touchait pas vraiment. Toi, Maxime?

Maxime: J'avais pas le goût que mes parents viennent, parce que j'étais sûr que s'ils venaient, je m'ennuierais.

Julie: Mon père est venu. Puis, après... il s'en va puis c'est pire...

Françoise: Ça a été dur pour toi. Et pour d'autres aussi. Ils l'ont dit. Hier, il y avait plusieurs parents. Tu voyais les enfants sauter dans les bras de leurs parents! C'était difficile à regarder.

Françoise: Toi, Violaine?

Violaine: Je me suis ennuyée beaucoup hier.

Françoise: Mais ce matin, je te regardais, tu étais heureuse! Toi, Jérôme, t'ennuies-tu des fois?

Jérôme: Non, pas vraiment. Ben, juste au départ.

Dominique: Avant de partir, j'avais peur de m'ennuyer. On dirait qu'à cause de ça, je m'ennuie pas une miette!

Charlotte: Moi, c'est la première fois que je viens à une classe verte. Je me suis pas ennuyée une miette.

Françoise: Les garçons, on ne vous entend pas beaucoup. Toi, Thierry? T'es-tu ennuyé?

Thierry, hésitant: Non.

Olivier: Hier, il avait l'air un peu... drôle.

Thierry, avec un certain désarroi: Je sais pas...

Françoise: Toi, Patrick?

Patrick: La première nuit, je me suis ennuyé.

Françoise: Mathieu, t'es-tu ennuyé?

Mathieu: Non.

Françoise: Magnifique. Toi, Maxime?

> *Maxime a l'air triste en ce moment.*

Maxime: Un petit peu hier... et ce matin.

Françoise: Comment ressens-tu ça?

Maxime: J'ai pas faim...

Françoise: On va lui donner un coup de main. Et toi, Stéphane?

T'es-tu ennuyé?

Stéphane: Ouais.

Françoise: Quand?

Julie: Certainement pas hier au lac!

Les enfants se mettent à raconter les jeux de Stéphane au lac et tout le monde rit avec affection. Stéphane est content.

Julie: Mais on dira pas qui c'est la plus drôle de la classe!

Quelqu'un: Charlotte!

Françoise: C'est vrai! C'est rare que tu lâches ton fou comme ça. C'était beau à voir!

Et les autres de relater les exploits comiques de Charlotte.

Françoise: C'est gai, quelqu'un qui met de l'entrain ainsi.

Charlotte: Mon frère, il me bûche quand je fais ça. Ça le dérange!

Françoise: Y en a-t-il d'autres que vous trouvez drôles?

Jérôme et Benoît sont nommés.

Quelqu'un mentionne: Il est drôle, il disait ·kiss my ass·!

Violaine: Je veux savoir ce que ça veut dire!

Françoise: Qui lui explique?

Annie: Embrasse mon cul!

Françoise: Bon. Organisons les activités de ce matin.

Les enfants se répartissent dans le groupe des cabanes, des grenouilles, des oiseaux. Les fourmis sont réservées pour cet après-midi. Les cabanes ont beaucoup d'amateurs; cela oblige à exclure ceux qui les ont faites hier. Gabrièle semble avoir retenu qui était où dans toutes les activités de la veille. Chaque fois que quelqu'un se faufile dans un groupe sans y avoir droit, elle le mentionne.

Quelqu'un: Gabrièle, arrête de déclarer les autres.

Françoise à Michel, l'éducateur physique de l'école qui vient de rejoindre la classe verte: Il faut qu'on trouve une reine cet après-midi.

Violaine: On y arrive pas.

Michel: C'est facile. Vous vous choisissez un roi. Vous lui mettez une couronne. Là, vous trouverez la reine. C'est parce que vous n'avez pas de roi que vous ne trouvez pas de reine!

Violaine, les sourcils froncés: Très très drôle...

LES OISEAUX

Michel: Quelles sont les caractéristiques de la femelle et du mâle?

Les enfants observent attentivement les deux hirondelles.

Quelqu'un: Il y a pas de différence.

Michel: C'est vrai qu'elles sont très proches, mais observez bien et dites-moi quelle est la femelle et quel est le mâle.

Quelqu'un: Il y en a une qui a des couleurs un peu plus foncées.

Michel: Le mâle a en général des couleurs plus vives.

AU LAC

Michel: Qui traverse le lac avec moi?

Tout le groupe se lance à l'eau avec les adultes et fait la traversée au complet. C'est un moment d'une grande beauté.

Françoise, émue: J'en ai fait, des classes vertes. Je n'ai jamais vu ça!

Stéphane et Christine nagent avec une puissance qu'on ne connaissait pas. La petite Violaine, dans un style des moins orthodoxes, tient jusqu'au bout. Malgré leurs mouvements hésitants, Marie-Chantal et Thierry font de même. Anick est une sirène, et personne ne le savait.

Plus tard, ils jouent dans l'eau ou sur le rivage. Le grand Stéphane, qui creuse un trou avec l'immense Olivier (on n'oserait appeler ça «jouer au sable»).

Stéphane: Quand je serai grand, j'aimerais être astronome.

Il regarde Olivier avec une certaine anxiété, s'attendant à ce que ce dernier douche froidement ses ambitions.

Olivier, peu à l'écoute: Ouais.

Stéphane, maintenant préparé à la vérité, s'envoie la douche lui-même: Je pense qu'il faudrait que je travaille pas mal plus que je travaille, pour y arriver.

Patrick, lui, a horreur de la saleté. Hier il était malheureux parce qu'il avait un peu de sable sur le cou. À la cuisine, il reste figé devant un couteau collé au beurre d'arachides ou une cuillère avec de la confiture. Faire la vaisselle est un tel supplice qu'il s'est «dévoué» systématiquement pour le balayage jusqu'à ce que quelqu'un le démasque. Au moment de jouer au bord de l'eau, il va vers Françoise.

Patrick: Qu'est-ce que tu penses de mon coup de soleil?

Françoise, qui saisit vite l'enjeu: Tu l'as, ton coup de soleil, c'est indéniable. Qu'est-ce que tu vas faire?

Patrick: Je veux pas me baigner avec un chandail. C'est dégueulasse.

Françoise: Tu as le choix, mais une fois que tu as choisi, je ne veux pas que tu te plaignes.

Patrick: Bon, ben je vais mettre mon chandail...

Il vient de faire le pas. Un moment après, joignant les autres, ils se recouvre de sable mouillé.

RASSEMBLEMENT

Marie-Chantal: Moi, ce que j'ai aimé, il y a des gens qui m'ont aidée.

Françoise: Oui, j'ai vu ça! Il y avait Thierry, puis Stéphane.

Stéphane, surpris: Moi, j'ai aidé? Moi, j'ai aidé? Qui j'ai aidé? Qui j'ai aidé?

Avant-hier: «Je sais pas c'est quoi, aider.»

Hier: «Qui peut m'aider? Patrick peut m'aider.»

Aujourd'hui: «Moi, j'ai aidé? Qui j'ai aidé?»

DIALOGUE SOUS UN ARBRE

Benoît nage depuis deux jours dans les rapports gars/filles, comme un poisson dans l'eau.

Françoise: Je suis contente de voir que tu t'amuses beaucoup et que tu as du plaisir, mais il y a une chose que j'aimerais discuter avec toi. Sais-tu ce que c'est?

Benoît: Je radote tout le temps en rassemblement.

— C'est ça. Tu pourrais apporter une contribution, aider à résoudre les problèmes que les enfants mentionnent. Tu as de l'expérience, tu es dans les plus grands. Tu pourrais en faire bénéficier les autres.

— Je sais.

Il énumère très à propos trois situations où il aurait pu intervenir autrement qu'en amusant la galerie.

Françoise: J'aimerais que tu réfléchisses à ça. Tu es en communication avec beaucoup d'enfants, mais ceux que tu choisis sont surtout les plus grands. Il y a en ce moment des enfants qui ont des difficultés. Tu es une des personnes capables d'aller les chercher.

Benoît: Marie-Chantal...

Françoise: Tu peux même regarder plus proche de toi. Thierry, par exemple, tu le connais bien. En ce moment, il n'est pas très en relation. Il a besoin de se faire aider. Tu ne fais pas beaucoup de gestes dans sa direction.

Benoît: C'est plus fort que moi. Je sais pas pourquoi....

Françoise: Tu as encore deux jours. Tu peux changer ça. On peut faire énormément de choses en deux jours. J'aimerais qu'on s'en reparle demain soir à la même heure.

MÉTAMORPHOSES

Ce fut la journée des métamorphoses. Bien sûr, les enfants ont fait un bout de chemin chaque jour, mais on dirait qu'aujourd'hui, certains sont devenus des papillons dans toute leur splendeur.

Stéphane est méconnaissable. Son visage est différent; sa posture a changé: il s'est redressé. Il regarde dans les yeux, il parle au lieu de soliloquer (en octobre: «chus un radio»). Il joue avec d'autres. Il demande un massage avant de se coucher. Il manifeste des intérêts.

Stéphane: Je me demande si quelqu'un me prêterait un filet; j'aimerais capturer des papillons. J'aimerais aussi retourner aux grenouilles; j'arrive bien à les attraper. Puis je voudrais aussi faire la cabane.

Steve est devenu un expert en papillons, il en a capturé, il a fouillé dans les livres, il connaît tous les noms. Il adore en parler.

Charlotte est au meilleur de sa forme, très en possession de ses moyens et attentive aux autres. Elle en a consolé plusieurs aujourd'hui, dont Marie-Chantal deux ou trois fois.

Dominique est dans son élément, la nature. Elle se promène nu-pieds. Elle vole, littéralement.

Anick a passé le cap de l'ennui depuis un jour déjà. Elle est belle dans son accord avec la vie.

Mais quelques-uns ne sortent pas du cocon. Mathieu, un des plus grands, reste prisonnier de son rôle de timide qui cherche la protection des adultes. Aujourd'hui, son attitude se révèle dans ce qu'elle a de facile, dans son aspect d'échappatoire: elle lui évite de se mouiller, de se confronter, d'en aider d'autres. Sa mère lui a offert le choix de redescendre vendredi soir avec des parents ou de rester jusqu'à la fin. Il joue avec ce dilemme, y pense beaucoup et le fait porter aux adultes qui sont présents. D'une certaine manière, il a raison: c'est un adulte qui lui a refilé le problème.

Thierry s'accroche au cocon. Alors que les forces de croissance éclatent autour de lui, il ressent le besoin d'être petit jusque dans sa démarche. Il donne la main à Guy de la cabane jusqu'au lac, puis il s'isole dans un jeu symbolique, au milieu de tout le monde.

LE LAVEMENT DES PIEDS

Avant de se coucher, les blessés ou les piqués viennent se faire pommader à la cuisine. Kim et Gabrièle ont les pieds dévorés par les maringouins.

Françoise: Asseyez-vous sur le bord de l'évier, je vais d'abord vous laver les pieds. (Ils sont noirs).

Violaine arrive. Elle les regarde avec envie. Puis:

— J'ai mal aux pieds.

Françoise, qui la voit venir: Tu as mal aux pieds.

Violaine rougit: Ben, j'ai une petite coupure, mais ça fait très mal.

Françoise: Pourquoi ne dis-tu pas exactement ce que tu veux?

Violaine: J'aimerais ça, que tu me laves les pieds...

Françoise: Voilà. Là, tu dis les choses comme elles sont. Je vais te laver les pieds, mais j'aimerais que tu ailles chercher tes souliers dans la tente. Tu ne traverseras pas le bois pieds nus après que je les aie lavés.

Gabrièle et **Kim**: Peux-tu nous ramener nos souliers? Ils sont devant notre tente!

Violaine revient deux minutes après, avec ses souliers.

Françoise: Et ceux de Kim et Gabrièle?

— J'ai oublié!

Assez tôt dans la soirée, Marie Chantal s'est lavé les pieds avec une débarbouillette, en présence de Michel. Un peu plus tard, elle voit Violaine sur l'évier à qui Françoise lave les pieds. Elle se met en ligne et reçoit le traitement de faveur.

Plus tard encore, alors que Françoise a quitté la cuisine, Marie-Chantal revient et sollicite Guy: Peux-tu me laver les pieds dans le lavabo? Ils sont tout sales.

C'est une fois les enfants couchés que les adultes reconstituent la séquence et réalisent qu'elle les a mobilisés tous les trois.

Françoise: Il ne faut pas laisser passer ça. Demain, je lui en reparlerai.

AMITIÉ EN PÉRIL

Annie à Françoise: Il faut que je te parle.

Françoise: Ça ne va pas.

Annie: Non. C'est avec Dominique. C'est ma meilleure amie, mais elle est tout le temps à organiser des choses avec les garçons. C'est elle qui fait les couples! Ça m'énerve. Le pire, c'est que ça la regarde même pas. Son chum, il est même pas là, il est dans une autre classe! Quand elle fait des choses comme ça, elle va avec eux et elle me parle même pas. Quand j'arrive, ils se taisent. C'est plate.

Françoise: Lui as-tu parlé?

Annie: Non. Je pense que je devrais lui dire.

Un peu plus tard, **Dominique** à Françoise: Je sais pas ce qui se passe avec Annie; elle m'a dit des choses... je comprends rien.

Françoise: Qu'est-ce qu'elle t'a dit?

Dominique: Que je faisais des choses dans son dos, que je la laissais tomber. Mais c'est pas vrai!

Françoise: Dominique, serait-il possible qu'il y ait un petit peu de compétition entre vous deux?

Dominique, surprise: Mais c'est ma meilleure amie!

Françoise: C'est vrai, mais ça n'empêche pas.

Dominique repart, pensive. Plus tard, les deux amies se parlent.

MINUIT

Isabelle arrive à la cabane en pleurs et en panique. Françoise la prend dans ses bras, la cajole, la rassure. Quand elle a repris son calme, Françoise lui demande:

— Qu'est-ce qui s'est passé?

Isabelle: J'ai pas réussi à m'endormir. (Ses yeux démentent cette affirmation).

Françoise: Moi j'ai l'impression que tu as dormi. Tu ne penses pas que tu t'es réveillée et que tu t'es affolée?

— Je sais pas.

Françoise: Isabelle! Arrête de répondre que tu ne sais pas.

Isabelle: Peut-être.

— «Peut-être», ce n'est pas mieux que «je sais pas». Qu'est-ce qui s'est passé?

— J'arrive pas à dormir, puis j'ai peur.

Guy: Tu étais endormie, tout à l'heure.

Isabelle: Je sais pas.

Elle se pelotonne dans les bras de Françoise qui la berce.

Françoise: Tu sais, c'est normal d'avoir de la difficulté le soir, d'avoir des peurs, mais tu as le temps d'apprendre à vaincre ces peurs-là. Tu commences... Tu auras d'autres occasion de le vivre et de devenir plus forte. Où veux-tu dormir ce soir?

— Je sais pas.

Françoise: Oui, tu sais! Dis-le!

Isabelle reste muette.

Michel: Tu as le choix, ta tente ou celle de Françoise.

Elle ne répond pas, détourne le regard.

Françoise: Veux-tu dormir dans ma tente?

Isabelle, soulagée que Françoise l'ait dit: Oui.

Elle s'endort dans ses bras. Françoise la garde jusqu'au moment d'aller se coucher.

Vendredi

Jérôme, Kim et Gabrièle montent le chemin, en route pour le rassemblement. Ils ont leur filet à papillons.

Jérôme, enthousiaste: Ce matin, j'ai trouvé un papillon de lune vivant.

C'est ce magnifique papillon vert turquoise, rare et précieux, dont Dominique avait trouvé un spécimen mort et un peu endommagé au lac, hier.

Tout à coup, **Jérôme** s'immobilise: Regardez ce qu'il est beau, cet oiseau-là!

Gabrièle jubile: C'est un pic-mineur! C'est un pic-mineur!

Ils ont acquis une vision incroyable, ou plutôt un regard. L'oiseau est petit et très peu repérable sauf pour des personnes entraînées. Il est noir et blanc avec une tache rouge sur la tête.

Au même moment, **Kim** prend un papillon dans ses rêts: Un tigré du Canada!

Elle l'observe un moment et lui parle:

— Calme-toi.

Jérôme: Est-ce que tu l'as déjà dans ta collection?

Kim: Non.

Jérôme, gentiment: Veux-tu que je te le tue au thorax?

— Oui.

Il le fait. C'est rare aussi de voir Jérôme en relation avec Kim.

Gabrièle: J'ai un tigré du Canada, un faux monarque, mais pas de monarque. Ce matin, il y a un tigré du Canada qui nous a fait chier! On courait après puis il changeait tout le temps de place.

RASSEMBLEMENT PRÈS DES TENTES

Un enfant: J'aimerais bien me fortifier.

Un autre: Qu'est-ce que ça veut dire, se fortifier?

Benoît: Il y a plusieurs sens. On peut se fortifier en dehors: les coups te font pas mal. Puis tu peux aussi te fortifier dans ta tête.

Françoise: On peut aussi fortifier une ville. Ça veut dire rendre plus fort. Savez-vous quel jour on est?

Patrick: Vendredi.

Maxime: Demain on a pas d'école! Demain on reste au lit!

Annie: Il reste seulement deux jours!

Steve: Déjà?

Dominique: Ça a passé vite!

Patrick: On pourrait faire les bagages samedi soir.

Françoise: C'est ça. Vous vous habillerez en dimanche le samedi soir. Et dimanche matin, ...

Quelqu'un:... ce sera le nettoyage total.

Françoise: C'est-à-dire?

Gabrièle: Plus rien dans les tentes.

Françoise: Les tentes seront complètement vides. Vous pourrez aider vos parents à les démonter quand ils arriveront.

Julie: Nous, on a fait un ménage complet de notre tente. J'ai refait tous mes bagages.

Françoise: Bravo, parce qu'au début de la semaine, ce n'était pas évident, le ménage, pour vous. Passons aux activités. Qu'est-ce qu'il nous reste à faire comme activités du matin qui doivent absolument être terminées?

Marie-Claude: Les cabanes.

Benoît: La dissection d'une grenouille.

Françoise: Là, on a un petit problème. Il faut qu'on en discute en groupe.

Quelqu'un: Personne veut en sacrifier une.

Françoise: D'ailleurs, avant de disséquer, il faut qu'on les regarde toutes pour voir les ressemblances et les différences.

> *Le sujet amène une digression. Ultérieurement, une décision sera prise de ne pas disséquer.*

Marie-Claude: Je suis venue voir ma grosse grenouille. Elle avait de grosses marques. J'ai décidé de la remettre dans le lac.

Gabrièle: Vous avez des grenouilles, puis vous les nourrissez pas!

Isabelle: Nous, on va chercher des patineuses à l'étang pour les nourrir, mais ceux qui ont des grenouilles, c'est vous qui devez leur donner à manger.

Françoise: Pourquoi capture-t-on, actuellement? Stéphane, tu te posais beaucoup de questions là-dessus. C'est important qu'on revienne à l'objectif d'origine.

Charlotte: Pour les observer.

Françoise: C'est ça, pour les observer de plus près. A-t-on besoin de dix papillons de la même sorte? Maintenant vous les connaissez bien. Je vous entends. Vous dites Ah! un amiral. Ah! le vice-roi.

Christine: Il paraît que Jérôme a capturé un papillon de lune.

Françoise: Raconte, Jérôme.

Jérôme, modeste: Je l'ai vu voler. Je l'ai capturé.

Françoise: Tu as développé une petite passion pour les papillons!

— Oui.

Françoise: Il y en a plusieurs qui ont développé des passions. Avez-vous remarqué que vous regardez différemment?

Gabrièle: Oui, on sait quand c'est des hirondelles des granges, puis des hirondelles des sables. Sur le chemin, on a vu un pic mineur. Il est noir et blanc avec une tache rouge.

Françoise: D'après ta description, c'est peut-être même un pic maculé.

Quelqu'un: On a vu des corneilles aussi.

Françoise: On a aussi le groupe des fourmis.

Michel: Je vais travailler avec le groupe des fourmis. J'aimerais faire un aspirateur d'insectes. Ça nous permettrait de prendre des fourmis. J'ai apporté le matériel. Des tubes avec lesquels on aspire les fourmis et le sable par la bouche et on les fait entrer dans un vase communiquant.

Plusieurs enfants sont enthousiastes

Françoise: Et les cabanes, qu'est-ce qu'il vous reste à faire?

Guy: Le brêlage: attacher deux branches avec un nœud solide.

Marie-Chantal en gémissant: Il y en a qui prennent ma grenouille. Ils vont l'échapper. Moi je veux la garder.

Françoise: Est-ce qu'on capture les animaux ou les insectes pour les garder?

Quelqu'un: On va les remettre dans la nature, samedi.

Stéphane: Elle appartient à la nature, la grenouille.

Marie-Chantal: Je veux pas la retrouver morte derrière le bol de toilette.

Gabrièle, choquée: Ce sera pas nous qui l'aura mise là. Si elle est là, c'est qu'elle y est allée toute seule! C'est toi, le mauvais maître.

HARMONIE

Le groupe des papillons fait une petite halte dans la grange, où se trouve le piano. Gabrièle et Dominique jouent à tour de rôle. Gabrièle étudie le piano, Dominique joue par oreille. Annie et Steve les écoutent. Plus tard, Christine, attirée par la musique depuis le campement s'ajoute.

Christine: On serait pas supposés faire ça.

Mais elle ne résiste pas. Quelques minutes plus tard, Dominique et Christine jouent à quatre mains un morceau à basse continue. Elles s'échangent la place de la basse. Qui aurait cru qu'on les verrait un jour collées sur le même banc, en pleine harmonie?

LES ADIEUX

Après le souper, Françoise fait un mini-rassemblement au sujet du feu de camp qui s'annonce. Elle rappelle la signification du feu dans l'histoire de l'humanité. Les enfants se remémorent les différents usages du feu, qui réchauffe, transforme, éclaire, rassemble. Peu après, ils ramassent du bois puis se mettent en cercle. C'est la soirée d'adieu aux sixièmes. Avant de partir en classe verte, les enfants des autres niveaux ont convenu d'offrir à chacun un petit cadeau. Ils se les sont répartis. Les sixièmes ne sont pas censés savoir, même si plusieurs doivent s'en douter puisqu'ils ont été complices eux-mêmes les années précédentes.

Gabrièle, à la fois drôle et solennelle, ouvre la soirée.

Gabrièle en imitant Françoise: Mes chers amis, comme vous le savez, le feu existe depuis les débuts de l'histoire. Ce soir, pour la première fois au Québec, nous allons allumer un feu...

Elle allume le feu puis continue son imitation pendant cinq bonnes minutes. Les autres se tordent de rire. Puis des enfants sortent du bois avec une chandelle à la main et présentent les cadeaux aux cinq enfants «gradués».

Stéphane présente ensuite le spectacle qui l'a rendu célèbre comme acteur-musicien. Plusieurs, ceux qui partent comme ceux qui restent l'année prochaine, commencent à éprouver la peine de la séparation. Patrick n'a pas encore compris de quoi il retourne; il sent des émotions dans l'air et résiste en faisant des farces et en imitant des larmes de crocodile. Dominique, elle, avait pressenti ce qui s'en venait avant le souper. En arrivant à la cuisine, elle avait dit à Françoise:

— Moi je mange pas. Je mangerai plus jamais. Je me demande même pourquoi j'ai déjà mangé!

Maxime, un plus jeune dont tous les amis sont des sixièmes, qui vient en plus de faire en classe verte des conquêtes chez les filles de sixième, sent son monde lui échapper. Il est bouleversé.

Maxime: Tous mes amis s'en vont. Qu'est-ce que je vais faire? J'ai plus personne (il sanglote).

La distribution des cadeaux a identifié chaque enfant de sixième dans sa présence unique.

Julie: Qu'est-ce que je vais faire, sans Olivier, Benoît et Mathieu?

Elle a joué au soccer avec eux dans la cour de l'école pendant des mois.

Quelqu'un: Peut-être que je verrai plus jamais Marie-Claude et Charlotte...

Christine: Ils vont revenir...

Annie: Ce sera plus pareil.

Ils le savent; ils le vivent quand des anciens viennent les voir ou s'intègrent à un événement comme la visite des Français: ce qui a été n'est plus. Pour plusieurs, la classe sans les cinq qui quittent est une... impossibilité. Ils ressentent le vide absolu du deuil. Ils pleurent. Les sixièmes, eux, sentent ce qu'ils perdent, d'autant plus profondément que la classe verte a renforcé les attachements et rendu plus palpable la force du groupe.

Puis c'est la révolte.

Dominique: C'est quoi, cette idée du multi-âge*... C'est stupide! Si on était tous en sixième, on partirait tous en même temps...

Marie-Claude: Puis le secondaire, ça devrait pas exister. J'ai pas le goût d'y aller. Je veux rester ici.

Stéphanie, agressive, à Françoise: Je parie qu'il y a des petits culs qui vont venir dans la classe l'année prochaine, puis on sera obligés de les prendre!

Les — jusqu'alors — petites Violaine, Anick et Marie-Chantal réalisent soudain qu'elles viennent de grandir. Elles se joignent au chœur de refus de la génération montante.

Françoise: Comment ça s'est passé pour vous, quand vous êtes arrivées dans la classe?

— Ben, ils nous ont montré des choses...

Françoise: Vous avez été contentes que les plus grands vous accueillent, vous expliquent comment ça fonctionne. Ça va être à votre tour...

Thierry refuse à sa manière de vieillir avec les autres: il s'extrait du groupe en le prenant en photo.

Après un moment, **Dominique**, excédée: Thierry, ça va suffire les photos. C'est pas le temps!

Il fond en larmes.

Les cinquièmes réalisent leur promotion au niveau des plus grands. Certains, comme Annie, l'ont déjà assumée. D'autres sont accablés par une nouvelle responsabilité qu'ils n'avaient pas anticipée.

Kim, qu'on tend à prendre pour une petite: L'année prochaine, ça va être nous.

Cela aussi, c'est le multi-âge: vivre à chaque année le deuil des départs. Apprendre à grandir en partant. Apprendre à grandir en regardant les autres partir.

*Le lendemain, le dernier jour, ils seront les mêmes et différents: ils se baignent, ils jouent dans le lac mais ils s'arrêtent souvent et se rassemblent par petits groupes pour **parler** ...*

Petite encyclopédie
d'éducation alternative

Là où le dictionnaire aligne tous les mots d'une langue, l'encyclopédie propose des articles, ordonne des thèmes qui s'insèrent dans une conception du monde, et partant, de l'éducation.

Elle se prête au texte d'auteurs et se tient proche de la sensibilité «alternative» qui préférera toujours la liberté et le risque d'un projet personnel au carcan d'un programme consacré.

En se définissant étymologiquement comme «l'ensemble des sciences constituant une éducation complète», l'encyclopédie évoque une totalité qui nous a séduites, bien que notre projet n'ait pas tant de prétention.

Parce qu'ils appartiennent à une perspective d'ensemble, les thèmes se renvoient les uns aux autres et ne se comprennent que les uns par rapport aux autres.

Chaque entrée de la Petite encyclopédie introduit un thème que nous avons choisi, que nous aimons, sur lequel nous avons réfléchi pendant des années, parlé pendant des heures et qui n'a pas fini de nous surprendre.

La Petite encyclopédie est de notre part une tentative de systématiser la pratique décrite en première partie. Elle est notre façon de prendre la parole après l'avoir beaucoup donnée aux enfants.

A

Alternatif, alternative. Ces mots ont été bannis par l'Office de la langue française du Québec. Il s'agissait de calques de l'anglais. On les a remplacés par «innovateur» (comme dans «écoles innovatrices»), substitution insatisfaisante car elle coupe court à quinze années d'histoire qui ont donné chair à l'alternative. Comment se passer d'un mot devenu vivant? D'autre part, l'«innovation» se concocte le plus souvent dans les officines gouvernementales. Elle n'a donc pas toujours bonne presse auprès des alternatifs qui se méfient comme de la peste du changement planifié.

Nous sommes ouvertes à l'amélioration de la langue, mais laissez-nous une alternative!

Amitié. Une classe est un paquebot, un milieu artificiel dans lequel un groupe est appelé à vivre durant une longue année, pour le meilleur et pour le pire.

Les liens que les enfants établissent ne se développeront pas tous en amitié. Certains le deviendront. Les autres ne seront cependant jamais insignifiants.

L'amitié est de la plus grande importance pour briser la solitude dans laquelle les enfants — comme les adultes d'ailleurs — sont si souvent enfermés.

Apprentissages. Commençons par un tour d'horizon des projets réalisés cette année. Ils embrassent une variété de sujets que l'on peut regrouper par thèmes:

Les animaux. Recherches sur le chien, le chat, le lion, le koala, les chevaux de course, les oiseaux, l'agami (un oiseau tropical), la perruche, les mollusques (le crabe et le bernard-l'hermite), les poissons.

Ces projets consistent parfois en une courte observation d'un animal familier par de jeunes enfants:

MA PERRUCHE: Ma perruche est très chanteuse. Elle se baigne souvent vers 7 heures et 8 heures du matin. Elle est très difficile à apprivoiser. On arrive de temps en temps à la prendre sur notre doigt. Elle aime beaucoup manger du millet en bâton. Il ne faut pas lui donner trop de bâtons de millet parce qu'elle va tout le manger. Si on lui donne un petit morceau de millet elle va tout le manger. Si on lui donne un gros morceau elle va tout le manger pareil. Elle est très peureuse. Quand on approche de la cage, elle se met à l'autre extrémité. Elle se tient à une place spécifique, à côté du miroir en avant des graines. Son nom est Bonzaï. La couleur de Bonzaï est vert clair et jaune vif.

Se rattachent également à ce thème une exposition d'insectes, le montage d'un aquarium, une visite au champ de courses de Blue Bonnets, ainsi que les recherches préparatoires à la classe verte sur les papillons, les oiseaux, les fourmis, les grenouilles.

Les dissections. On y retrouve l'intérêt pour les animaux, mais par le biais de l'anatomie. On peut émettre l'hypothèse, si l'on se fie aux questions des enfants, qu'il s'agit en fait d'un questionnement plus large sur le fonctionnement des êtres vivants et, ultimement, sur le corps humain, sur soi-même comme être vivant.

Parfois, la dissection fait partie d'un projet en tant que moyen de connaître l'animal qu'on étudie (le poisson, pour Violaine, par exemple). Le plus souvent, elle survient parce qu'un enfant a trouvé un animal mort et l'a congelé pour qu'il soit étudié par la classe au moment propice.

Quelques enfants ont acquis les techniques qui permettent ensuite de débarrasser l'animal de sa chair, de nettoyer le squelette et de le blanchir en le faisant bouillir avec de l'eau de Javel ou du vinaigre. Il s'en trouve toujours un prêt à l'enseigner à d'autres. C'est ainsi que la classe s'enrichit au fil des années d'une collection de squelettes de petits animaux.

Cette année, un écureuil, une poule, un poisson ont été disséqués et Christine et Thierry ont enrichi le musée des squelettes d'une tête d'écureuil. Un fœtus d'agneau est à la disposition dans un congélateur.

Les villes ou les pays. Curieusement, il y en a eu peu cette année l'URSS, l'Afrique (mais ce projet, une fois recentré sur l'intérêt qui l'avait fait naître, était en fait une interview d'une enfant avec sa gardienne originaire du Mali), le centre-ville de Montréal.

Les expériences scientifiques. Le *Petit Débrouillard* (que Patrick appelle, dans son échéancier, «Les petits débrouillés»!) a ses adeptes. Généralement, les enfants y travaillent à deux, mettent l'expérience au point puis la présentent en rassemblement.

Quelques enfants manifestent une passion très affirmée pour les sciences expérimentales: Thierry et Patrick sont des experts en électricité. Ils ont partagé un projet d'exposition sur ce sujet, dans lequel ils ont expliqué la production de l'électricité depuis le barrage jusqu'à l'interrupteur domestique. Ils ont monté quelques circuits de démonstration et fabriqué un escalier roulant en légos, animé par des piles.

La main articulée de Patrick ainsi que son étude sur les aimants se situent dans la même filiation.

Au premier trimestre, Jérôme et Patrick ont uni leurs compétences dans un projet d'astronomie. Ils ont pris contact avec un parent qui partage ces intérêts. Les trois se sont retrouvés au moment de la classe verte dans un atelier sur l'astronomie et la météorologie.

Quelques enfants ont réalisé des projets à l'ordinateur, la plupart du temps avec un membre de leur famille.

Les maquettes. On pourrait dire que les maquettes ont servi de porte d'entrée dans la classe. Elles ont toutes été réalisées entre septembre et novembre, par des enfants qui étaient dans la classe pour la première année. Elles permettent d'établir des liens de collaboration avec des personnes nouvelles dans un contexte qui s'avère proche du jeu: fabriquer des personnages, des animaux, des légumes de plasticine, utiliser des mousses et herbes séchées pour planter un décor tout en inventant des circonstances et des péripéties jusqu'à l'épuisement des mots.

Certaines de ces maquettes étaient splendides et se seraient mérité un prix de minutie et de patience.

Les jeux de société. Voir Jeux.

Les arts plastiques. Deux classes se partagent un atelier bien équipé. Les enfants s'en servent continuellement: les réalisations sont nombreuses, variées, originales. Chaque nouvelle exploration peut faire boule de neige. On l'a vu avec les masques de papier mâché. Le travail au pastel s'est répandu comme une traînée de poudre, comme on pouvait s'y attendre avec ce medium.

Maxime et Éric participent à un atelier de peinture à l'extérieur de l'école. Ils ont amené leurs travaux en classe et touché une corde sensible chez d'autres qui ont demandé à apprendre.

Le vitrail et la terre glaise ont remporté la palme au moment de Noël.

Les enfants dessinent et peignent beaucoup. Ils sont proches de leur sensibilité. Pas de fleurs ou de clowns stéréotypés pour décorer les corridors: des paysages, des personnages, des animaux, des caricatures, des couchers de soleil, des taches, des lignes, des bandes dessinées LIBRES...

La musique. La chorale est un projet collectif dans lequel tous les enfants volontaires de l'école sont impliqués. Ils préparent un concert pour la journée internationale de la musique. Les garçons de la classe avaient des réticences à chanter en choeur (certains ont fait le saut, après une discussion en rassemblement). Par contre, en classe verte, tous ont adoré les chansons scoutes de Guy.

Les travaux manuels. La menuiserie: un jour, Steve a décrété qu'il fallait remettre sur pied le petit atelier de menuiserie de l'école parce qu'il en avait besoin. Celui-ci, délaissé, s'était dégradé en une réserve de bois presque inutilisable. Steve a fait un inventaire, établi un budget d'achat d'outils. Il a tenté de s'adjoindre Stéphane. Comme leur collaboration était chaotique, il a demandé l'aide de sa mère.

L'atelier a servi à Olivier, Stéphane et Steve pour la fabrication de cabanes à oiseaux. Plusieurs y ont recouru pour la réparation ou le sablage de leur pupitre branlant. Steve et Éric ont construit un avion en balsa. En juin, on en a eu besoin pour faire les filets à papillons.

Les travaux d'aiguille. Plusieurs filles ont pratiqué le tricotin. Olivier et Thierry ont appris le tricot. Olivier a tricoté une écharpe à sa cousine.

En juin, il a bien fallu coudre la bordure du filet à papillon!

L'éducation physique. Elle revêt une importance majeure pour chaque enfant ou presque. Des projets s'y sont multipliés, dans lesquels les enfants se donnaient des défis très précis: «améliorer mes tirs de but», «pratiquer au trapèze pour mes genoux», «marcher sur les mains», «apprendre à jouer au hockey», «m'habituer à me déplacer pour frapper le moineau», «me tenir en équilibre sur la tête».

On a pratiqué tous les sports possibles: soccer, base-ball, hand-ball, ballon panier, hockey, badminton, ringuette, mitaine, etc...

La gymnastique, la course, la danse et la relaxation ont eu leurs fervents.

Avec les sports d'équipe, l'horaire prescrit a éclaté puisque les enfants ont presque institutionnalisé les jeux de ballon à la récréation, puis de 3 heures à 6 heures après la classe et enfin, pendant les jours de congé.

Les langues. L'anglais jouit d'une cote élevée. Les enfants se sont prévalu des divers ateliers offerts par Lise, mais ont aussi conçu leurs propres projets: ils ont joué au scrabble, écrit des lettres, des menus, des histoires, lu des livres, appris des chansons, joué au magasin. Lyn, un parent, a fait un atelier à la demande de quelques-uns. Des enfants ont mis leurs propres parents à contribution pour s'entraîner à la conversation, et cela a débordé l'anglais à quelques occasions.

Les sketches. Ils ont enrichi la vie des plus âgés de la classe, cette année. Ces derniers y ont investi leurs relations sociales (les disputes violentes qui s'y sont produites en témoignent) et ont travaillé, par une improvisation, en contrepoint des téléromans populaires (*Lance et Compte, Monroe*) leurs représentations des rapports familiaux et des rapports entre les sexes.

Les sketches s'élaborent et se pratiquent sans présence adulte, dans l'atelier de théâtre, d'où le surgissement de thèmes considérés comme tabous: la violence conjugale, l'amour-haine pour les frères ou soeurs plus jeunes, les maladies transmises sexuellement, la mort.

L'année précédente, passablement d'enfants plus jeunes s'étaient lancés dans les sketches. Ils s'étaient inspirés de messages publicitaires pour développer une contre-publicité humoristique.

Les soupers. Olivier et Mathieu ont organisé le premier souper. Ils avaient invité leurs parents. Violaine et Anick les ont imités par deux fois.

Puis les soupers devinrent pour les plus jeunes (lisez: nouveaux dans la classe) l'occasion d'établir des relations privilégiées: ils planifiaient un repas puis invitaient un ou deux plus vieux.

Jérôme et Benoît ont été reçus par Stéphanie, Kim et Marie-Claude. Mathieu et Marie-Claude par Christine, Steve et Éric.

Il y a, dans la préparation d'un repas pour ses propres invités, une incursion sur un terrain habituellement monopolisé par les adultes: choisir le menu, détenir l'argent, faire les achats, occuper la cuisine, utiliser les équipements puis les nettoyer sont rarement des prérogatives d'enfants, du moins dans la totalité de la démarche. Certains enfants évitent d'ailleurs ces tâches systématiquement: leurs désagréments leur sont connus et ils savent ce qu'il y a à gagner à ne pas revendiquer trop de responsabilités.

Il est des enfants qui se sont révélés dans leur aptitude à gérer des problèmes concrets, alors que d'autres paraissent dépendants de la prise en charge adulte.

Enfin, «last but not least», ils goûtent le plaisir de manger et de faire manger.

L'écriture. Il y a eu cette année trois types de projets d'écriture. Le plus important (en nombre de pages et en nombre d'enfants investis) est l'écriture d'histoires. Une attention spéciale lui est accordée. Voir Histoires.

Certains enfants entretiennent une correspondance soutenue avec des amis ou des membres éloignés de leur famille. La visite des correspondants français a également ranimé la flamme épistolaire. Bref, il s'est envoyé un nombre considérable de lettres, sans parler de toutes celles que les enfants responsables de projets collectifs envoient aux parents pour les informer, pour leur demander des autorisations, une collaboration ou de l'argent, pour les remercier, pour leur donner rendez-vous, etc.

Enfin, quelques enfants à qui l'écriture fait peur ont décidé de s'astreindre, à la suggestion de Françoise, à une pratique quotidienne de cinq lignes ou dix lignes. L'initiative a fait des petits, même parmi les «pousseux de crayon», car elle autorise un type différent de texte. Chez certaines filles, cela a conduit à une sorte de journal intime. Chez d'autres, c'était le commentaire régulier des nouvelles sportives. On en a vu, même chez les hésitants, se surprendre de ne pas être capables de s'arrêter après 15, 20 lignes...

La plupart des projets sus et sous-mentionnés impliquent une part d'écriture, bien qu'ils ne se définissent pas comme projets d'écriture. En fait, les enfants écrivent beaucoup.

Les mathématiques. Elles relèvent la plupart du temps d'une démarche plus formelle.

On peut les qualifier de projets dans la mesure où elles ne sont pas imposées et ne se travaillent pas en séquences programmées et continues. La plupart des enfants se donnent des défis mathématiques personnels: Annie, quand elle a voulu apprendre à calculer des moyennes, Stéphanie en prenant en charge le budget de la classe avec Olivier, etc.

La pratique des chiffres romains, qui s'est répandue comme une traînée de poudre a aussi été assumée par les enfants comme un projet.

Et jouer aux échecs, pour les enfants, c'est jouer tout court.

Les sorties. La cueillette des pommes et la journée d'équitation sont l'initiative respective de Jérôme et de Charlotte.

On a vu également comment Dominique a rêvé d'un projet de classe «de couleur» et a travaillé avec ténacité à le faire aboutir... en vert.

Les métiers. Se projeter dans des pratiques professionnelles est une autre manière d'explorer le monde. Dominique s'est intéressée à la coiffure, a passé une journée dans un salon où elle a été initiée aux ficelles du métier, a posé les questions qui la préoccupaient.

Violaine et Stéphanie ont connu le travail d'un producteur de film. Olivier s'est intéressé au journalisme. Il a plus tard écrit lui-même un article dans le journal local. Jérôme a pratiqué le dessin technique: immeubles en perspective, plans d'une cuisine, d'un stade. Il a rencontré Gérald, un parent architecte pour lui présenter ses dessins. Vicky a amorcé un projet sur les coffres-forts qui semble relié au travail de son père. Mathieu a exploré le thème du «commerce» en interrogeant son oncle sur l'aspect financier de la tenue d'un magasin. Benoît a préparé une enquête auprès d'un pompiste.

Les recherches biographiques sur des inventeurs (Edison, pour Olivier) ou des conquérants célèbres (Napoléon, pour Jérôme) relèvent peut-être de cette même recherche, encore que Jérôme ait systématiquement privilégié les plans de bataille du Petit Caporal, ce qui n'est peut-être pas sans lien avec les stratégies sportives qu'il développe lui-même, en fin tactitien qu'il est du soccer, du hockey et du base-ball.

Le projet sur les prisons abordait, par l'intermédiaire rassurant des professions de gardienne et de criminaliste, la carrière plus troublante de criminel.

La calligraphie. À l'exception des plus vieux qui l'ont fait antérieurement, tous les enfants à un moment ou un autre dans l'année se sont fixé l'objectif d'améliorer leur écriture, soit en passant de la scripte à la cursive, soit en perfectionnant cette dernière. Pour les plus jeunes, écrire en lettres attachées, c'est grandir. C'est être capable de lire ce que les autres enfants écrivent, ce que Françoise écrit.

Ils regardent souvent leur calligraphie comme une expression d'eux-mêmes: Isabelle n'aime pas qu'on lise ses histoires du début de l'année parce qu'elle «écrivait mal», peu importe l'intérêt de l'histoire. Steve rit quand il feuillette son échéancier de projets depuis le mois de septembre: il n'en revient pas du chemin parcouru.

Toujours personnel, Patrick s'est astreint à un pas de plus: «J'aimerais pouvoir écrire avec un stylo à bille ou une plume».

Les maternelles. Julie et Benoît ont un projet de gymnastique avec une classe de maternelle, Anick et Violaine avec la prématernelle. Une fois par semaine, ils animent des activités d'éducation physique. Ils se sont préparés avec les éducatrices de ces classes.

Être en charge d'une classe de petits n'est pas une sinécure quand on a 10, 11 ou 8 ans. Quel rapport établir avec eux, comment se faire écouter, comment les écouter, comment les encadrer, les soutenir tout en leur laissant des choix? Des questions que tout éducateur se pose, quel que soit son âge. Au fil des semaines, ils se sont fait la main en animation de groupe; en éducation physique et en sport, ils étaient déjà très compétents. Ce ne fut pas la moindre de leur surprise de découvrir que les petits les admiraient. Maintenant, ils se connaissent quand ils se croisent dans l'école. Ça change tout.

Les projets collectifs. La production d'une revue[1] pour financer un voyage de la classe en France l'an passé, la visite des Français et la classe verte cette année en sont: tout le monde y participe, sauf exception; les activités afférentes ont préséance sur les projets individuels; les parents sont impliqués; ce sont des projets de longue haleine.

Leur effet propre: ils contribuent de façon marquée à la consolidation du groupe-classe comme groupe de travail et de la classe comme milieu de vie.

---

1. *Montréal vu par les enfants*.

Les inclassables: Les projets de Maxime en sont, preuve de leur indéniable originalité: le «Devinez qui», à partir des photos de bébé des enfants de la classe, l'exposition de peintures d'enfants et de parents avec Éric, la recherche sur les clochards. Toutes les trois parlent de Maxime très profondément: à la recherche des origines, dans sa passion artistique et dans sa fascination pour la marginalité.

«1900», le projet de Benoît, qui a interrogé ses grands-parents — par cassette interposée — sur leur vie quand ils étaient enfants, relève à la fois d'une préoccupation d'histoire sociale et d'un retour aux sources, aux racines.

S'y ajoutent les projets sur les bonbons (Stéphanie a la réputation de battre des records de consommation), les minéraux, les monnaies, la banque, les cinq sens (en alerte chez Christine qui a subi une opération aux yeux quand elle était petite).

Organiser une exposition de légos, faire un album de photos, collectionner des pierres, écrire au traitement de texte, devenir un spécialiste du club Canadien, apprendre à assumer des tâches ménagères à la maison (Steve), écrire un recueil d'insultes, dessiner des plans de machines imaginaires, chacun de ces projets a, à un moment donné, mobilisé un enfant dans ses énergies créatrices.

QU'APPRENNENT-ILS? D'abord, apprennent-ils vraiment quelque chose? C'est la sempiternelle question des parents.

> *Sentir ce qui les émeut, les fait courir, les bloque, les enthousiasme*
> *Réfléchir, classer, établir des priorités, aller à l'essentiel, changer de stratégie*
> *Faire un plan de travail, le respecter, le réajuster, terminer ce qu'ils ont commencé, s'évaluer*
> *Collaborer*
> *Écrire*
> *Avoir une lecture sélective*
> *Dépasser la peur de parler en public*
> *Présenter des travaux en rassemblement*
> *Recevoir les critiques et accepter les félicitations*
> *Repartir vers quelque chose de nouveau*

Voilà ce qu'ils apprennent.

Ils apprennent surtout que le jeu en vaut la chandelle, que

les projets c'est la vie, que faire des projets c'est apprendre à grandir. Tout un programme...

Autonomie. Tout éducateur a une histoire, à la fois sociale et individuelle. Il enseigne avec ce qu'il «est». Parfois, dans un besoin de se comprendre, de retracer son cheminement, il remonte aux sources.

Françoise: J'ai passé mon enfance dans un village du Poitou. Pour nous, le village était l'aire de jeu. On connaissait tout le monde; on se baladait dans le village; on pouvait entrer chez les gens...

Il y avait des fermiers et des artisans: le tonnelier, le coiffeur. Le fermier tuait le cochon et on assistait au cérémonial. Je ne l'ai jamais vécu dramatiquement. Les dissections viennent de là...

Il y avait une foire une fois par mois. On accompagnait les artisans ou les fermiers là-bas. On nous lâchait en pleine foire aux cochons. On était libres... Les Romanichels qui venaient là pour vendre nous fascinaient.

Dès que j'ai atteint l'âge scolaire, je suis allée à l'école à pied. Il y avait un demi-kilomètre à parcourir. On s'attendait de maison en maison. Je me rappelle qu'au lieu de revenir par les rues, j'empruntais le circuit des champs. Je n'avais aucune inquiétude. À l'école, il y avait une classe de petits, une classe de grands: j'ai vécu dans une classe multi-âge! Je n'ai pas de souvenirs de degrés scolaires. Quand il faisait beau, on sortait les bancs sous le tilleul ou les marronniers pour faire de la broderie. L'hiver, on chauffait au poêle à bois. Rentrer le bois prenait deux jours avec tous les enfants de l'école à faire une chaîne. La vie entrait dans l'école... On faisait aussi des séances, des sketches une fois par année. Même si l'école était très traditionnelle, ce n'était pas rigide...

J'ai aimé cette vie champêtre, libre. J'ai quitté le village à 11 ans, juste à l'âge où elle serait devenue contraignante, parce que tout se sait.

Il y a une sensualité que j'ai exprimentée très jeune: regarder, observer, agir sur les choses...

Évidemment, certaines activités étaient réservées aux gars,

d'autres aux filles. Je me rappelle avoir voulu participer à un concours de pêche avec mes trois frères. Mon père m'a soutenue et inscrite. À 8 ans, quand j'ai dit que je voulais travailler, il m'a fait entrer dans son magasin et vendre.

Mes parents n'avaient pas toujours le temps d'être avec nous. On a dû aider. Mes frères ont fait la vaisselle et le lavage autant que moi. On a développé beaucoup d'autonomie.

J'ai vu mourir mon père. Il était encore jeune. Il a voulu rester à la maison. Ma mère nous a tous rassemblés autour de lui, peu avant sa mort. C'est là que je me suis rendu compte de la solitude et du vrai sens de l'autonomie: même si les gens que tu aimes sont autour de toi, tu meurs quand même. Il y a une solitude de fond à assumer. Assister à la mort te permet de savoir où va la vie.

Aventures. On peut penser que des aventures aussi inhabituelles que celle de Dominique, la petite fille «qui ne vivait pas sur la terre», découverte par Annie, ne se trouvent pas dans tous les milieux. C'est à voir. Dans n'importe quelle école de n'importe quel quartier, on trouvera des enfants avec leur lot d'aventures extraordinaires. La plupart du temps, on ne cherche pas à les connaître, donc elles ne surgissent pas. On se trouve ici dans un milieu éducatif qui donne de l'importance à la vie des enfants et à leurs expériences. Les aventures aboutissent dans la classe, sont présentées au rassemblement parce qu'il existe un endroit où l'on parle et parce qu'on cultive la disposition à s'intéresser aux aventures des autres.

Rien n'arrive tout seul. Qu'Annie ait immédiatement établi un contact avec une nouvelle, Dominique, tient à la personnalité d'Annie ET au travail conjugué des parents d'Annie, de Françoise et de la classe. Annie a eu ce premier élan vers une inconnue. Elle a senti son désir de la connaître, l'a identifié. Elle a su reconnaître qu'elle pourrait en faire sa propre aventure, son projet et l'a communiqué ensuite à un groupe. Quand, en cours de travail, elle a atteint le creux de la vague, elle a trouvé des relais et elle a repris courage malgré la nécessité de réorienter considérablement le projet par rapport à ce qu'elle rêvait de faire. Finalement, elle est arrivée au rassemblement où Dominique et elle ont réussi à amener toute la classe en voyage.

Et comme il s'agit d'une communication vraie, Dominique est «touchée» par le projet. Elle se taille à son tour le sien: amener son père. Ce qu'elle réussit.

B

Bonheur. L'«école du bonheur» a mauvaise presse. Elle incarne, en creux, l'antithèse de l'école de la performance.

Quand on parle de l'échec scolaire dans les milieux défavorisés, par exemple, et de la tendance des enseignantes à capituler devant les apprentissages de base si nécessaires aux enfants, on évoque alors cette «école du bonheur» qui amuse les élèves, les occupe, les «achète» — dans les cas extrêmes — à coups de récompenses, à défaut de les instruire.

C'est un «bonheur» concédé à vil prix, un mot alors si galvaudé qu'on ne sait plus comment parler du... bonheur.

Le bonheur n'est jamais «donné». Il s'apprend, comme le reste. Il est autrement plus difficile à apprivoiser que la table de 7 ou les divisions de fractions. Certains enfants naissent avec plus de cartes pour jouer la partie de la vie. Mais comme le bonheur reste éminemment relatif et fugitif, il échappe à des enfants qui ont pourtant toutes les cartes en main, alors que d'autres savent capitaliser sur un 6 de coeur.

Il est de ces moments précieux où un enfant, un petit groupe, la classe créent un instant de bonheur.

Maxime et Éric l'ont vécu quand ils se sont lancés à corps perdu dans l'apprentissage... des tables de multiplication, justement.

Thierry a rencontré une petite oasis de bonheur avec l'agami, son oiseau rare, alors qu'il traversait un désert dans ses relations sociales.

Le père de Dominique l'a amené sous forme de vagues, de vent et de tempêtes.

On l'a frôlé aussi dans les larmes de la séparation avec les sixièmes.

Lors d'un colloque, des anciens de l'école, maintenant au secondaire ou au cégep, ont ébranlé les parents lorsqu'ils ont témoigné: «à l'école, on a appris le bonheur».

C

Communication. L'autre jour, Maxime a fait un dessin. Cela représentait une montagne au sommet de laquelle se trouvait un personnage, les bras grands ouverts; il en regardait un autre, au pied de la montagne, les bras ouverts lui aussi.

Françoise: Qui est celui d'en haut?

— Moi.

— Celui d'en bas?

— Mon père.

Maxime a parlé de ce père qu'il aime beaucoup. Ce dernier est maintenant très occupé; il le voit «en passant», le matin avant de partir et le soir avant de se coucher, mais ils n'ont plus le temps de faire des choses ensemble. Demain, c'est l'anniversaire de son père et Maxime aimerait lui offrir quelque chose. Il ne sait pas quoi. Françoise suggère le masque que Maxime vient de terminer. Devant son manque d'enthousiasme: «Tu pourrais lui écrire une lettre et lui dire les choses que tu aimerais lui communiquer».

Maxime est tout de suite séduit par l'idée et il rédige sa lettre sur le champ. C'est une lettre très émouvante. Le lendemain, il donne la lettre, mais pas le masque.

Ce qui est beau à voir, ici, c'est que ce — petit — problème de communication entre un père submergé par son travail et son fils qui a des attentes insatisfaites peut être abordé d'une manière qui donne à Maxime un pouvoir d'agir. L'appel sera fort probablement entendu. Le père réaménagera peut-être son horaire pour donner plus de place à Maxime. Mais s'il ne le faisait pas, ou pire s'il n'entendait pas le message, l'important, c'est que Maxime a pu nommer le problème, exprimer ce qu'il ressentait, sa frustration, sa colère même, toutes deux reliées à son amour pour son père. Ses sentiments ont été reconnus comme légitimes par Françoise qui l'a encouragé à les écrire. Il ne reste pas seul à se débattre dans un magma d'émotions envahissantes et confuses.

Charlotte exprimait l'autre jour un problème qu'elle a avec son frère:

— Quand mes parents sont là, je me dispute toujours avec mon frère et c'est pas intéressant. Il m'embrasse jamais, même à ma fête ou à sa fête. Mais quand mes parents sont absents, on s'entend très très bien. J'aimerais qu'on arrive à s'entendre comme quand mes parents ne sont pas là.

Benoît a mentionné qu'il avait la même expérience avec son frère aîné. Françoise en a discuté un moment avec Charlotte et Benoît a évoqué la recherche de l'attention des parents, la difficulté de se les partager entre frères et sœurs. Charlotte a souligné qu'elle ne savait pas comment parler à son frère.

Françoise: Peut-être que tu pourrais lui écrire et lui dire ce que tu ressens; tu lui enverrais la lettre par la poste avec un timbre.

Charlotte a sauté sur l'idée: Ce serait bien, parce que mon frère, quand il reçoit du courrier, il le garde toujours pour lui; il le montre jamais à mes parents. Je suis sûre qu'il lirait ma lettre.

D

Défis. Il y a les défis que les enfants se donnent. Ils ont partie liée avec leurs désirs et leurs projets.

Par exemple ceux-là:

Olivier:
Je veux améliorer mon écriture et beaucoup faire de calligraphie.
Je veux apprendre toutes mes tables de multiplication.
Je veux faire plus d'exercices pour les muscles de mon ventre. En faire tous les jours.
Je veux apprendre à écrire autre chose que des histoires.

Gabrièle:
1. Je me donne comme défi d'être meilleure en anglais.
2. Je nettoie ma chambre.
3. Je gueule moins après Jean.
4. J'achale moins le monde.
5. Je travaille et je finis mon plan de travail.

Vicky:
Je veux être plus rapide dans mes échéances.
Je veux que ma chambre soit plus en ordre.
Et ne plus faire de fautes.

Marie-Claude:
J'aimerais beaucoup m'améliorer à me *concentrer* dans mon travail et à ne pas *perdre courage*.

Jérôme:
Moins me chicaner avec mon frère.

Stéphanie:
1. Arrêter de sucer mon pouce.
2. Apprendre l'anglais.
3. Battre mon record à ski.
4. Apprendre à jouer au hockey.

Violaine:
Je voudrais être une championne de ski.

Je vais faire beaucoup de sport.
Pratiquer beaucoup le violon.
Arrêter de traiter Anick comme une esclave.
Me mettre au régime.

Steve:
Mes résolutions:
1. Bien patiner sur la glace.
2. Faire plus de cuisine.
3. Améliorer mon écriture.
4. Faire plus de ménage.

Marie-Chantal:
J'aimerais améliorer de ne pas bouger au rassemblement.

Il y a également les défis que les enfants nous posent.

Dans l'école, on n'utilise pas les vocables officiels d'«enfants en difficulté d'adaptation et d'apprentissage». Par contre, on reconnaît que certains enfants nous questionnent dans nos pratiques, défient notre patience ou notre créativité, nous confrontent à leurs limites et aux nôtres. On les a appelés des enfants à «défis particuliers» pour insister sur le fait que si un aspect de leur comportement ou de leurs performances actuels pose problème, ce n'est pas sous cet angle et celui-là seul qu'on abordera l'enfant. On veut signifier également qu'on s'objecte résolument à réifier un problème et à le figer dans le temps: toute croissance a ses obstacles à franchir. Si «c'est en remontant la rivière qu'on apprend le sens de l'eau», il faut être prêt aux soubresauts.

Chaque enfant rencontre des défis qui lui sont propres. Il en est cependant qui franchissent les obstacles avec plus de difficulté. Il devient alors très important d'identifier précisément ces derniers avec l'enfant, afin que lui-même, ses parents et l'éducateur soient au clair et abordent la situation ouvertement comme un travail à faire et non comme un handicap ou une fatalité.

À certains moments, des enfants nous renvoient à notre échec: on peut observer une difficulté, sentir une absence de désir ou d'élan chez des enfants, mais échouer à recomposer l'ensemble du puzzle. Un aspect des méandres de leur croissance, une dimension de leur mouvement propre nous échappe et perturbe nos interventions.

Ils nous questionnent alors dans ce que nous sommes, nous relancent à notre propre histoire.

Nous serons toujours des éducateurs à défis particuliers.

Dissection. Les dissections reposent sur une complicité. Benoît ramasse un écureuil mort. Il l'emballe et le dissimule dans le congélateur chez lui, sachant que ses parents ne seraient pas enthousiasmés de trouver l'animal à côté de la viande hachée et des framboises congelées. Il convainc ensuite Françoise de disséquer le cadavre et négocie un temps pour cela, avec la complicité des autres enfants: il y a une fascination — même quand elle s'accompagne de cris de dégoût — pour le dévoilement du dedans des choses.

Au début d'une dissection, la principale préoccupation des enfants est toujours d'identifier s'il s'agit d'un mâle ou d'une femelle. Dans le cas de l'écureuil, on peut distinguer les testicules, mais pas le pénis. Pour la taupe, c'est moins évident.

La dissection de la poule est un événement mémorable. Un jour, Christine annonce qu'elle peut amener une poule. Sa seule question: est-ce que je l'amène vivante et qu'on la tue à l'école ou est-ce que je demande à mon père de le faire? Charlotte et Marie-Claude, les sympathisantes de la SPCA, s'objectent à la première hypothèse.

Christine amène la poule un lundi matin, encore chaude. Les enfants la touchent. Ils examinent l'extérieur du corps, l'attache de chaque plume. Puis Françoise l'ouvre avec son opinel. Julie est émerveillée et dégoûtée de sentir la température du corps.

Les enfants sont évidemment libres de sortir quand on coupe. Stéphanie et Kim le font, mais elles reviennent régulièrement.

C'est une poule pondeuse. On peut donc voir à l'intérieur le chapelet des jaunes d'œufs depuis le plus minuscule jusqu'à un jaune qui se détache du chapelet. Plus on approche du cloaque, plus le jaune est complet et détaché. Comme le blanc et la coquille se forment à la dernière minute, on n'en voit pas. Par contre la cavité ovoïde d'où sort l'œuf est très visible.

Françoise détache ensuite chaque organe l'un après l'autre et le dépose sur une feuille de papier blanc. Le coeur les surprend par son petit format. Le système digestif en deux parties contient encore des graines et du sable. Le gras accroché aux intestins, puis les tubes intestinaux qui n'en finissent pas de serpenter les surprennent. Mais ce qui les sidère, c'est l'odeur nauséabonde des intestins, puis le fait que les excréments soient liquides au début de l'intestin et se solidifient en allant vers la sortie.

Françoise répond à un feu roulant de questions en même temps que la dissection avance.

À la fin, un enfant dit: Qu'est-ce qu'on est chanceux de voir ça! Et un autre ajoute: Merci.

«Douance». Il y a dans la classe quelques enfants capables d'abstraire très rapidement, de jouer avec les concepts beaucoup plus facilement que la majorité des enfants de leur âge. Certains ont aussi une mémoire incroyable. Ce développement intellectuel très poussé entraîne souvent chez eux une gaucherie dans les rapports humains. Ils ne savent pas comment parler. La sensibilité est là (on la sent énormément par exemple quand ils parlent de leurs animaux), mais le langage ne peut servir à l'exprimer. Le monde des émotions n'arrive pas à percer.

Certains s'avèrent également incapable de jouer, autant à des jeux de société qu'à des jeux physiques; ils sont plus portés à lire.

Ce sont des enfants qui doivent apprendre à parler de façon personnelle, à jouer, à se tirailler.

Françoise, parlant d'une de ses anciennes élèves, considérée comme «surdouée»: J'ai littéralement dû la pousser. Elle était tellement maladroite que les autres ne savaient pas comment l'aborder physiquement. Elle vivait de gros problèmes de rejet et elle se réfugiait dans les exercices où, évidemment, elle excellait. J'ai systématiquement évité de monter en épingle ses performances sans pour autant les minimiser et je l'ai — tout aussi systématiquement — encouragée à explorer d'autres dimensions de sa personne. Peu à peu, elle s'est mise à faire de tout, du sport, des travaux manuels, des jeux de société, du modelage autant que des recherches et de l'écriture.

Il faut être très attentifs à des enfants de ce type dès le premier cycle, et même principalement au premier cycle. Ce sont des enfants qui partagent mal, parce que l'écart avec les autres est grand. Il faut à la fois les épauler dans leur démarche intellectuelle pour ne pas les freiner, mais en même temps les pousser à manipuler, à jouer, à se salir, à parler avec les autres pour qu'ils s'ouvrent à d'autres dimensions.

Sinon, ils risquent de devenir des enfants, puis des adultes brillants, mais très malheureux. Et insupportables...

E

Échéances. Christine, projets du 15 au 30 mars:

— Recherche sur le cheval avec Marie-Chantal.
— Problèmes bleus, géométrie (l'aire) (faits).
— Hand-ball: pratiquer mon dribble et mes passes.
— Piano: pratiquer tous les soirs.
— Anglais: apprendre 30 mots.
— Lettre à Mme H. avec Mathieu.
— Projet de la tête de l'écureuil avec Thierry.
   Masque en papier mâché.

30 mars, évaluation:

J'ai fini mon masque. Ma recherche sur le cheval n'avance pas. La lettre à Mme H. est partie. Le crâne de l'écureuil avance: vendredi, on a commencé à le faire bouillir. J'ai passé un concours de piano. C'était énervant...

«Faire ses échéances», pour un enfant, c'est la triple entreprise *d'identifier* ceux de ses désirs que l'on veut actualiser en projets, de *planifier* la tâche à réaliser, *d'évaluer* le chemin parcouru et celui qui reste à faire.

L'identification relève de l'art de l'éducatrice, de son écoute, de son doigté. Les enfants, et particulièrement les plus jeunes, ne sont pas toujours conscients des élans qu'ils manifestent, de l'étincelle que l'idée de quelqu'un d'autre vient d'allumer. Fixer ces intérêts naissants et les aider à croître est un travail de sage-femme, avant même que l'enfant ne sache que c'est par là qu'il accouchera de lui-même.

La planification force la confrontation entre le rêve sans frontières, l'illusion de sa toute-puissance et la réalité de ses propres limites. Ce n'est pas le moindre des apprentissages que d'accepter la réduction d'une grandiose idée de départ (faire une machine infernale, dessiner le plan de l'Hôtel de ville, ne plus faire de fautes d'orthographe) à sa partie réalisable ici et maintenant. Pour l'enfant, il y a toujours une perte à assumer. Remarquons que c'est souvent au moment de la présentation au groupe que le projet retrouve sa grandeur. Parce que la classe reconnaît une «oeuvre», les fausses notes et les balbutiements sont effacés. Qui a besoin de savoir que Mozart ne corrigeait pas ses partitions?

Chaque projet n'est pas un chef-d'œuvre! Mais il est toujours une création, c'est-à-dire un pont jeté entre un monde intérieur, une sensibilité, une intelligence et une «société d'accueil».

Certains enfants achoppent à cette étape, et ce n'est généralement pas parce que leur projet est mauvais. C'est arrivé à Anick, pas prête encore à révéler la danseuse superbe qui est en elle, ou à Charlotte, qui n'a jamais lu ses histoires dont on dit pourtant qu'elles sont parmi les plus originales.

Être reconnu dans ses talents vous donne une visibilité, vous enrichit d'une nouvelle identité, vous crée une responsabilité.

C'est une des facettes de «grandir».

École. En remontant la rivière, on a vu vivre la classe. On a peu senti l'école. C'est un choix d'écriture: il faut privilégier une cible.

D'où l'importance de poser maintenant l'école dans le décor.

L'école Nouvelle Querbes a une longue tradition de recherche et d'innovation. L'expérience décrite ici doit beaucoup aux générations de parents, d'enfants, d'éducateurs qui, depuis le début des années 1960, lui ont donné ses couleurs successives et son originalité.

Définir une école centrée sur les enfants et leurs projets,

pratiquer l'éducation en étant à l'écoute des enfants pour les aider à grandir et à apprendre, les soutenir dans leurs désirs et établir des relations personnelles avec eux ne coule pas de source.

C'est un travail de longue haleine qui suppose l'appartenance à un groupe d'adultes complices et complémentaires. La concertation, l'échange, la confrontation, la clarification des options sont inhérents à l'expérience alternative.

Ils sont indispensables pour développer les balises d'un projet cohérent, la parole commune entre co-éducateurs à partir de laquelle chacun fera jouer son individualité. Cela exige enthousiasme, vigilance, rigueur, acharnement, ouverture. Sans parler de la nécessité de s'assurer l'appui, jamais complètement acquis, de l'administration scolaire dont dépend l'école.

Dans ce milieu, les éducateurs et les parents sont conscients de prendre des risques. Ce n'est pas payer trop cher la liberté et le choix d'avoir une école qui vous ressemble.

Cette école n'est pas à regarder comme une école extraordinaire, mais comme une victoire, y compris sur nous-mêmes. Une victoire de plusieurs générations d'éducateurs et de parents sur les solutions toutes faites, sur la soumission, sur la passivité.

Éducation physique. On a vu son importance pour les enfants. Ils se donnent des défis par rapport à leur développement moteur et sportif de façon aussi réfléchie qu'ils le font dans d'autres domaines.

Mais cela ne s'est pas produit magiquement. Il y a, derrière, le travail de l'éducateur.

Michel explique:

La naissance des projets. Les projets d'éducation physique ont plusieurs origines. Parfois les enfants reprennent un travail qui a été fait dans des ateliers ou qui avait été fait antérieurement dans des ateliers d'éducation physique parce qu'ils veulent améliorer certaines habiletés, ceci en fonction de leurs intérêts. D'autres ont le goût d'explorer quelque chose: par exemple un groupe d'enfants faisait de la planche à roulettes à la maison et avait de la difficulté.

Ils ont utilisé l'idée du projet pour arriver à leur fin qui était de maîtriser la planche à roulettes.

Stéphanie et Marie-Claude font un projet en course parce qu'elles sentent qu'elles ont une difficulté à ce niveau. L'an dernier, Stéphanie ne voulait pas jouer dans les parties de groupes parce qu'elle trouvait qu'elle ne courait pas assez vite. Son projet va lui permettre de se sentir plus à l'aise dans les jeux d'équipe. Pour elle, c'est un projet en vue d'un futur, pour faciliter son intégration au groupe. Les justifications que les enfants donnent par rapport à leur choix de projets sont souvent: «s'améliorer dans une activité», «ne plus avoir peur du ballon», «mieux attraper le ballon».

Il y a aussi des enfants qui veulent faire des projets parce qu'ils sont habiles dans un domaine, qu'ils se reconnaissent tels et veulent choisir des enfants du même niveau d'habileté pour jouer avec eux.

Les ateliers. C'est moi qui propose les ateliers. Je tiens compte du temps de l'année, des intérêts des enfants dans mes choix. Je choisis des activités plus faciles au début de l'année. C'est le temps où il faut reprendre en main le travail de groupe. Il y a des enfants qui ont des demandes très précises. Ils me demandent de leur donner des techniques. Ils pourraient le faire dans un projet, mais ils ne l'ont pas encore compris et ils se servent de l'atelier pour progresser. J'ai par exemple présenté un atelier de crosse. Personne n'y jouait et ne l'avait demandé. J'avais l'intention de le faire connaître. J'ai aussi proposé un cours de relaxation et massage. Je sais que ça correspond à des besoins et intérêts chez certains enfants.

Les abstentions. Il y a quelques enfants qui ne veulent faire ni atelier, ni projet. Ils en discutent avec moi et avec leur éducateur. Avec un enfant, par exemple, j'ai insisté pour qu'il vienne regarder. Après, il s'est joint sans difficulté. D'autres, particulièrement chez les plus grands, ne viennent pas parce que ce n'est pas le moyen qu'ils choisissent dans leur démarche actuelle. Parfois, c'est parce qu'ils ont des craintes, qu'ils se sentent malhabiles et qu'ils ne veulent pas faire face à une confrontation. C'est très important alors de les encourager pour qu'ils continuent à y penser, pour qu'ils ne ferment pas la porte aux activités physiques et ne se sentent pas menacés par leurs résultats quand ils en font.

La performance. Les enfants développent ici le goût de jouer pour le plaisir. Cela aussi, c'est une manière de performer. C'est un type de performance qui permet d'ouvrir l'expérimentation en éducation physique. Etre axé sur une performance personnelle et sur la compétitivité rétrécit le champ d'expérience. Si tu peux parler de tout ce qui s'est passé dans une partie — et pas seulement des points marqués — tu peux le communiquer à d'autres et faire des pas en avant pour atteindre d'autres niveaux d'expérience. L'autre jour, Benoît et Jérôme jouaient dans une partie de soccer. Ils sont excellents. Après quelques minutes, je leur ai dit: «Maintenant, vous arrêtez de compter des buts, vous faites des passes». Benoît était choqué. Plus tard, je suis allé le retrouver dans la classe et j'ai discuté avec lui. Je lui ai dit: «Tu comptes des buts, tu fais des passes, tes tirs en suspension sont excellents. Souviens-toi du travail que ça t'a pris pour y arriver. Maintenant c'est quelque chose que tu maîtrises; tu n'as plus besoin de le prouver. C'est le temps de donner à d'autres la chance de l'apprendre». Notre brève conversation lui a donné l'occasion d'évaluer le chemin parcouru. Sur cette base, il a compris mon intervention et il est parti en me disant merci. Un ou deux jours après a eu lieu un des matchs de la coupe Stanley, celui où Gretsky en dernière minute a fait une passe à un joueur au lieu de compter lui-même, ce qui a permis à ce joueur de mettre son troisième but en une partie et de faire son tour du chapeau. Benoît l'a approuvé et a dit: Il joue comme nous!

Je pense que les enfants ont intégré qu'ici, tu ne peux pas faire une activité sportive si tu ne collabores pas avec les autres, et que ça ne donne rien de faire des choses que tu maîtrises déjà.

L'arbitrage. L'arbitrage est fait par les enfants. Le fait de ne pas contester l'arbitre, de ne pas discuter les buts, s'est développé peu à peu. Maintenant, les enfants acceptent à 90% le jugement des arbitres même si ceux-ci se trompent. De ce fait, les arbitres prennent confiance en eux, et quand tu deviens un bon arbitre, tu améliores aussi ton jeu. Il y a des ateliers d'éducation physique où je n'interviens presque plus parce que les enfants ont suffisamment intégré le respect de l'arbitre. Cet apprentissage se transfère d'ailleurs au post-scolaire et dans les jeux après la classe.

Ce sont les enfants qui choisissent les capitaines d'équipes. Tout le monde a le droit d'occuper toutes les positions. Par exemple, tout le monde a le droit d'être gardien de buts, ou arbitre ou joueur de centre au hockey. Celui qui veut essayer un poste a priorité sur celui qui l'occupe déjà. Si les deux l'ont déjà fait, ils tirent au sort. Ce n'est donc pas le meilleur qui va être dans les buts, c'est celui qui ne l'a pas encore appris ou celui qui veut s'améliorer.

La répétition et les stéréotypes sexuels. Il y a des enfants qui font sans arrêt la même chose. Par exemple, on a remarqué que les filles faisaient systématiquement de la gymnastique et de la course, alors que les gars choisissaient systématiquement des jeux d'équipe et de la course. La course était pratiquement la seule activité qu'ils avaient en commun. On a remarqué en équipe d'éducateurs que les filles faisaient des efforts pour explorer de nouvelles activités, mais que les gars n'en faisaient pas. À une époque, on a obligé les garçons à s'essayer à la gymnastique et les filles à développer des habiletés dans les domaines qu'elles maîtrisent peu; la conséquence a été une baisse d'intérêt. Cette année, on en est revenus au libre-choix. Évidemment, certains enfants ont tendance à privilégier le même type d'activités; ils ont tendance à établir toujours le même type de relations entre eux-mêmes et l'environnement. Notre intervention consiste maintenant à les questionner sur ces choix, à leur suggérer d'explorer d'autres avenues: la gymnastique, la danse, le mouvement expressif pour les garçons, les jeux de ballon pour les filles. Ils ne sont pas obligés de nous écouter. L'enfant peut poursuivre sa démarche, mais au moins il a été confronté, forcé de réfléchir et de se situer. Parfois, il fait l'effort d'investir ailleurs. Avec ceux qui persistent dans une seule voie, on soutient leur démarche en cours, mais on leur dit qu'on y reviendra. Et on le fait.

L'important, c'est que l'enfant s'approprie son temps en éducation physique et qu'il réalise que ses forces et difficultés lui appartiennent. Quand on permet aux enfants de prendre leur place, ils deviennent aidants et disent des choses importantes qui permettent d'évoluer.

Respecter leur choix ne veut pas dire pour autant qu'ils font ce qu'ils veulent: il faut toujours qu'il y ait un consensus entre eux et moi, ce qui suppose des confrontations.

Je crois pouvoir dire qu'il n'y a pratiquement aucun enfant qui a passé par cette école et qui n'a pas aimé une forme ou une autre d'activité physique.

Éducatrice. La première partie de ce livre a par elle-même démontré pourquoi dans cette école, on parle d'éducatrice, et non de professeur, d'enseignante ou d'institutrice.

Que les enfants soient des enfants et non des élèves relève de la même position éducative.

Environnement éducatif. Françoise: «J'ai besoin de plantes, d'oiseaux, de la présence de la nature. Cet environnement c'est moi! J'en ai besoin pour vivre. Je n'ai jamais demandé aux enfants s'ils en voulaient. Mais ils aiment leur classe. Le local leur appartient. À eux de l'aménager... avec les plantes et les oiseaux. Ils y sont bien. Pour moi, c'est l'essentiel. Il faut qu'il y ait de la beauté, que les enfants et moi puissions respirer...»

Cet environnement n'est pas un décor mais un partenaire actif de la pratique décrite ici. D'ailleurs, un changement introduit dans l'environnement provoque presque toujours des élans créateurs chez les enfants. Après une soirée de rangement dans le matériel pédagogique, Françoise a retrouvé les feuilles d'un atelier sur les chiffres romains. Elle les a étiquetées, placées sur le rayon approprié. Le lendemain, Dominique les dénichait et se découvrait un enthousiasme qui s'est vite propagé pour les chiffres romains et le langage différent qu'ils représentent.

De même, le jour où un serin a pondu des œufs, Julie, Isabelle et Christine ont installé leur chaise devant la volière et ont regardé longtemps, comme si elles redécouvraient les oiseaux.

Jour après jour, les enfants contribuent à enrichir cet environnement au gré de leurs découvertes ou de leurs travaux.

Évaluation. L'évaluation est très présente dans la démarche éducative de la classe. Les enfants ont à faire un retour sur leur travail de la semaine ou de la quinzaine lors de chaque rencontre d'échéances avec Françoise. Ils le préparent par écrit dans les premières minutes de cette rencontre.

> **Dominique**, *11 novembre*:
> Cette semaine, je n'ai pas fait attention à mes échéances, surtout en math. Je trouve que je pourrais être bien plus sérieuse. Je ne comprends rien, alors j'abandonne tout. Je voudrais changer de feuille de route (math), car tout se répète. J'ai aimé pratiquer le sketch. Pas très bonne semaine.

> *25 novembre*:
> Bonjour! Ma semaine, je l'ai bien aimée. J'ai appris à faire des chiffres romains et j'adore ça. Je voudrais bien continuer cette semaine. Je suis fière de moi d'avoir fait cinq pages des *Aventures de Caroline et Annie*. Je crois que cette semaine, je suis prête à faire mes échéances sur deux semaines.

Cette évaluation écrite régulièrement marque les étapes d'un processus continu de découverte de soi:

> **Maxime**, *30 septembre*:
> Je suis un peu chiâleux, mais je suis content d'avoir commencé à faire mon brouillon d'histoire et de faire ma maquette de la maison à la campagne. Je suis pas embarqué dans mon histoire. Je suis pas concentré.

> *13 octobre*:
> J'avais peur de rencontrer Françoise pour les échéances parce que j'avais pas fini.

> *2 décembre*:
> Je n'ai pas fini mes échéances parce que j'aime faire ma recherche sur les minéraux et ça me prend tout mon temps, mais au moins, j'ai fini ma correction.

> *9 décembre*, évaluation écrite, cette fois, en écriture cursive:
> J'ai fini mes projets. J'ai aimé faire ma recherche. Je trouve que je me suis amélioré dans mon écriture.

> *8 juin*:
> J'ai beaucoup d'amis mais surtout des 6e année comme Mathieu, Olivier, Benoît et j'aime bien parler avec Marie-Claude et Charlotte. Mon année a été bien. Quand je suis revenu de vacances, j'avais de la misère à me rembarquer et au soccer à me contrôler et être plus patient envers les autres. Mais l'année en gros a été bonne.

La pratique régulière de l'objectivation de leur travail par les enfants n'entretient ni les illusions ni les faux-fuyants. Ce parti pris de vérité requiert cependant une condition: on n'évalue pas pour se comparer, mais pour se situer soi-même par rapport à soi-même. Le symbole de cette affirmation est l'absence de notes et peut-être plus encore, la non-insistance sur les degrés scolaires. Car on ne peut décerner de notes que par rapport à un niveau déterminé et, par conséquent, relativement à un programme donné.

Les enfants ont une connaissance d'eux-mêmes qui en remontrerait à bien des spécialistes. Ils n'ignorent rien de leurs faiblesses, testent continuellement leurs limites et ont pris la mesure de leurs compétences. Mais — c'est le plus important — ils construisent suffisamment de confiance en eux pour élargir constamment leur champ de maîtrise.

Pour cela, il faut apprendre à ne pas se laisser piéger dans le couloir étroit de la réussite et à ne pas ressasser ce que l'on connaît déjà. Il faut accepter de tâtonner et de se tromper, car on est rarement bon, ou le meilleur, quand on débute. Cela demande le courage des commencements.

Autant, on l'a dit, on ne se compare pas, docimologiquement parlant, autant la présence des autres est constitutive de la démarche d'évaluation. Les enfants se regardent aussi à travers le regard du groupe et des éducateurs (avec ce que cela peut avoir de terrifiant parfois) et ils ont à composer avec ces représentants sociaux d'une norme de production souple, adaptée aux individus, mais néanmoins extrêmement exigeante. Chacun rencontre son Waterloo, un jour ou l'autre, ce qui lui apprend la tolérance aux bavures des autres.

Grâce à la place importante des relations de groupe et de l'éducation physique dans le processus de croissance des enfants, ces derniers peuvent intégrer une vision d'eux-mêmes plus complète et nuancée.

Benoît:

J'ai commencé à faire mes 10 lignes mais j'ai encore du chemin à faire dans mon orthographe. J'aimerais me fâcher moins souvent pour rien.

Kim:

Je suis super contente d'avoir fait une super grosse amélioration en écriture et en lecture. J'ai aussi fait le ·back· (saut périlleux arrière sur la trempoline) toute seule. Je me suis fait beaucoup d'amis. Avec eux, j'ai appris à jouer au soccer.

Parfois, l'évaluation d'un enfant comporte une évaluation des manques de l'éducatrice et se pose humoristiquement dans les termes du combat des chefs:

Gabrièle:
Je suis fière de ma personnalité, car je trouve que j'ai bien planifié mes projets. Mais je trouve que nous aurions pu faire (lisez: que Françoise aurait dû prévoir) un rassemblement de présentations (Gabrièle avait un projet à présenter). À bientôt, signé: Députée générale Gabrièle.

Il arrive, et les fins d'années sont propices à cette modalité expressive, que les évaluations versent dans la méditation philosophique sur le temps qui passe...

8 juin
J'ai bien aimé mon année, je trouve que je suis plus sérieuse que l'an passé mais... Il m'en reste pas mal à apprendre. J'ai aussi fait des choses plus intéressantes que l'an passé et bien plus de sport. C'est plate qu'à chaque année, les sixièmes partent; il reste juste des petits mais je me suis aperçue que c'est moi maintenant la grande et moi aussi, j'irai au secondaire. Mais c'est quand même dur de penser que Anick, Violaine, Thierry et les autres seront vieux eux aussi. Dominique.

Il existe une autre «institution» cruciale en ce qui concerne l'évaluation: la rencontre qui a lieu quatre fois par année entre l'enfant, ses parents et son éducatrice. Chaque partie se prépare en rédigeant ses observations et remarques. Les enfants font ce travail dans la classe, tous procédant en même temps, ce qui favorise un esprit de calme propice à l'auto-analyse sans les abstraire de leur réalité de travail et de vie quotidienne.

Ces rencontres laissent souvent une forte impression sur les parents. Généralement, l'enfant est celui qui parle. Ses parents découvrent alors qu'il a une vision plus claire et réaliste de lui-même qu'ils ne le pensaient. Ils sont témoins aussi, et il y a toujours un premier choc, de la relation qui s'est bâtie entre leur enfant et l'éducatrice. L'enfant dit des choses qu'il n'a jamais dites ou qu'il ne dirait jamais à ses parents.

Dans ce sens, la rencontre d'évaluation met en mouvement ce triangle que l'on nomme co-éducation: parents – enfant – éducateur. Elle pose avec intensité le rapport entre le parent et l'éducateur, fait à la fois ou tour à tour, de confiance, de méfiance, de collaboration, de connivence, de rivalité, d'admiration, de colère.

Parfois le parent vient parler de son petit et on lui parle d'un grand. Il vient aborder les apprentissages dits académiques et on lui parle de difficulté à prendre des responsabilités. Il espère un bilan des acquis, et l'enfant ne s'exprime qu'au futur.

Surtout, il veut entendre parler du «sien», et on parle tout le temps des autres: «avec un tel, j'ai..., c'est surtout avec elle que... Vicky, Julie et moi, on...».

Il arrive qu'en parlant de son enfant, un parent révèle des normes personnelles inatteignables ou son ambivalence à l'égard de l'option éducative de l'école qu'il a pourtant choisie. Alors que l'enfant se trouve en plein déblocage, ou au milieu d'une démarche importante, le parent déplore par exemple que l'enfant ne sache pas tous ses verbes.

Influence de l'éducation traditionnelle que nous avons reçue, sans doute. Anxiété de ne pas pouvoir sentir le mouvement de l'enfant peut-être. Il y a parfois aussi de la facilité dans cette attitude: pendant qu'on exige une performance, on ne parle pas des choses essentielles à l'évolution de l'enfant.

Parfois c'est le vide de vie, d'observation, d'analyse de la démarche de l'enfant qui permet au parent d'être obnubilé par la «production». Percevoir la recherche de sens d'un enfant est autrement plus complexe et engageant.

La rencontre d'évaluation est un rapprochement de la famille avec la classe qui pourtant marque pour le parent une distance: «il y a ici tout un monde dont je ne fais pas partie et qui semble de la plus grande importance pour mon enfant».

L'aspect conflictuel, naturel et même nécessaire, de la relation parent-éducateur se pose en même temps que la reconnaissance qu'on éprouve à voir son enfant grandir dans cet environnement. Il reste la plupart du temps latent, ou il s'exprime à travers l'humour: «Je me suis coupé les cheveux. Ma fille n'a pas voulu se les couper. Il paraît que Françoise n'aime pas les cheveux courts!»

Parfois le terrain d'entente n'est pas suffisant. Les co-éducateurs ne parviennent pas à se passer le relais. C'est alors la rivalité qui fait surface. Le parent a le dernier mot: il peut toujours retirer l'enfant de l'école...

Qu'on l'aime ou qu'on la redoute, la rencontre d'évaluation, parce qu'elle fait se rencontrer des vérités différentes, contient toujours une leçon pour chacune des parties.

H

Histoires. Écrire, pour un enfant, c'est d'abord écrire des histoires. Il n'y a rien de plus beau que de voir un enfant s'illuminer parce qu'il a une idée et se lancer à l'attaque de la feuille blanche. L'aventure est commencée... Il va créer des héros fictifs ou mettre en scène des personnages dangereusement ressemblants à des personnes connues, ce qui n'a évidemment rien de fortuit!

Cette année, les enfants ont écrit des dizaines de pages d'aventures. Les très populaires *Catastrophes d'Albert Fuget*, ce malheureux qui s'évertue à mettre les pieds dans les plats et attire tous les fléaux ont été écrites par Olivier qui récidive avec les *Aventures de Karl Carsen*, un employé d'usine aux prises, en Allemagne, avec des bandits et des cambrioleurs. *Bunzo, le policier sadique* de Benoît, *Le Besille* de Steve et les héros de Gabrièle et Kim sont dans la même veine rocambolesque. Dans *Peter dans les eaux profondes de la mer Noire*, Patrick et Mathieu envoient leur héros se battre contre des requins, qui se révèlent des robots manipulés par des malfaiteurs en quête d'un trésor.

On est ici dans un imaginaire très influencé par les films et la télévision, mais qui comporte en même temps une exploration de l'absurde parce qu'il pousse les thèmes connus à leur paroxysme.

Sur un autre registre, des auteurs, pour la plupart des filles, ont mis en scène leurs propres aventures, ou celles d'enfants de la classe, qu'elles dépeignent souvent en rupture de ban avec leur famille. Dans les *Aventures de Dominique et Caroline*, ces deux filles partent en bateau sans ceinture de sauvetage, font naufrage et aboutissent sur une île. Deux autres se rendent au Mexique en voiture et y connaissent de nombreuses aventures.

Dans ces histoires, les auteurs se prêtent à un jeu d'anticipation de ce qu'elles vivront plus tard. Elles explorent l'autonomie en en imaginant les plaisirs et les dangers.

On pourrait les qualifier d'histoires plus réalistes que les aventures policières évoquées précédemment. Certaines se révèlent cependant étonnamment proches du conte de fées:

Les aventures de Stéphanie. Stéphanie est une petite fille très curieuse et elle veut tout voir. Un jour, elle va chez sa grand-mère qui habite à la campagne. Le lendemain matin, sa cousine arrive. Elle est bien contente. La cousine s'appelle Geneviève et elle a sept ans. Elles demandent à leur grand-mère d'aller dans le bois. «Grand-mère! Est-ce qu'on peut aller dans le bois?» «Oui! vous pouvez!» «Youpi!» Et elles s'en vont. Rendues dans le bois, elles se perdent...» etc.

Toutes ces histoires sont lues en rassemblement. Chaque épisode est très attendu, ce qui stimule énormément les auteurs. Mais il y a plus que ça.

Un véritable réseau d'écriture s'est créé dans la classe. On ne saurait mieux montrer combien l'écriture est un dialogue entre esprits aventureux qui s'apostrophent et se répondent.

Olivier, le grand lecteur de policiers a commencé le sien. Il a entraîné Benoît dans son sillage. Un jour, ils ont d'ailleurs décidé d'unir leurs héros dans un épisode. Olivier l'a refait ensuite avec Christine et Stéphane.

Dans cette séquence de production, Olivier a assumé un grand leadership. Il a lancé un style qui en a fait démarrer plusieurs. Ultérieurement, quand ce modèle s'avèrcra un carcan, les enfants tenteront de développer d'autres types d'écriture.

Un grand nombre d'histoires ont été écrites à deux, ce qui n'est pas sans péril. L'entraide qui s'est développée à propos de l'écriture, qu'il s'agisse de se dépanner quand on est en quête de rebondissements, de sortir d'un problème de cohérence avec des personnages qui vous échappent, ou d'établir des liens de confiance avec l'orthographe de l'Académie n'est pas la moindre des réalisations dont peuvent se targuer les enfants.

Il y a aurait un livre à écrire sur l'écriture...

Horaires. Faire son horaire est un moment clé que certains enfants détestent, d'autres acceptent comme un mal nécessaire, d'autres enfin considèrent comme une formalité qui ne prend que quelques secondes.

Vous êtes du premier de ces groupes si vous avez de la difficulté à identifier vos désirs et vos intérêts, si vous êtes déprimé, si vous avez beaucoup d'idées mais bloquez au moment de passer à l'acte ou si vous aimez suivre l'inspiration du moment et avez horreur de savoir à neuf heures ce que vous ferez à dix heures trente.

Vous passez au deuxième groupe si vous vous reconnaissez dans le premier, mais avez pris conscience que la confusion, l'indécision ou un esprit radicalement bohême peuvent tuer le meilleur projet, bref si vous avez accédé à la capacité de vous auto-organiser.

Si une passion vous anime et qu'une journée n'a pas assez de minutes pour contenir vos élans, vous remplissez vos cases avec ardeur en souhaitant qu'il y en ait quelques-unes de plus.

Faire son horaire, c'est installer dans une séquence temporelle les projets qu'on a en tête, les collaborations que l'on développe, les plaisirs qu'on se permet, les tâches qu'on s'assigne.

C'est difficile.

Gabrièle écrit le 16 octobre:
Je ne suis pas contente de ma semaine parce que je n'ai pas équilibré mes choses et j'ai fait plus d'histoire et de math que les autres choses.

C'est une conquête.

Gabrièle, le 17 novembre:
Je trouve que j'ai bien prévu mes périodes de travail, car vendredi, c'était congé et lundi matin nous avons fait une dissection sur une poule. J'ai quand même tout fini....

Chaque jour, après le rassemblement, les enfants consultent leur plan de travail de la semaine ou de la quinzaine dans leur échéancier de projets puis remplissent leur feuille d'horaire à la demi-heure pour la journée (la demi-journée chez les plus jeunes, surtout en début d'année). Ils la font signer par Françoise. Ils savent donc qu'ils auront à rendre compte de leurs choix. Mieux vaut préparer une argumentation blindée si l'on a inscrit trois périodes de dessin et deux périodes de jeux en évitant de mettre à l'horaire le projet qui justement nous cause des maux de tête. On se prépare un autre problème: devoir se justifier.

Quand Éric et Steve, en pleine chicane, s'ingénient à ne jamais travailler à la même période sur leur projet commun, Françoise les interpelle et entreprend une médiation pour les aider à résoudre le conflit.

L'horaire, c'est cette feuille de papier avec des cases qui vous rappelle que le temps file et qui vous dit aussi que si vous passez entre les gouttes un jour, vous ne pourrez pas toujours éviter l'orage.

J

Jeux. Les enfants aiment jouer, jouent beaucoup. Le jeu fait partie de leur vie. Le jeu fait partie de leur travail. Le jeu fait partie de leur socialisation.

Jeux de ballon. Cette année, les jeux qui ont pris le plus de place dans la vie de la classe sont les jeux de ballon dans la cour, à la récréation, à l'heure du dîner et surtout, après l'école, de trois heures à six heures.

Françoise: C'est parti de Benoît. C'est lui qui a regroupé les autres autour de lui. Il a vu faire ça par Xavier et Marc l'an passé. Ça le rend heureux. Il y a des filles qui jouent aussi, Violaine, Annie, Dominique, Julie. Pour moi, c'est tellement important que dans leur vie «privée», ils puissent s'organiser pour faire quelque chose qu'ils aiment.

Guy, stagiaire: Quand je suis arrivé en stage, ils jouaient au soccer à trois heures. J'ai embarqué. Ils ont beaucoup aimé cela. Chaque jeudi, quand je venais, ils organisaient une partie. Deux personnes faisaient les équipes. Ils étaient à peu près dix. Des fois seize, des fois six. Il y avait toujours un noyau: Mathieu, Benoît, Julie. Une fois que les équipes étaient faites, ils échangeaient des joueurs. Ils ont le sens de l'équilibre. Le lendemain, ils racontaient au rassemblement les problèmes qu'ils avaient rencontrés. Et le soir suivant, on le sentait. Il y avait beaucoup moins de problèmes. Par exemple, au début, Stéphane venait souvent, mais il restait sur le bord de la clôture. Ils en ont parlé. La plupart du temps, il rentre dans le jeu, même s'il ne joue pas vraiment.

Gagner, marquer des buts, c'est important pour eux. Les gars comptent leurs buts, surtout Mathieu. Pour Mathieu, marquer un but contre moi, c'est très important. Mais ce qui me frappe, c'est l'esprit d'équipe. Je n'ai vu ça nulle part ailleurs, nulle part. Bons, pas bons ils reçoivent le ballon. Mathieu a essayé de convaincre même les plus maladroits de jouer. Il y a un très bel esprit et peu de chicanes. Des filles participent aussi. Isabelle a toujours été là. Parfois, il y a aussi Annie et Dominique. Aux récréations, Christine vient. D'ailleurs il y a des récréations où toute la classe joue. Je ne sais pas si c'est le fait de parler au rassemblement quand il y a des problèmes ou le suivi qui est continuellement accordé aux relations entre les enfants, mais il est frappant de voir que la classe peut jouer deux heures sans arrêt avec un jeu intense et intéressant. Les enfants sont passionnés. Quand la mère de Julie arrive à quatre heures et quart, cette dernière lui demande toujours de pouvoir rester jusqu'à cinq heures. D'ailleurs, plusieurs des enfants se téléphonent pendant les congés pour organiser des parties.

Je joue aussi avec eux au hockey et au baseball. C'est le même esprit, quel que soit le jeu. Je ne joue pas à mon maximum mais je joue bien. Je ne les ménage pas. Ils aiment beaucoup gagner contre moi. C'est comme un défi.

J'encourage beaucoup les filles. Au jeu, on ne voit aucune différence entre les gars et les filles. Julie est très bonne. Mais en nombre, il y a plus de garçons.

Dans mon stage, l'année passée, en sixième, les enfants jouaient aussi au soccer. Il y avait une seule fille. Et les moins bons éléments étaient immédiatement rejetés de l'équipe.

On voit que la vie qui se passe dans la classe se reflète à l'extérieur. Une fois, en pleine partie, Maxime a rappelé à Stéphane une discussion qui avait eu lieu en rassemblement le matin même. Ça a réglé le problème sur le champ. J'ai trouvé agréable de jouer avec eux. Ça n'a jamais été un début de partie suivi d'une chicane, suivi du départ de l'un puis de l'autre. J'ai joué au moins 20 à 25 fois avec eux. À chaque fois, ça a été pareil.

Ils le ressentent, cet esprit d'équipe et ce plaisir à jouer; sinon ils ne le referaient pas aussi souvent.

Jeux de société. Les jeux de société représentent l'autre moyen de se faire une place dans la classe, pour les nouveaux. Au premier trimestre, plusieurs enfants ont demandé à être initiés aux jeux en vogue: *Les grands maîtres* (une vente aux enchères d'œuvres d'art), le *Clue* (un jeu de détectives), le *Château Lafortune* (un jeu de hasard).

Proposer à quelqu'un de jouer une partie est un moyen peu risqué d'établir de nouvelles relations que les plus jeunes ont exploité au maximum. On trouve fréquemment une période de jeux dans les horaires de Julie, Isabelle, Anick, Violaine, Christine. C'est souvent à travers les jeux de société que Marie-Chantal s'est taillé une place dans la vie sociale de la classe. Elle y a versé beaucoup de larmes et a appris à perdre sans en mourir.

Le fait que les enfants puissent rester dans la classe à la période de récréation a favorisé cette pratique, tout spécialement chez les filles qui résistent à sortir et à jouer au ballon.

Quelques mordus des échecs, comme Gabrièle, Olivier et Mathieu, se rencontrent régulièrement sur les fleurs du tapis. Ils ont participé à un tournoi avec une classe voisine.

L

Lecture. Olivier, Christine et Isabelle ont une passion dévorante pour les livres. Ils sont déjà de grands lecteurs. L'âge n'y est pour rien. Anick a accédé récemment à ce plaisir: «Je me mettrais (à l'horaire) rien que de la lecture». Dominique lit les journaux et des biographies, des histoires «vraies»; la fiction l'horripile.

Plusieurs enfants n'aiment pas lire ou ont peur de la lecture. Ceux pour qui l'acte de lire est difficile ont suffisamment intégré la nécessité sociale de la lecture pour l'assumer comme un projet personnel, même s'il ne va pas sans grincements de dents. Ils consacrent un temps important à trouver LE livre de la réconciliation, qui les intéressera raisonnablement, qui ne comportera pas de trop longues descriptions, qui «aura de l'action» tout en n'ayant pas l'air «bébé».

Ce qui les aide le plus dans l'apprivoisement de l'objet écrit est l'échange avec les lecteurs chevronnés. Ceux-ci ne s'accrochent pas à la lettre et leur transmettent le mouvement d'un livre, assez pour leur donner un air d'aller.

Parfois, ils se laissent prendre au jeu: «Je suis content de moi parce que je me suis lancé dans la lecture. Je ne savais pas que la lecture pouvait être si le fun». Ils s'attachent à une histoire (*Charlie et la chocolaterie*), à un héros (le petit Nicolas), à une collection (La Courte Échelle) et oublient qu'ils sont en train de lire.

Les bandes dessinées bénéficient d'un sauf-conduit au pays des livres. Elles en ont attiré plus d'un qui faisait pourtant profession de les détester. Elles alimentent la passion du «dessin animé» et de l'écriture en «bulles». Et plus on en fait, plus on en lit.

M

Mathématiques. Il y a les mathématiques de la vie, mais qu'on ne se leurre pas, elles n'occupent pas la place prépondérante.

La gestion du budget de la classe, une tâche considérable puisqu'elle requiert une comptabilité exacte, l'émission de chèques endossables par la banque, un réajustement constant des avoirs et des débits n'occupe que deux enfants de façon régulière.

L'ensemble de la classe a partagé ces préoccupations, mais pour un temps, au moment de la vente des revues puis des achats de matériel pour la classe verte.

La gestion du temps, qui se cristallise dans l'établissement d'horaires quotidiens amène les enfants à comptabiliser des heures et des minutes assez régulièrement.

Mais pour l'essentiel, la démarche est relativement formelle: on se sert de différents matériels que les enfants explorent, certains très systématiquement, d'autres sélectivement. Ils formulent leur désir d'apprendre et s'entendent avec Françoise sur une démarche.

Une règle s'applique cependant: on ne fait pas de répétitions inutiles; si vous avez très bien acquis la multiplication à deux chiffres, vous ne vous complaisez pas dans les trois pages suivantes. Vous passez à autre chose, ce qui n'exclut pas d'y revenir pour une révision éventuelle.

Pour certains enfants, c'est difficile. Jérôme se sent sacrilège quand il saute un problème sur deux dans un chapitre, même si c'est à juste titre.

On a vu la popularité des chiffres romains cette année, qui évoquent pour les enfants à la fois la civilisation romaine médiatisée par Astérix et les têtes de chapitres de certains livres pour les lecteurs assidus. C'est l'occasion de reviser toute la numération.

Il reste pour tous une bête noire: la lecture des consignes, qui fait barrage tout particulièrement dans les problèmes. On frôle ici le degré zéro de la lisibilité, celui où seule la compréhension des intentions du concepteur permet de retracer un sens en fuite puis de l'immobiliser dans les mots. C'est l'équivalent de l'effet «formule d'assurance-chômage», qui ferait douter un bénédictin de son état de lettré.

Le travail de manipulation nécessaire à l'assimilation de notions nouvelles a lieu avec Françoise, à la table. C'est dire que si elle le fait avec un enfant parce que c'est son besoin, bien vite d'autres s'ajoutent et une interaction se développe. Il s'en produit continuellement.

Le développement de stratégies variées pour résoudre quelque problème que ce soit fait partie de la dynamique générale de la classe. Souvent, un enfant proposera son aide devant l'échec ou l'impatience de Françoise à faire comprendre une notion. Et ce n'est pas nécessairement un plus grand. On peut se demander si cette possibilité pour les enfants d'accéder à leurs savoirs par toutes sortes de voies possibles n'est pas ce qui évite à plusieurs d'entre eux ce qu'on a coutume d'appeler des «troubles d'apprentissage».

Multi-âge. Les enfants ont entre huit et douze ans. S'ils n'étaient dans une classe multi-âge d'une école alternative, ils se trouveraient respectivement en troisième, quatrième, cinquième et sixième année. De fait, il est très difficile d'identifier les niveaux scolaires en observant les enfants. Bien des visiteurs s'y sont risqués, sans succès.

Les enfants passent en général trois ans dans la classe. Chaque année, il se produit un renouvellement d'environ cinq à six enfants, dû au passage des sixièmes au niveau secondaire et à quelques changements de classe ou d'école. En septembre, l'éducatrice ne démarre donc pas avec des inconnus. Elle retrouve un groupe d'anciens déjà rodés à une pratique, qui intègre un petit contingent de nouveaux.

«Multi-âge» est une traduction de «family grouping», qui en dit plus sur l'intention d'origine de ce choix pédagogique.

Disons que seule une centration sur les programmes scolaires rend impérieux un regroupement selon l'âge... et encore. Combien d'enseignantes de classes uni-âge aspirent-elles à des groupes homogènes, alors que ces derniers ne sauraient exister: n'est homogène qu'un groupe qu'on ne connaît pas encore. Plus ils travaillent, se développent, plus les enfants se différencient.

En choisissant le multi-âge, on opte pour l'hétérogénéité et la différence.

On croit souvent que le mode d'interaction privilégié induit par l'environnement éducatif multi-âge est la relation d'aide des plus grands aux plus petits. Cette vision est réductrice. Les enfants dévoilent des facettes variées et complexes d'eux-mêmes qui les caractérisent d'une manière plus nuancée qu'un âge ou un niveau scolaire. Certains sont des as en mathématiques mais des béotiens dans les rapports avec les autres: pas un enfant ne leur demandera de l'aide, même s'ils sont en sixième, tant qu'ils n'auront pas fait du chemin du côté des relations humaines.

Il y a des enfants qui ont le privilège de toujours faciliter les communications avec les autres; cela ne tient pas à leur âge. On recourra souvent à eux dans les jeux et travaux d'équipes même si leurs passes au hand-ball ou leur orthographe laissent à désirer.

On trouve des enfants qui font germer les idées, alors que d'autres sont souvent en panne d'élan créateur. Ils s'appellent mutuellement, comme d'ailleurs ceux qui adorent jouer réconcilient les mauvais perdants avec la compétition.

Il y a des enfants «physiques», dont la vie se passerait dans de vastes espaces où l'on peut courir; d'autres sont des sédentaires, parfois presque des immobiles dont les mouvements sont tout intérieurs. Souvent, on les voit se rejoindre dans une tâche. Enfin, il y a les Maxime (9 ans), les Jérôme (11 ans), et les Violaine (8 ans), aux prises avec l'énergie débordante qu'ils génèrent et d'autres qui sont souvent à bout de souffle.

Tous ces enfants s'aident à grandir, par leurs faiblesses autant que par leurs forces.

Il est vrai par contre qu'on parle souvent dans ce livre des «plus jeunes» et des «plus vieux». Les plus jeunes sont en même temps les nouveaux arrivés dans la classe, ce qui leur assigne une tâche particulière d'assimilation des règles et usages de la classe, alors que les plus grands font figure de tradition incarnée.

À cet égard, il existe donc une hiérarchie entre les enfants: être plus ancien signifie être dépositaire d'une expérience et être appelé à la transmettre: quand on sait comment faire des étaloirs à papillons ou épingler ces derniers, on a à le montrer à d'autres. Si l'on a la maîtrise de l'intrigue dans la création romanesque, si l'on sait diviser des nombres avec des virgules, cela pourra toujours être utile à quelqu'un. Rien ne s'apprend qui devienne votre propriété absolue. Le devoir de «rendre» est inscrit profondément dans la dynamique multi-âge. Cela n'enchante pas tous les enfants, loin de là: il en est qui résistent hardiment à toute prise de responsabilité, du côté des garçons, notamment. Mais cela s'apprend. Et plus intéressant encore, cela dure après que les enfants aient quitté le primaire. Cela est souvent mentionné par les enseignants du secondaire comme une des caractéristiques de ces élèves. On peut l'observer aussi dans des situations extra-scolaires comme les fêtes. Les enfants ont développé à un rare degré la capacité d'intégrer tous les membres présents, même inconnus, indépendamment de leur âge, leur sexe, leur style. Ils pratiquent peu l'esprit de gang parce qu'ils cherchent à connaître, plutôt qu'à contrôler et à se protéger.

Oiseaux. Françoise: «Le *rossignol japonais* est en fait originaire de Chine. C'est un oiseau assez fragile, au comportement particulier. Il a besoin d'espace. En cage, il est à l'étroit. La volière lui convient mieux. C'est un oiseau curieux, qui s'aperçoit vite d'un changement. Il est lui-même rapide dans son vol et dans ses changements.»

Parle-t-on d'oiseaux ou d'enfants? «C'est un fruitivore et un insectivore: son comportement change quand on oublie de lui donner sa poudre d'insectes. Il est prédateur des oeufs des autres, comme le tisserin. Tous deux sont très forts du bec et des pattes. Le rossignol japonais a un chant qui résonne, comme la grive. Ses couleurs sont belles. Personne n'a réussi à le reproduire en captivité. Les femelles surtout tolèrent mal la transplantation».

«Le *tisserin* est un oiseau d'Australie qui a comme particularité extraordinaire de tisser son nid, comme l'oriole de Baltimore. Il cherche un point d'appui et se met à tisser réellement. C'est un oiseau très fort, qui fait mal lorsqu'il pince. Il est intéressant parce qu'il change de couleur. C'est fabuleux, pour les enfants comme pour moi, de voir son plumage changer du tout au tout. Les tisserins sont les aigles d'une volière: ils se mettent en hauteur et regardent les autres».

«Les oiseaux font partie de ma vie depuis très longtemps, mais cela m'a pris du temps de me donner la permission de les amener dans la classe. J'ai commencé par apporter des plantes. Les oiseaux sont venus deux ans après, quand un enfant a fait un projet de menuiserie: il avait construit une belle cage en bois, et un de mes amis voulait se débarrasser de ses tourterelles. Mais je n'avais pas l'idée que mes plus petits oiseaux, les serins et les autres, pourraient entrer ici. Cela a pris deux autres années et la construction de la volière par un parent».

P

Parole, parler. C'est le début et la fin: la création, la communication, l'identité.

C'est ce qui crée le groupe et le soutient,
ce qui tisse les liens entre les personnes,
ce qui nourrit les conflits et fait accoucher des solutions,
ce qui identifie chaque enfant comme humain,
ce qui fait réfléchir,
ce qui fait grandir.
C'est aussi la matière de ce livre.

Parents. Dans le triangle de la relation éducative enfant – parents – éducateurs, les parents se présentent comme les dépositaires de l'histoire de l'enfant.

Ils ont établi un mode de relation consistant avec leur enfant. Un nouvel éducateur entre en scène tous les deux ou trois ans et introduit sa propre dynamique dans le tableau.

Quelque chose va se passer. Des liens vont se développer au fil des mois. Personne ne sortira pareil de cette nouvelle relation.

Faire que ces liens se consolident dans le meilleur intérêt de l'enfant nécessite un travail mutuel de la part des adultes en cause. Les relations familiales et la relation éducative sont bien trop complexes pour que cela se fasse d'un coup de baguette magique.

Un parent qui entre à l'école alternative entre en même temps dans un processus de changement, qu'il le sache ou non. Ses valeurs se heurteront à d'autres. Il aura à se situer.

Il amorce comme co-éducateur une entreprise difficile et magnifique de compréhension de ce qu'il est et de ce qu'il cherche — pour lui-même et pour son enfant ou à travers son enfant — et élargit sa confiance dans les forces de son enfant et celles des autres éducateurs, y compris lui-même.

Le fait que dans ce milieu les éducateurs établissent avec les enfants un rapport qui recherche le plus possible la vérité des situations, le fait que les relations affectives et sociales jouent un grand rôle et que les rituels administratifs de mise à distance (notes, bulletins scolaires, etc.) soient très réduits ne permet à aucune des parties de parler de l'enfant sur un mode superficiel, anecdotique ou anodin.

Par la force des relations investies, quand on parle de l'enfant, on parle de soi, que l'on soit éducateur ou parent. Cela ne peut laisser personne indifférent.

Lorsque dans une rencontre, les co-éducateurs réussissent à établir une relation claire et à parler des choses importantes pour l'enfant, celui-ci en ressort très heureux. On pourrait aller jusqu'à dire que cette exigence de vérité est une condition de sa croissance. Il faut cependant bien admettre que cet idéal n'est pas toujours atteint et que les enfants doivent parfois se débrouiller pour grandir entre les attentes contradictoires de tous ceux qui leur veulent du bien!

C'est vrai quand les valeurs des parents et de l'éducateur sont aux antipodes. Ça l'est aussi quand les premiers co-éducateurs, les deux parents, vivent ces tensions. Les enfants le sentent toujours et doivent composer avec ces contradictions, ces inquiétudes, ces anxiétés.

Non qu'il faille présenter un front uni s'il n'existe pas. C'est plutôt la nécessité de se situer clairement qui s'impose pour qu'il soit possible d'évoluer à travers les divergences.

La relation parent-éducateur peut aboutir à un échec. C'est particulièrement le cas, dans une école alternative, quand le parent a établi avec l'école un rapport de consommation: il l'a choisie à un moment où il sentait que son enfant en avait absolument besoin. Quand les difficultés ou les problèmes anticipés s'estompent, quand l'enfant s'est épanoui au contact des autres et a développé ses relations sociales et son autonomie, il revient à ses exigences de performance et les impose soit ouvertement, soit subtilement.

Le résultat en est souvent un enfant tiraillé, malheureux, des parents et un éducateur insatisfaits et en colère.

Il y a des parents qui communiquent leur confiance dans le

projet d'éducation de l'enfant. Comme ils l'ont encadré quand il a appris à marcher, à parler, ils vont être présents à ses premiers pas en lecture, en rédaction d'histoires ou de bandes dessinées, à ses incursions à la bibliothèque.

D'autres s'investissent aussi dans la consolidation de l'option éducative de l'école en «participant». Les alternatives n'ayant pas une longévité assurée, les parents seront toujours essentiels pour maintenir le bateau en état et lui conserver son dynamisme.

Parfois, le projet collectif d'une classe permet quelque chose de plus précieux encore: la création, pour un temps, d'une communauté d'adultes qui tissent des liens affectifs entre eux et avec les enfants à travers un projet commun. Les enfants s'en montrent toujours très heureux et en bénéficient énormément. Certains développent des liens très forts et significatifs avec un parent qui n'est pas le leur mais qui est devenu un relais pour eux.

On déborde ici le rôle du parent organisateur de fêtes ou accompagnateur de sorties. Les parents qui se sont permis ce type d'implication en retirent pour eux-mêmes une connaissance de l'environnement éducatif de leur enfant qui les enrichit d'autant.

Peurs. Celle de la nuit, des monstres, de la mort a été dite par les enfants.

Il faut en mentionner une autre, très présente, la peur de la vie intellectuelle. Le travail intellectuel est très valorisé par les parents. Nombre d'enfants développent des craintes devant la nécessité de performer, craintes alimentées par la conscience des attentes des adultes à leur endroit, qu'ils peuvent percevoir comme écrasantes.

Le parent exigeant, le grand frère considéré comme l'as de la famille, la soeur qui réussit dans tout s'imposent dans la classe comme la statue du Commandeur.

Ils talonnent. Ils jugent.

Ils stimulent ou ils inhibent, selon les enfants.

«J'ai pas d'idées...», «je sais rien faire...», «je suis pas capable...», «je sais pas ce que j'aime...» est le pendant de «j'ai le goût...», «j'ai hâte...», mais du côté de la peur, de la paralysie. Les enfants jeunes en sont plus facilement victimes.

Mais tous ont à se confronter à la peur d'embarquer, de se décider, d'entrer en relation, de parler, d'apprendre, peur commune à l'espèce humaine.

Grandir est fait de défis et de peurs.

Plaisir. Les enfants l'éprouvent plus qu'ils ne le racontent. On le lit sur leurs visages.

Le plaisir est une des harmoniques que l'on perçoit dans la classe, qui fait qu'on aime y revenir.

Parfois, bien qu'en toute pudeur, les enfants vont jusqu'à l'écrire:

Patrick:
J'ai recopié mon texte au propre et c'était COOL (en très grosses lettres).

Violaine:
J'ai aimé finir mes échéances et travailler sur mon vitrail et ma maquette.

Marie-Claude:
Dans cette longue année de plaisir, j'ai trouvé que parmi toutes les autres, elle était la plus courte, mais j'ai quand même réussi à m'améliorer beaucoup dans mon caractère avec les personnes (moins de chicanes et plus de plaisir).

Véronique:
J'ai aimé faire de l'anglais avec Marie-Chantal et sa mère et j'ai aimé mettre mes mots dans mon dictionnaire et je trouve que j'ai passé une belle journée.

Il y a aussi le plaisir de la transgression.

Violaine:
Je n'ai pas bien travaillé et j'ai fait des affaires que je n'avais pas dans mes échéances. Je m'ai beaucoup promenée, mais j'ai beaucoup aimé mes deux semaines.

Et parfois, l'orthographe a l'indécence de révéler combien l'amour peut être proche de son double:

Je n'ai pas haimé mon travail.

Projets. La notion de projet est centrale dans l'orientation éducative dont il est ici question. Elle n'est pas tombée de la dernière pluie, loin de là. Elle est ancrée dans le continent et elle relève d'une tradition pédagogique de près d'un siècle, si l'on s'autorise à en retracer les origines chez Dewey.[1]

Dans sa psychologie de l'intérêt et de l'acte de volonté, ce dernier écrivait en 1895:

> L'enfant possède naturellement des intérêts dus en partie au degré de développement qu'il a atteint, en partie aux habitudes qu'il a acquises et au milieu dans lequel il vit. Ces intérêts [...] représentent tout ce qui est important pour l'enfant: ils sont les seules puissances auxquelles l'éducateur puisse s'adresser; ils sont des points de départ, ce qu'il y a chez l'enfant d'actif, d'initiateur.[2]
>
> [...] la signification de l'intérêt réside toute dans *ce à quoi il tend*, dans les nouvelles expériences qu'il rend possibles, dans les pouvoirs nouveaux qu'il crée.[3]
>
> On peut dire que le devoir principal de l'éducateur est d'utiliser cet intérêt et ces habitudes de manière à en faire quelque chose de plus plein, de plus large, de plus discipliné, de mieux ordonné.
>
> [...] En réalité, l'intérêt est une chose mouvante, un processus de croissance, un enrichissement vital, une acquisition d'énergie. Comment s'y prendre pour augmenter les connaissances et les capacités actives de l'enfant? En cela consiste l'art du pédagogue.[4]

Quelle actualité dans ces propos! Car les éducateurs et parents de l'école dont nous parlons ici n'ont pas cherché une légitimité chez les grands penseurs. Ils ont tâtonné à la recherche d'une pratique éducative qui les représenterait. Et ils en ont développé une progressivement, axée sur l'enfant et ses projets.[5]

---

1. Dewey, John, "Interest in Relation to Training of the Will", *Second Supplement to the Herbart Yearbook for 1895*, Chicago, 1895.
2. Dewey, John, «L'intérêt et l'effort dans leurs rapports avec la volonté», *L'école et l'enfant*, 1967, Neuchâtel, Delachaux et Niestlé, 8e édition, p. 83, traduction de l'article de 1895 cité à la note 1.
3. *Op. cit.*, p. 83-84.
4. *Op. cit.*, p. 85.
5. Voir Giroux-Saint-Denis, Claudette. *Les projets d'enfants, un chemin qui a du coeur*, Sainte-Foy, 1986, Centre d'intégration de la personne, coll. «Témoignages d'éducateurs». L'auteure y parle des multiples facettes de la démarche des enfants dans leurs projets ainsi que de sa propre évolution créatrice dans l'environnement éducatif qu'elle a instauré. Elle a travaillé plus particulièrement avec des enfants de 6, 7 et 8 ans.

Elle ne peut renier ses enracinements, tout en étant éminemment un signe des temps dans sa valorisation du sujet, dans son insistance sur l'importance de collaborations électives, dans sa façon d'assumer les caractéristiques contemporaines du travail: un travail de plus en plus précaire et limité dans son terme mais qui, par contre, recourt de plus en plus à des compétences et à des connaissances spécifiques.

La genèse d'un projet. Qu'est-ce qu'un projet pour les enfants?

C'est une voix qui vous parle de l'intérieur et vous dit: ce serait intéressant de..., j'ai toujours voulu..., j'adore..., je me demande si j'oserais... qui veut se mettre avec moi pour..., j'ai trouvé...

Une impulsion, au départ. Mais parmi toutes les impulsions, c'est celle qui a du souffle, qui résiste à l'auto-censure, aux peurs, à la honte. Une «idée fixe», en quelque sorte, si l'on concède à l'idée son poids d'affectivité et si l'on tient pour fixe l'embryon attaché à son cordon. Car l'idée naissante va se balader, et sans son arrimage d'origine, elle ne survivrait pas.

Les projets ne sont jamais des exercices. Aussi banals pourraient-ils paraître dans leur dénomination, ils trahissent toujours une question, un questionnement, une quête de sens. Les avatars de la croissance les vident parfois de leur contenu existentiel: l'enfant perd sa motivation et doit alors être ramené à l'origine pour retrouver le fil conducteur.

Benoît, à la fin de sa sixième année, procède à son bilan: Mon meilleur projet, celui que j'ai le plus aimé, c'est mon premier que j'ai fait il y a deux ans, sur la guerre de Sécession. C'était le plus difficile. C'est écœurant ce que c'était difficile!

Il avait alors 8 ans, venait de traverser les États-Unis et avait visité quelques hauts-lieux de la Guerre civile. La fascination l'avait amené à acheter une carte des champs de bataille ainsi qu'un livre explicatif.

Une fois acclimaté à sa nouvelle classe, il avait un jour annoncé: Je veux faire une recherche sur la guerre de Sécession. Du même souffle, il avait déclaré qu'il la ferait avec sa mère. Il s'était lancé avec détermination et excitation dans l'entreprise compliquée de comprendre les tenants et aboutissants de cet épisode crucial de l'histoire américaine.

Son intérêt se cristallisait sur deux points: l'esclavage, qui soulevait régulièrement sa colère ou son indignation et une recherche continuelle — mais vaine — d'une frontière absolue entre les bons et les méchants.

Chaque bout de texte lu laborieusement passait d'abord à ce crible: vérifier s'il confirmait l'abomination des esclavagistes sudistes et la vertu des généraux du Nord. L'assassinat de Lincoln était un affront personnel; il se remettait mal du manque d'informations sur le «méchant» qui l'avait perpétré.

La collaboration avec sa mère obéissait elle aussi à une économie de guerre: il avait absolument besoin de sa présence pour se mettre au travail mais ne tolérait aucune intervention qui ne soit l'exécution pure et simple de ses choix ou de ses ordres. Les échanges étaient aussi conflictuels que nécessaires, comme s'il devait réaffirmer inlassablement: il faut que tu sois là pour que je puisse travailler sans tenir compte de toi. De la moindre ligne écrite dans la version finale au choix des photos, rien n'y figure qu'il n'ait conquis à un ennemi surpris par sa détermination et son âpreté dans la lutte et de plus en plus préparé à la sécession... Qui eut lieu quand il annonça qu'il présenterait sa recherche... seul.

L'évolution d'un projet. Pour amener l'idée de départ à un produit fini, il faut passer par cette mouvance appelée travail: reconnaître ses intérêts, tracer les contours du projet; identifier les questions qu'on se pose, les écrire; lire, interviewer, réfléchir pour entendre des réponses ou de nouvelles questions.

Extraits des cahiers d'échéances:

Vicky: *Le chat*

7 octobre:
— Écrire mes questions.
— Faire des démarches pour rencontrer un vétérinaire.

15 octobre:
— Ses griffes: pourquoi il en a; comment elles sont faites.
— Sa pupille: comment elle fonctionne; pourquoi.
— La reproduction: accouplement, accouchement, opération (stérilisation).
— Prendre des photos de chats.

17 novembre:
— Répondre aux questions.

— Développer le film.
— Prendre un rendez-vous avec le vétérinaire.
— Écrire un premier brouillon

7 décembre:
— Finir les questions.
— Rencontrer le vétérinaire.
— Écrire le brouillon

2 février:
— Présenter ma recherche sur les chats.

Mais un projet se développe concurremment à d'autres projets ou activités. Entre le 7 octobre et le 2 février, Vicky a fait beaucoup d'autres choses: elle a terminé sa première recherche sur le lion, appris à jongler, écrit un texte sur son déménagement, joint Isabelle dans son projet d'interroger un producteur de films, revu les additions et soustractions, puis les multiplications, réalisé une maquette sur l'hiver, exercé les homophones, lu des livres en français, lu un livre en anglais, participé à un atelier de soccer, étudié les mots de son dictionnaire, fait un sketch avec sept autres enfants, appris à diviser.

Elle a donc, semaine après semaine, eu à décider de la place qu'elle accorderait au chat, parmi tous ceux qu'elle avait à fouetter!

Certains projets se réalisent dans un laps de temps plus court.

Gabrièle:

26 octobre:
— Apprendre les moyennes avec mon père.

3 novembre
— Faire la moyenne des âges des enfants dans 3 classes.

24 novembre
(avec Annie après une tentative avortée d'enquête sur le terrain)
— Sortir les listes d'enfants de 3 classes avec les dates de naissance.
— Calculer les âges.
— Comparer les moyennes des 3 classes.

1ᵉʳ décembre
— Présenter.

Il est des projets qui durent ce que durent les roses: «jouer avec les balances», «dessiner au pastel», «aller à la librairie toute seule».

D'autres sont des entreprises à long terme, qui semblent relever d'une telle nécessité qu'on se demande s'ils ne deviendront pas un jour des projets de vie.

Christine:

9 septembre:
— Étude sur les cinq sens.
— Trouver documents sur l'odorat, le goût.

23 septembre:
— Aller à la bibliothèque municipale.
— Apprendre à se servir du rétroprojecteur.
— Écrire mes questions.

30 septembre:
— Écrire les réponses à mes questions sur les cinq sens.

14 octobre:
— Recopier mes questions sur l'œil.
— Décalquer sur des acétates.
— Recopier les réponses sur le nez et les oreilles.

31 octobre:
— Finir mes acétates.

16 novembre:
— Présenter un atelier sur l'oreille.

23 novembre:
— Trouver un œil en plastique.
— Voir si on pourrait disséquer un œil.

1er décembre:
— Téléphoner à René (un parent d'une autre classe) au sujet de l'œil en plastique.

20 décembre:
— Finir ma présentation de projet sur l'œil.
— Rendre l'œil articulé à René.

Certains enfants sont des champions de l'atermoiement. La bataille avec leur motivation est une dimension structurelle de leurs projets. D'autres abordent leurs recherches rationnellement et systématiquement.

Patrick (avec **Jérôme**): *L'astronomie:*
13 octobre:
Les planètes:
— Comment elles sont formées.

— De quoi elles sont formées.
— Leur nombre.
— Distances entre elles.
— Superficie.
— Rencontrer Pierre (un parent astronome amateur).

19 octobre:
— J'ai vu Pierre.

26 octobre:
— Écrire le brouillon à partir des réponses de Pierre.

2 novembre:
— Mettre au propre.

9 novembre:
— Idem

23 novembre:
— Jérôme et moi on a travaillé la recherche sur l'astronomie
et on a pratiqué pour la lire
— Présentation

Parfois, un projet n'aboutit pas. Cela ne veut pas dire qu'il est abandonné. Dominique voulait organiser une classe rouge, en automne. Elle n'a pas obtenu satisfaction. Même échec avec le coucher à l'école. Dès janvier, elle a laissé entendre qu'elle cultivait l'idée d'une classe verte à la fin de l'année. Après le départ des Français, sentant que la fin d'un projet collectif permettait l'émergence d'un autre, elle a sorti toutes ses batteries. Elle a sondé les autres. Elle a approché Françoise. Elle a parlé à des anciens... puis elle est venue en rassemblement avec ce nouveau projet pour tous.

Le «je» et le «nous». Dans leurs cahiers d'échéances, les enfants indiquent, aussitôt après le nom du projet, celui des personnes avec qui ils le font. Faire un projet, c'est faire un projet *avec:*

Éric:
Apprendre *avec Jérôme* le dessin tridimensionnel.

Marie-Chantal:
J'ai montré l'accent anglais à *Isabelle* et *Stéphanie.*

Christine:
Nous avons disséqué une poule. J'ai fait des labyrinthes *avec Olivier*. Il m'a

montré comment on peut faire des beaux labyrinthes avec des feuilles quadrillées. *Julie* m'a emmenée au centre-ville. *Nous* avons appris beaucoup de choses. J'ai aidé *Anick* dans sa recherche. J'ai aimé ça.

Projets d'enfants, projets d'adultes. Avoir la liberté d'assumer leurs propres projets permet aux enfants de se poser comme partenaires — et non comme exécutants — dans la relation éducative.

On notera, dans l'échange qui suit, comment Mathieu, un timide s'il en est, s'autorise à renverser les tables après avoir parlé de son projet:

— D'où est venue l'idée de faire un projet sur l'U.R.S.S.?

— Je savais rien de ce pays. C'est le pays sur lequel je savais le moins.

— Mais pourquoi sur un pays?

— Je savais plus quoi faire. Françoise m'a proposé un paquet de choses possibles. C'est quand elle a parlé de pays que j'ai eu le goût. J'ai fait beaucoup de thèmes. J'ai regardé dans les livres, puis de là, j'ai choisi mes thèmes. Puis j'ai voulu rencontrer quelqu'un qui était déjà allé souvent en Russie. le mari de Geneviève ne pouvait pas me rencontrer, mais il a répondu à mes questions sur la feuille. Ce qui m'intéressait surtout, c'était la population, les villes les plus peuplées, le climat, la nourriture, l'argent (combien ça coûte).

— Ce que tu as découvert de ce pays, ça t'a intéressé?

— Oui. J'aimerais y aller.

— Y a-t-il des personnes qui t'ont aidé?

— J'ai travaillé avec ma mère, le soir. On lisait chacun de notre côté et on soulignait les choses intéressantes. Mais j'ai pas recopié des livres. On a trouvé plein de renseignements; il fallait les mettre ensemble. J'ai travaillé beaucoup à la maison et assez à l'école. Je travaillais pas juste sur ça. J'avais d'autres projets en même temps.

— Quand as-tu commencé ton projet?

— Avant la visite des Français. Il y a longtemps que je l'ai fini. Ça m'a pris du temps à me décider de le présenter.

— C'est difficile pour toi?

— Oui, je présente pas beaucoup de recherches. J'étais trop gêné. Mais quand tu parles, c'est moins énervant qu'avant de commencer. Je présente beaucoup d'histoires, c'est plus facile.

— Maintenant, as-tu d'autres projets en cours?

— Je viens de finir un projet sur le commerce. C'est une interview de mon oncle, sur son magasin. Ce qu'il fait, les problèmes qu'il a. Je lui ai posé différentes questions sur le commerce; c'est une recherche courte, d'une quinzaine de questions. Je commence un projet sur les insectes. Je vais décider bientôt lesquels. Peut-être les fourmis, à cause de la classe verte. Je fais aussi des projets «normals», comme en français et en math. Je vais

aussi partir un projet de handball avec Benoît et Olivier. Des fois, c'est difficile de faire des projets: j'ai plus d'idées. Des fois, j'ai beaucoup d'idées.
— Est-ce que ça t'arrive de te décourager en cours de route?
— Ça arrive que tu sois tanné. Moi, c'est quand mon projet dure trop longtemps. Mais Françoise nous oblige à le finir, sinon ce serait trop facile... Et toi, pourquoi tu écris tout ça? Il paraît que vous faites un projet avec Françoise?
— Oui.
— Sur notre classe?
— Oui.
 Je réponds à ses questions qui se succèdent sans interruption.
— Est-ce que vous allez faire un livre?
— On espère bien.
— Il aura combien de pages?
— On ne le sait pas encore.
— Est-que c'est difficile, d'écrire toutes ces pages?
— Il y a des moments difficiles et d'autres où c'est l'enthousiasme.
— Ouais (il en sait quelque chose).
— Est-ce que tu écris TOUT?
Cher Mathieu. Il vient de mettre le doigt sur l'espoir toujours déçu: écrire TOUT. Mais tout nous échappe sans cesse. Quand on en attrape des bribes, qu'on les emprisonne dans des phrases, quelle désillusion de savoir que TOUT s'est perdu et qu'il ne reste QUE les mots.
— Non, c'est impossible d'écrire tout. Je prends des notes sur ce qui se passe et que je trouve important pour faire comprendre comment fonctionne la classe. Après j'en parle avec Françoise. On discute. On réfléchit.

Le renversement de situation, de l'interviewer à l'interviewé s'est passé de la façon la plus naturelle. Il a été mentionné dans le cadre des travaux de l'école de Palo Alto que les échanges symétriques entre adultes et enfants sont rares, qu'ils ont tendance à s'inscrire dans des rapports de soumission/domination. Sans affirmer que cette dimension n'existe pas, ou n'existe jamais, il faut souligner dans cet exemple le fait que Mathieu a manifesté son intérêt pour notre projet et a posé des questions extrêmement pertinentes, comme le ferait un partenaire. Ces questions trahissaient une connaissance des difficultés inhérentes à tout projet ainsi qu'une familiarité avec la démarche d'écriture. C'est ce qui lui permettait de se poser en égal, avec une sensibilité empathique aux problèmes qui étaient les nôtres à ce moment-là.

L'avenir. Les projets de l'enfant contribuent à bâtir l'adulte qu'il sera.

C'est vrai même si Annie, dans l'aventure avec Dominique puis avec son père, n'a pas conscience que, comme adulte, elle sera faite de cette rencontre-là.

Françoise a rencontré récemment un homme de 27 ans qui avait été dans sa classe: Je ne me rappelle plus ton nom, mais je me souviens très bien que tu te passionnais pour l'aviation.

Estomaqué, il a répondu: C'est incroyable! Je ne m'en souviens pas, mais je suis... pilote de chasse.

R

Rassemblement. Un rassemblement, un «rass», comme disent les enfants, commence toujours par une période de communication informelle. Françoise prend le pouls du groupe pendant que les enfants s'installent et conversent.

Puis on passe aux «points» à l'ordre du jour en regardant au tableau noir. Sur ce dernier figurent en permanence une colonne où les enfants inscrivent leurs initiales pour introduire des «points» de discussion et une autre consacrée aux présentations de travaux.

Inscrire son nom n'est pas une mince affaire. Cela peut prendre des mois à certains enfants: c'est s'autoriser à avoir une voix et en même temps risquer d'être mal entendu. Les initiales au tableau sont très symboliques de l'affirmation personnelle qui est en cause.

Un jour, Olivier, grisé par le succès d'une des longues histoires qu'il venait de lire, a profité d'une interruption pour aller rajouter ses initiales afin de faire lecture d'un autre texte. Pour ce faire, il a effacé celles de Thierry.

Peu après, on a trouvé Thierry paralysé devant le tableau, les larmes aux yeux, tremblant d'une émotion puissante qu'il ne savait exprimer. Il a fini par articuler: «C'est Olivier. Il m'a EFFACÉ».

La plupart des enfants aiment le rassemblement, tout spécialement les discussions de fond généralement amenées par Françoise et les présentations de projets. Cela ne les empêche pas de ressentir parfois une certaine impatience qui se manifeste par un grand besoin de bouger ou des apartés.

Pour Stéphane, qui n'aime pas parler en groupe, le rassemblement est une corvée. Après deux minutes, il demande déjà quand cela va finir. Il n'en saisit d'ailleurs pas le sens, comme en témoigne ce dialogue:

Patrick: Parle donc à tout le monde.

Stéphane: Pourquoi?

Patrick: Parce que le rassemblement, c'est pour parler à tout le monde.

Par rapport à la vie de la classe et à l'évolution de chaque enfant, le rassemblement se compare à un fleuve qui coule tranquillement et régulièrement mais dont la puissance cachée entraîne chacun hors de son quant-à-soi.

Pas de fleuve sans une multitude de rivières qui l'alimentent, de même qu'il ne saurait y avoir de rassemblement sans les passions individuelles, les paroles et les projets personnels qui le construisent.

Combien de projets sont nés d'une idée qui était de passage en rassemblement? Combien ont été relancés par l'intérêt du projet d'un autre enfant?

C'est sur le tapis que les enfants amènent les chicanes qui n'ont pu se régler d'elles-mêmes. Le rassemblement devient alors un lieu de résolution de conflits.

On y prend beaucoup de décisions: celles indispensables à la vie en groupe; celles qui donnent le feu vert puis organisent les projets collectifs (une sortie, une classe verte).

Le rassemblement est l'institution qui articule l'individuel et le collectif. Comme lieu de parole, il permet de se faire entendre; comme lieu de réflexion, il contribue à construire la relativité de la pensée; comme lieu d'échanges, il témoigne du travail de socialisation; comme lieu de présentation des œuvres, il consacre.

Récréation. Pour les sportifs et les actifs, la récréation est le temps des jeux de ballon en équipe, un GRAND moment dans la journée.

Pour les nouveaux, elle est ce temps difficile, crucial, où il faut oser se faire mal, foncer seul, accepter de se faire huer parce qu'on a peur du ballon: c'est le prix de l'intégration.

Pour les plus jeunes ou ceux qui veulent le rester, elle est le temps où l'on s'autorise au jeu symbolique, au soliloque, à patauger dans la boue, à pleurer dans un coin, à sacrer contre l'engeance humaine de 4 à 12 ans.

Pour ceux, ou plutôt celles, qui restent dans la classe, c'est le temps des jeux de société et des conversations intimes.

C'est un temps éminemment éducatif.

Relais. Dans la démarche éducative, les enfants sont des relais pour les autres enfants.

Maxime a été un éducateur extraordinaire pour Éric. C'est Maxime qui a pensé au projet d'exposition de travaux de parents et d'enfants, projet qu'il assumait avec conviction et autonomie. Il a proposé une association à Éric. Ils ont en commun de faire tous les deux de la peinture. Ensuite, ils se sont lancé un défi d'apprendre leur table de multiplication ensemble et ils l'ont fait en quelques semaines. Jamais un adulte n'aurait pu susciter ce goût-là chez Éric. Mais Maxime en était capable.

Pendant plusieurs mois, Olivier a fait figure d'intermédiaire entre Stéphane et la classe. Capable de l'apprécier, il pouvait le faire comprendre aux autres.

Les parents peuvent également devenir des relais d'éducation. Les parents qui accompagnent une sortie, viennent travailler dans la classe, aident à la cuisine en classe verte, échangent avec les enfants que leur propre enfant amène à la maison, jouent ce rôle. Son prix est inestimable car il multiplie et diversifie les relations avec des adultes, ce dont les enfants ont éminemment besoin.

Rentrée. Quel adulte ne se souvient pas du trac des débuts d'année?

La rentrée est à apprivoiser. On le fait à l'école en rencontrant chaque enfant avec ses parents pendant une demi-heure, histoire de se mettre au parfum les uns des autres, de prendre des nouvelles pour les anciens et de faire connaissance avec les nouveaux. Identifier les projets qui animent les enfants est au coeur de l'échange.

Suit après une rencontre avec les anciens du groupe. On parle de l'été, des connivences passées, de ceux qui sont partis, des nouveaux qui arrivent. Puis les nouveaux s'ajoutent et c'est la fête et les jeux partagés, qui tisseront les premières relations.

S

Silence. Dans la classe, il y a des silences extraordinaires.

Le silence de la période calme, entre dix heures trente et onze heures en est un. C'est celui de la concentration, du plaisir de lire, du duel avec les nombres, de l'excitation d'écrire, de la peur de créer.

Il en est un autre, d'une qualité différente, qui s'installe à l'improviste: en plein milieu d'un rassemblement, quand la parole d'une seule personne rejoint l'universel et que tout a été dit. Ou quand le sujet abordé prend les enfants dans une émotion intense. Ils écoutent une parole intérieure que chacun a modulé à sa manière. Dans ces moments-là, c'est comme s'ils étaient reliés les uns aux autres et rattachés à un centre.

Parfois, au beau milieu d'une période d'activités, une plage de silence succède aux murmures et à l'agitation. Quelques-uns l'entendent, se regardent, saisis, complices. C'est généralement là qu'un des oiseaux chante. Instant hors du temps. Une fois, j'ai même entendu couler une source (le robinet mal fermé du lavabo à côté de la volière).

Si la rubrique Silence existe, c'est parce qu'il y a une rubrique Parole.

Dans la Grande encyclopédie traditionnelle, Silence va de pair avec Discipline.

T

Tâches. Les «tâches» sont les activités de rangement, de nettoyage et de soins aux plantes et aux animaux qui s'effectuent tous les jours à deux heures quarante-cinq, avant la fin de la classe. C'est un autre des moments où l'on apprend à être autonome. On prend en charge l'entretien de l'espace dans lequel on vit.

Il y a autant de tâches qu'il y a d'enfants. Elles sont définies par eux au début de l'année et décrites dans un cahier des charges.

On y trouve entre autres:
— ranger l'atelier de théâtre
— nettoyer l'atelier de bricolage (il y a de quoi occuper plusieurs personnes)
— soigner les plantes, les poissons, les oiseaux
— ranger les fiches
— reclasser les livres dans les bibliothèques
— mettre en ordre la grande table
— ranger et nettoyer le coin du lavabo
— balayer
— vider les poubelles
— etc.

Le changement de tâches ou leur exécution fait l'objet de nombreuses discussions en rassemblement.

Comme dans toute vie à deux ou à plusieurs, le ménage est un enjeu on ne peut moins anodin.

Vérité. Françoise: Les enfants n'ont pas seulement besoin qu'on leur trouve des activités intéressantes; ils ont besoin qu'on les aide à se situer par rapport à la vie, par rapport à la solitude. Dans notre milieu, les enfants partent gâtés, mais ils ont moins de clarté par rapport à la survie, à l'agressivité. Ils ont tout, mais ils ont aussi beaucoup de problèmes de relation avec les autres et avec eux-mêmes. Faire de l'équitation, du tennis, de l'ordinateur, cela civilise, donne des bonnes manières; cela ne donne pas une raison de vivre, n'aide pas nécessairement à être en relation avec soi-même.

La vérité, avec les enfants, ne me fait jamais peur, parce qu'il y a en elle quelque chose qui apaise, qui donne des réponses. J'ai eu une fois une élève qui avait une difficulté énorme à se séparer de sa mère. Elle avait décidé de venir en classe verte, mais tout à coup, sur place, elle s'est ravisée. Je l'ai prise à part et lui ai dit: tu as le choix de poursuivre ta dynamique, de quitter le camp, ou alors de poursuivre quelque chose qui n'est pas facile mais qu'il faut que tu apprennes: avoir une distance par rapport à tes parents. C'est à toi de jouer. Viens me communiquer ta décision avant telle heure. Elle est venue et m'a dit: j'ai décidé de rester avec la classe. Quand ses parents sont partis, elle s'est remise à pleurer. J'ai vérifié si elle maintenait sa décision. C'était le cas. Je l'ai entraînée ailleurs: Viens, on passe à autre chose. J'avais l'impression de l'arracher. Mais ça a été une expérience essentielle pour elle.

Une autre fois, un élève avait de grosses difficultés en lecture et en écriture. Une armée de spécialistes s'occupaient de lui à l'école et en dehors, mais on ne parlait pas directement de ses problèmes. Un jour, je l'ai pris à part: Tu sais que tu ne sais pas lire, que tu ne sais pas écrire. Il ne faut pas que tu te le caches. Tu peux continuer ce petit jeu avec cent cinquante personnes si tu veux ou alors tu décides que *tu* t'occupes de tes affaires.

Je trouve essentiel que les enfants soient au clair. Pour cela, il faut nommer les problèmes, en parler et ne pas permettre les faux-fuyants. Souvent, on n'appelle pas les problèmes des enfants par leur nom.

La vérité se joue tous les jours dans les plus petits moments de la vie quotidienne, dans les rapports des enfants entre eux et dans ceux que je développe avec eux. Par exemple, l'épisode des changements de bureaux n'a pas eu lieu mécaniquement. Il suivait un moment de grande communication. (J'ai déjà retardé des déplacements parce qu'il y avait trop d'agressivité dans le groupe). Qu'à ce moment-là la difficulté momentanée d'intégration d'un enfant ressorte fait partie de la vie. Tout le monde le sait et connaît le poids de cette souffrance, mais elle est bien plus grande si l'on ne met pas de mots dessus et si on la porte tout seul.

Vie. Il faut s'emparer de la vie quand elle passe, non pas arranger la vie pour la faire entrer dans un programme.

«L'objectif premier de l'éducation est évidemment de révéler à un petit d'homme sa qualité d'homme, de lui apprendre à participer à la construction de l'humanitude et, pour cela, de l'inciter à devenir son propre créateur, à sortir de lui-même pour devenir un sujet qui choisit son devenir et non un objet qui subit sa fabrication.»[1]

Le projet est une victoire de sens par rapport à la vie et par rapport à la mort. Nous, humains en sursis, enfants comme adultes, pouvons ainsi espérer, toujours provisoirement, comme le dit Jacquard, «voler sa victoire à la mort».[2]

---

1. Jacquard, Albert, *L'héritage de la liberté, De l'animalité à l'humanitude*, Paris, Seuil, 1986, p. 181-182.
2. *Op. cit.*, p. 183.

Table des matières